U0142521

凝煉知識品味閱讀

大考國文誰不怕

破解試題編寫密碼＋閱讀理解密碼＝得分高手

鄭圓鈴 編著

五南圖書出版公司 印行

專家推薦一 / FOREWORD

民國 87 年，圓鈴教授是我在基測研發時代的同事。對我而言，轉眼間 20 年過去了。圓鈴教授則是在這 20 年間辛勤耕耘完成巨作，深為感佩！圓鈴教授具有臺灣師大國文研究所博士學位，國學專業背景完整深厚；對於語文閱讀的教學與研究也鑽研頗深；再加上從聯招時代即投入聯考評量試題發展的研究，經歷參與基測評量試題的研發；至今仍積極參與研究學測、統測與指考的評量試題的研發工作。放眼望去，圓鈴教授應是國內最具資格撰寫與評論本書主題數一數二的學者。

圓鈴教授從評量指標這個關鍵概念切入本書的主題，聚焦於閱讀理解試題編寫密碼，植基於 Bloom 教育目標分類，巧妙連結 108 課綱的素養導向的評量與教學，鎖定讀者群為學生與教師組群。這樣的設計與巧思，可以看出圓鈴教授從踏實有憑有據的理論出發，適當結合政策實務的企圖，進而具體詮釋評量指標，協助教師建立評量指標個人知識系統。此舉將有助於教師釐清評量指標背後的教學目標，進而協助教師精準掌握教學目標之具體內涵，提升其教學專業效能與品質。

值得從教師的角度來探討本書的價值。國內中小學教師面對一波波的課程改革，對於教學目標導向的課改前提，教師急需找到詮釋教學目標的方法與密碼。再加上課改背後始終存在一股高度重視評量的主流力量。我國各級學校學生終將面對會考、統考、學測與指考等高風險評量。教師會在考試領導教學與目標導向教學二股勢力之間拉扯。乍看之下，教師似乎在處理兩件目標不同的事件，而且兩件事的目標也是不同的。然而從 Bloom 教學目標分類的觀點來看，兩個事件的目標可以是同一個，具體的說就是讓教學與評量二者均在同一目標下運作。如此一來，教師對於目標的釐清與掌握，將會是課改中的核心環節。因此，透過評量指標的理解與詮釋，進而對於教學目標更精準的掌握，應該是本書重要的核心之一！

同樣值得從學生的角度來探討本書的重要。圓鈴教授撰寫本書也同時考慮學生學習閱讀評量指標的方向。對學生而言，學習評量指標並不等同於重覆練習作答試題。學生經由評量試題學習閱讀評量指標，其實是 Bloom 教學目標分類知識向度的重要內涵——後設認知知識。Bloom 對於後設認知知識主要是著眼於自我知識與策略知識。學生學習閱讀評量指標，是建構個人閱讀策略知識可行的方法之一。這其實也符合 108 課綱中素養導向的重點。

期盼這本書的出版，能為國內政策目標、課程、評量的教育生態提供一個可以思辨與討論的健康平臺。

林世華

臺師大教育心理與輔導學系副教授（已退休）

專家推薦二 / FOREWORD

近年國內教育在新課綱以素養為導向的論述下，掀起了一波由下往上，從教學到評量的革新。這個巨大的典範移轉，使得每一位教學者都面對極大的挑戰，因為過往學習過程或實際教學中，都缺乏對應現今素養教學與評量的經驗。但是這情況將會有所改變，因為圓鈴老師出新書了！

圓鈴老師長年任教於國立臺灣師範大學國文系，並曾擔任教育部九年一貫「課程與教學輔導諮詢團隊」國語文組召集人，也曾參與重要評量的規劃研擬，並且具前瞻性的率先將閱讀素養所重視的文本分析與提問層次，融入國文科的教學與評量。在這本新書中，圓鈴老師應用多年身為學者的專業研究與教學經驗，仔細而有系統地從過往十年的國文試題中，分析歸納出國文考科的 4 種類別，14 項評量指標及 22 種試題基本範例。藉由具體的實例，讓模糊、概念化的國文科閱讀指標得以清晰。相信老師們可以在書中完整說明的幫助下，設計出層次明確的提問，有效給予學生因應當前評量的準備。

黃國珍

品學堂執行長

專家推薦三 / FOREWORD

幾年前，圓鈴老師原已遞出退休申請，也已籌備好退休後繼續耕耘閱讀教學的工作據點，但因忽然銜命出任「中央輔導團」（教育部國民中小學九年一貫課程與教學輔導諮詢團隊「語文學習領域國語文組輔導群」）召集人，便放緩了離校的腳步，為中央輔導團厚植根基，培育新血。隨著階段性任務的完成，卸下召集人之職，圓鈴老師又萌發撰寫著作的念頭，遂在今年動完眼睛的手術後，琢磨出這本《大考國文誰不怕》。

這是一本討論大學學科能力測驗、指定科目考試和技專校院統一入學測驗國文科試題的書，書名充滿「可畏」之意，但其實是希望讀者因這本書而「無畏」。107 年，上述這三種試題都「被歸納」出一個相同的特色，就是「素養導向」的試題大增。近來，因為十二年國民基本教育的新課綱預計於 108 學年度起實施，而新課綱最凸出的標誌之一即是「素養」，所以一時間「一個素養，各自表述」，大家也紛紛在大型入學的考題裡「各以其情而自得」，謂這為素養題、那也考素養。值此之際，本書未特別標舉「素養」而仍強調「閱讀」，其實絕非不知時宜，而是請循其本——在閱讀中認識閱讀的方法，便能知行合一的具備閱讀素養。

圓鈴老師是把「國語文教學」放在第一研究順位的專家——這點即使在仍保有師資培育特色的大學中文相關系所裡也不多見。圓鈴老師起初研究試題——這與她曾任國中基本學力測驗試題發展組組長有關，從 2002 年將原刊於《國文天地》雜誌的文章集結出版《你也是創意命題高手》開始，相繼寫了《高職國語文標準化成就測驗的編製》（2004 年）、《國中國文教學評量》（2004 年）、

《Bloom 認知領域教育目標在國語文教學與評量的應用》（2004 年）、《基測陷阱的思考與對策》（2006 年）、《基測國文科試題品質分析與改善建議：以 90～95 年試題為例》（2008 年）。在 2012 年結束休假研究後，又編寫了《閱讀教學 HOW 上手：課綱閱讀能力轉化與核心教材備課藍圖》及 2013 年出版的《閱讀素養一本通：提升閱讀素養，掌握閱讀關鍵能力，一本就通》、《有效閱讀：閱讀理解，如何學？怎麼教？》。這一連串的書名，可不是從國家圖書館的網站查來，而是我素來有幸，冊冊皆得圓鈴老師賜贈。每回拿到書，總是想：有一天，我也為國語文考試留點足跡吧……但我終究只知蹉跎，遠不及圓鈴老師有實行力，每當她跟我說：我想寫一本關於……的書，幾個月後就迸出成品了。這本《大考國文誰不怕》，照舊如此。

圓鈴老師的國語文試題研究有不少創舉。她應該是第一個以這項主題做為升等論文代表作而獲得通過的人（《高職國語文標準化成就測驗的編製》），也應該是唯一能以此獲得國家科學委員會（現在的科技部）「文學一」學門專題研究計畫補助（92～94 年度）的人。此外，圓鈴老師的觀點也影響了國內的測驗實務，例如國家教育研究院之前執行的臺灣學生學習成就評量資料庫（Taiwan Assessment of Student Achievement，TASA），在研擬國語文試題指標時便多所參考。至於其他試題層巒疊嶂中的某個路途轉彎處，或者路上的一花一石，可能難以在此細說，但憑我記憶所及，都是有故事的風景。

新的學期，圓鈴老師將在休假研究後退休。從我們在臺灣科技大學當同事開始，她對中學國語文教育的關注與協助，就一直讓我深覺讚佩，所以，近幾年我也常反思：是不是應該為技職體系的國語文教育做點什麼。雖然我參加了技術型高中的國語文新課綱編撰，也去了技術型高中一般科目群科中心做點服務，但畢竟，唉，圓鈴老師的用心勤力，我總是模仿不來，只好看她退休之後，能否有多餘的心力借我一用囉。

游適宏
臺科大人文社會學科教授兼通識教育中心主任

實證好評❶

圓鈴老師本著「評量系統化、解題步驟化」的理念設計此書，個人認爲依循其內容，可切實做到「知識系統化、能力步驟化」。以下說明個人課堂實證的心得。

一、如何使用

根據書中「試題編寫密碼」及「閱讀理解密碼」提供的破解攻略：

圈出試題重點 ▸▸ 判斷類別 ▸▸ 決定評量指標 ▸▸ 使用閱讀理解策略

(一) 學生自學步驟

檢索試題重點 ▸▸ 掌握評量指標 ▸▸ 使用閱讀理解步驟 ▸▸ 完成答題

(二) 教師備課步驟

分析試題評量指標 ▸▸ 掌握閱讀理解步驟 ▸▸ 遷移至備課與課程設計 ▸▸ 評量學生重點細節的閱讀理解

二、國中課堂實證舉例

隋煬帝善屬文，而不欲人出其右，司隸薛道衡由是得罪。後因事誅之，曰：「更能作『空梁落燕泥』否？」
根據這段文字，可以推知下列何者正確？
(A) 煬帝命薛道衡作詩，薛因抗命而被殺
(B) 薛道衡死後，煬帝感嘆再也無人能出其右
(C) 薛道衡因事被誅，臨刑以「空梁」一詩明志
(D) 煬帝嫉妒薛道衡能有「空梁落燕泥」這等佳句
（出處：國中教育會考試題 107-33）

(一) 學生自學

題幹「何者正確」		閱讀理解步驟		判斷正答
·屬區辨內容類	▸▸	·【重點】煬帝心胸狹窄 ·1. 自認詩文天下第一 ·2. 嫉妒薛道衡佳句 ·3. 薛道衡被殺，煬帝還對其佳句耿耿於懷	▸▸	·根據細節 2 可判斷正答

(二) 教師備課

備課分析		教學設計		課堂觀察		評量
·注意重點細節	▸▸	·掌握重點細節	▸▸	·學生對重點細節是否釐清	▸▸	·檢核學生對重點細節的分析能力

臺南市復興國中王秀梗老師（已退休）

實證好評❷

統測、學測、指考的題型與試題內容各有千秋，但眼前浮現起學生們咬著筆桿、苦思難解的臉龐卻相一致。面對大考，我與學生們竟是這般的同病相憐，如身處五里迷霧中遍尋不著方向。「考試恐懼症」的荼毒，讓我們忘卻了學習過程中的愉悅。

圓鈴老師的《大考國文誰不怕》，正像一枚為我們指點迷津的羅盤，讓我們在談笑間便能「輕舟已過萬重山」。若你想知道孫悟空與沙僧，如何能與《星艦迷航記》、《南方四賤客》搭上線，你需要一張圓鈴教授編寫的「閱讀理解密碼表」。在她的巧思妙筆之下，試題不再艱澀，卻成為讓人欲罷不能的有趣謎團，而她也為我們提供足夠的線索，幫助大家破解試題中的通關密碼：想知道如何揭開陶潛的神祕面具？想解釋《三國演義》中的黑天鵝事件是什麼？想分析「喇加多」流淚的假設與原因？想區辨鬱金香狂熱的始末？想結合圖表與文字，推論移工文學中反映出的觀點與心聲，你一定不能錯過圓鈴教授這本精巧有趣的書籍。

「看過今年的大考題目了嗎？」每每在學測、指考結束後，圓鈴教授便會找時間與我聊聊今年的試題內容，眨眼間她已在閱讀及測驗領域深耕數十年，她的書籍絕非指點舊聞，相反地，總能帶領我們看到更多的未來性。在這本《大考國文誰不怕》中，她也精心準備了給讀者們的驚喜：整合統測、學測、指考三種考科的共同重點，幫助學生成為國文考科的得分高手；結合 Bloom 認知領域教育目標，歸納出大考的評量指標，幫助現場教師也可以編寫出品質良好的試題；同時，融入近來最夯的素養型閱讀，並分析未來考試的趨勢。

這樣的一本書，眞讓人想趕快翻開第一頁，好好品味一番呢！

謹以此序獻給我生命中的導師，感謝她的新意與發想，讓學子們找回學習過程的愉悅，豐富了對國文的視野與想像。

國立華僑高中李鍑倫老師

實證好評❸

此書內容賅備，總收大考必考的八項閱讀能力，從錘鍊詮釋、舉例、摘要的基本能力起始，以迄精熟推論、比較、解釋、區辨、歸因等進階能力止。作者開創新局，從試題編寫的高度，引領讀者俯瞰題目形成的歷程，並邀約讀者共商解題大業。於是，讀者得以觀見整個試題編寫藍圖，洞悉評量重點與試題內容之間的緊密關聯性，並擁有了珍貴的解題指南，再也不必揣測命題者的心思，更不必陷落在選項間，不知所措。此書實爲舉業之津梁，後生之寶典。

臺北市東湖國中李函香老師（已退休）

實證好評❹

地圖，一直是我們尋找方向時的依憑。無論在風起雲湧的天地江海，或錯綜複雜的知識體系裡，前人以步履走出來的經驗，以生命俯瞰察覺的視角，讓茫然無措的追尋從此有了定向，也讓曠日廢時的摸索有了最具效力的指引。

圓鈴老師的這本書，對於所有深陷於應試的學子而言，正是如此具指點迷津的羅盤。這不是解題秘笈，不是考前猜題，而是回歸閱讀本質的練功坊，釐清概念、強化思考能力、精確掌握學習內涵的地圖，是創造學習成就的路徑。

臺北市景美女中陳嘉英老師（已退休）

實證好評❺

想知道身體健不健康？您需要一套完善的健康檢查；想知道自己國文科的應試能力如何？您需要這本《大考國文誰不怕》，圓鈴老師以精煉強大的分析能力來解構試題，再透過豐富的試題編寫與教學經驗，幫老師與學生建立起一套確實有效的解題機制。

要想順利解題，必須先能讀懂文章，讀懂文章的關鍵是「能否掌握文章的核心概念」，掌握了核心概念，就能順藤摸瓜，把握「重點細節」，進而「提出看法理由」。這套理路，其實就是閱讀理解的歷程，讀者順著此脈絡，不僅能與文本對話、試題對話，更能與自己的理解力對話。在國中端，教師更可以教學生這套閱讀解的方式，用於解讀陌生的文本，不必等到高中再來學。於是，圓鈴老師的閱讀理解密碼表，不僅是破解國文試題的利器，更是檢核讀者自己閱讀理解力的必要步驟與工具。

新北市江翠國中陳恬伶老師

實證好評❻

面對一綱多本的激烈競爭，教科書出版社莫不使出渾身解數來搶佔市場，五花八門的參考用書與周邊配套從熱情的書商手中疊上教師辦公室的桌上。每一本題庫皆標榜鎖定大考命題焦點，每一本閱讀測驗皆呈現豐富多彩的選文面貌，每一本重點整理皆塞滿從形音義到文學常識各種「必背」知識，然而，汗牛充棟，我們如何確認書商的廣告術語，眞的如其所述？我們眞的能肯定，這一本本嶄新亮麗、頗受好評的參考書，編排確實依照所謂大考命題焦點？

《大考國文誰不怕》一書首先「破解試題編寫密碼」，將升大學階段的學科能力測驗、指定科目考試、統一入學測驗試題編寫的通則解密，使教師與學生得以觀覽大考命題試卷的普遍樣貌。接著「破解閱讀理解密碼」，跳脫傳統閱讀題本以散文「賞析」文章的套路，改以表格方式呈現閱讀素材的核心概念、人物與作者看法、支持看法的理由、雙文本的觀點比較、閱讀過程中應破解的難句涵義等，再呈現解題思路與前述表格重點的呼應。透過這樣的模式，學生自我練習作答後，不僅能認識到「這一題錯在哪」，還能將這套解題的思路遷移到其他相似的閱讀題型上。

本書「密碼」，可協助教師掌握國文考科解題教學的要點、編寫自編測驗卷；對於考生而言，則有助於認識試題的提問重點所在、迅速解構閱讀素材，破除「看了就害怕」的低分魔咒！

臺北市永春高中劉佳宜老師

作者自序 / PREFACE

大考的國文考科一向被視為易學難工，因為同學多數具備一定的閱讀能力，想得個六十分不算太難，但如果想進步為八、九十分就頗有難度，因為多數人會覺得不知如何入手準備。今年呼應108課綱所強調的素養導向，國文考科試題產生極大的變化，不僅閱讀題組數量倍增，就連閱讀選文的文字長度也增加許多，所以同學不免更加懷疑，讀課本學國文有用嗎？於是拼命做閱讀測驗，希望提升閱讀能力。然而**多做閱讀測驗，真能有效提升您的閱讀能力？**

有鑑於同學對如何提升閱讀能力，仍如霧裡看花，無從掌握。筆者乃願將得之於師大心輔系林世華老師的啓迪及長期深耕題庫建置與試題編寫的研究成果，轉化為簡單易懂的八項閱讀評量指標，做為釐清閱讀能力的基本架構，再輔以單選、題組、素養三種題型的分類說明，協助您看清楚閱讀能力的完整面貌，並能循序漸進，用最短的時間，有效提升自己的閱讀能力。如果您經由本書的練習，對閱讀評量指標了然於心，也對閱讀理解密碼應用純熟，那麼，帶著這樣的能力重新閱讀國文課本的選文，您也會對經典選文產生相知恨晚的驚奇感，原來過去因為取景角度不對，所以看不見它的美。

同樣的，學校老師如果也能善用本書提供的試題編寫密碼及閱讀理解密碼，並轉化於課堂教學與試題編寫的實踐之中，那麼必然也能提升教學成效及段考評量的試題品質。這樣，或許藉由大家的共同努力，我們有機會建立一個「桃花源」般的國語文學習環境，讓每個孩子都樂於生活其中，流連忘返。

這本書從試題分類開始，逐漸形成試題編寫架構；從分類閱讀能力開始，逐漸形成閱讀理解步驟，這裡面蘊含的正是破解試題編寫與閱讀理解密碼的過程。然而如何將這個內在於大腦的歷程意象，用恰適的文字形式來做精確的表達，我們遭到許多大大小小的困難，所以這本書刪刪改改了將近一年，才有如今的面貌。但是，它尚未完美，所以期待您閱讀、使用後，能隨時提供我們修正意見，方便再版的修改。

本書能如期完成要感謝五南編輯群的協助，副總編黃文瓊的幫忙，以及林世華、游適宏、黃國珍、王秀梗、李鍑倫、李函香、陳嘉英、陳恬伶、劉佳宜等老師，願意在盛夏中撥冗幫忙撰寫推薦序文及實證好評，更要感謝羅國蓮助理不厭其煩的修改，並適時提供許多修正意見。謹於此序，致上最真誠的謝意。

鄭圓鈴 寫于 2018 年 8 月

破解試題編寫密碼

本書將國文考科試題分為：

1. 四大類別：文化知識、語文表達、閱讀了解、閱讀分析
2. 十四項評量指標：再認文化、推論文化、實行文字、實行詞語、實行句子、實行格式、詮釋涵義、舉例概念、摘要主旨、推論看法、比較異同、解釋因果、區辨內容、歸因意涵。其中的後八項即為閱讀能力指標。
3. 二十二種基本範例：詳見本書第一章。

您只要能圈出試題重點，即可據以判斷試題類別與評量指標，並分析每份試題的編寫架構，輕鬆破解國文考科的試題編寫密碼。所以如果您是學生可以利用評量指標，檢驗您手上的閱讀測驗試題是否合乎國文考科的評量重點。如果您是教師，則可以利用本書提供的「試題編寫密碼表」協助提升試題編寫品質。以下為試題編寫密碼表的範例：

試題編寫密碼表

評量指標	試題內容	試題能力	試題難度	試題題數
實行文字	同音字字形是否正確 形近字讀音是否正確	基本	困難	1-2

破解閱讀理解密碼

本書以「閱讀理解密碼表」，提示試題選文的閱讀理解步驟理解步驟包含：摘要核心概念→整理內容重點→釐清困難詞句→分析意象意涵。我們可將閱讀理解步驟的具體內容與閱讀評量指標整合成下表：

閱讀理解說明表

閱讀步驟	具體內容	閱讀評量指標
核心概念	概述選文主要在說什麼	摘要主旨（主題、要旨）
內容重點	1. 作者或人物看法 2. 看法理由或事件原因 3. 重點細節 4. 重點比較 5. 寫作目的或寫作手法	1. 推論看法 2. 解釋因果 3. 區辨內容 4. 比較異同 5. 歸因意涵
困難詞句	1. 難句句意 2. 同義詞詞義	詮釋涵義
意象意涵	各句意象意涵	歸因意涵

其中內容重點的五個小項會因選文內容而有刪減，例如單篇選文不會有比較異同，論述性短文較易出現作者看法，解釋因果，敘述性短文較易出現重點細節，解釋因果。而困難詞句中的困難句意，在古典選文較易出現。意象意涵的說明則多為韻文、小說。

具體內容雖然繁簡有別，但根據本書解題說明的提示，您會發現所有的試題提問與答案，都會落在選文「閱讀理解密碼表」的範圍中。所以平常進行生活或教材閱讀時，只要您能不斷以理解密碼的閱讀步驟，多做練習，您就可以讓自己成爲閱讀高手。進入考場後，您只需利用閱讀高手的基礎，再加上破解試題編寫密碼的應試技巧——先瀏覽題幹的試題重點，掌握評量指標，再從閱讀選文快速找出答案。這樣您就能輕鬆的成爲得分高手。以下爲閱讀理解密碼表及解題說明表範例。

閱讀理解密碼表

核心概念	作者讚美窗使屋子增添意義
作者看法	1. 門具生活實用性，窗具生活豐富性 2. 門是人的進出口，窗是自然天光的進出口 3. 窗的表面是人讓步自然，其實是人享用自然的勝利
難句句意	「誰知道來占領這個地方的就給這個地方占領去了」：想來占領這個地方的（自然），（反而）就讓這個地方占領去了（反而被屋子的主人拿來享受）

解題說明表

題號	答案	試題重點	解題說明
1	D	推論看法	根據作者看法的說明
2	C	推論看法—適切詞句	因爲屋子皆有門，而不一定有窗，加上「窗多少是一種奢侈」，指的是人可以在屋子生活，而不是炫耀奢豪，所以作者強調的是「窗是進化的結果」
3	C	推論看法	根據作者看法及難句句意的說明

目 次 / CONTENTS

破解試題編寫密碼

壹、國文考科的試題重點

貳、國文考科的試題架構

參、國文考科的試題難易度

您準備好，接受挑戰了嗎？

壹 國文考科的試題重點

您玩過樂高嗎？它的基本小塊樣式不多，但透過不同的巧思，卻能拼組出千變萬化的成果。同樣的，大考雖然有學測、統測（四技）、指考的不同，但它們也會有共同的重點。所以如果您想成為國文考科的得分高手，或您想幫助學生成為得分高手，您都應該先分析試題重點，才能以簡馭繁，輕鬆達標。

提及分析試題重點，您立刻想逃之夭夭，因為它似乎既專業又艱澀，讓人不自覺的緊張反胃。這就好比您雖然喜歡野生動物，但您期待的是以輕鬆舒適的旅遊方式與牠們自然相遇，而不是深入蠻荒與牠們進行生死搏鬥。我們了解您的需求，所以本章要談的試題重點不會是濃縮雞精，反而更像是美味雞湯，它入口滑順，卻又美味滋補。這樣的雞湯將能幫助您輕鬆了解大考國文的**試題重點**，並且像測驗專家一樣，自己做出大考的**評量指標**。您願意動手試試看嗎？您也可以多練習幾遍，讓自己更熟練些喔！

讀完本章您將學會

- ☑ 熟悉 22 種基本範例的試題重點
- ☑ 根據試題重點，完成大考 14 項評量指標

一、認知的學習表現

認知是學習的基本能力，認知歷程則是學習成果的展現。根據 Bloom 等人在 2001 年出版的「認知領域教育目標分類」，可將認知歷程分爲 6 個由簡而繁，漸趨統合的層次，它們分別是：記憶（Remember）、了解（Understand）、應用（Apply）、分析（Analyze）、評鑑（Evaluate）、創造（Create），它們的發展層次則可用下圖說明。

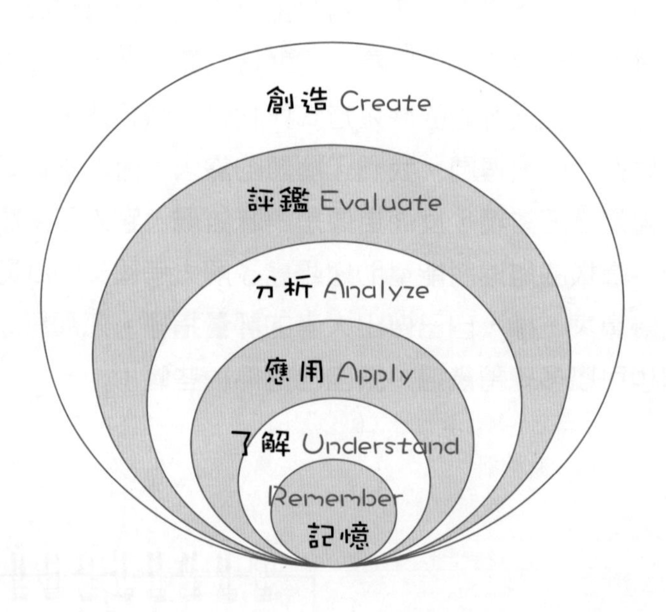

這六個認知歷程，除了記憶屬於知識學習外，其他都強調知識的學習遷移。而知識的學習遷移，正是評量學生學習表現的重點。但是只用上述的六個認知歷程，說明學生的學習表現，似乎過於籠統，所以 Bloom 等人又爲六個認知歷程，細分數個次類別。我們簡單的將認知歷程與次類別的名稱與定義說明如下（次類別定義根據國文試題特質略做調整，與原文未盡吻合）。

Bloom 認知歷程分類表

歷程	定義	次類	定義
記憶	從長期記憶中提取相關知識	1 再認	訊息出現時，能與記憶中的知識對照並確認其一致性（多為選擇題型）
		2 回憶	根據提問，回憶記憶中的知識（多為簡答題型）
了解	從材料中建構意義	3 詮釋	用另一種表達方式，說明閱讀材料的涵義
		4 舉例	找出題幹概念與選項例證的關連性，舉出例證說明概念
		5 分類	為閱讀材料歸納知識類別
		6 摘要	找出閱讀材料的共同特徵，簡短陳述
		7 推論	根據閱讀材料，對題幹問題提出合理論斷
		8 比較	說明閱讀材料之間相同或相異的特徵
		9 解釋	建立因果模式解釋閱讀材料的歷程
應用	利用特定步驟，解決問題	10 執行	使用固定步驟，處理熟悉語境的特定問題如文字、詞語、句子、應用文格式運用等問題（使用教材情境）
		11 實行	使用恰當步驟，解決試題新語境的特定問題如文字、詞語、句子、應用文格式運用等問題（使用全新情境）
分析	分解訊息、材料為數個要素，並指出要素之間或要素與整體的關聯性	12 區辨	解構閱讀材料，從中區辨出相關、不相關，重要與不重要的要素
		13 組織	解構閱讀材料，說明閱讀材料的結構與功能
		14 歸因	解構閱讀材料，指出作者隱含的觀點、偏見、價值、意圖

歷程	定義	次類	定義
評鑑	根據規準做判斷	15 檢查	指出閱讀材料的瑕疵，主要任務是辨識閱讀材料中不恰當的要素
		16 評論	檢核閱讀材料品質，主要任務是根據評鑑規準，提出總結性的優劣評價
創造	將各個要素組成一個完整且具功能的整體	17 創意	超越既定知識，重新思考各種可能的假設
		18 規劃	針對某問題，發展一套計畫，做爲執行工作、製作作品的參考
		19 製作	根據特定要求，完成原創、獨創的作品

Bloom 等人所擬定的十九個認知歷程次類別，能清楚定義學生多層次與多元化的學習表現，所以測驗專家喜歡用這十九個次類別來檢核學生的學習表現。既然它是測驗專家檢核學生學習表現的基本要素，那麼大考的國文試題自然也會利用這十九個認知要素做爲編寫試題的重點。

然而大考的國文試題以選擇題型爲主，不可能出現評鑑、創造的認知歷程，因此檢查、評論、創意、規劃、製作這五個次類別不可能出現。這樣十九個基本重點就只剩下十四個。再刪去國文試題未曾出現的回憶、分類、執行、組織四個項目，國文試題就只剩下十個基本重點。

這十個基本重點，如何搭配國文的學習內容，組織成一份大考試題呢？我們嘗試分析近十年大考國文試題的內容，從中歸納出二十二種基本範例，利用這二十二基本種範例，搭配上述的十項基本重點，您就可以自己編寫大考評量指標了。

二、試題重點與評量指標

上節提及國文考科有二十二種基本範例，現在我們先將這些基本範例，區分爲文化知識、語文表達、閱讀了解與閱讀分析四類，接著您可依照我們的指示說明，練習圈出試題的重點，並分辨它們的評量指標。

（一）文化知識

文化知識的試題範例有二類，它們分別評量學生有關作家、作品、文學流變、格律及六書等知識的再認與推論能力。這二種能力的評量指標定義分別是：

1. 再認文化：學生能對照試題有關作家、作品、文學流變、格律及六書的說明，判斷是否與記憶的知識一致。
2. 推論文化：學生能先掌握閱讀選文的重點，再搭配記憶中的文化知識，進行推論。

了解評量指標定義後，請您依照我們的指示說明，練習爲文化知識的二個範例，圈出試題重點，並分辨它們的評量指標。

試題範例的出處我們會以【指 103】註明，先說明試題出自學測（學）、統測（統）、指考（指）、學測參考卷（學參）、研究卷（研），再說明年份如 103。未來其他章的練習試題我們也會用相同的註明方式。

指示說明

1. 請您先閱讀試題的題幹，圈出提問重點。
2. 根據提問重點及認知分類，選擇恰當的評量指標。
3. 將您選擇的評量指標，填入大考評量指標分類表中（重複者填寫一次即可）。

練習一

爲了幫助您快速進入學習模式，這個練習我們先提供操作範例，協助您學習。

試題範例	認知分類	評量指標
1. 下列關於小說的敘述，正確的選項是：【指103】 (A)傳奇小說中的「傳奇」是「傳述奇人異事」的意思，始見於明代 (B)《紅樓夢》爲章回體小說，又名《風月寶鑑》，作者描寫的對象，以男性爲重心 (C)《三國演義》描寫的人事物，大多有其根據，全書以魏爲正統，與《三國志》相同 (D)《聊齋誌異》中的〈勞山道士〉及《儒林外史》中的〈范進中舉〉，都含有諷刺世情的意味	再認	再認文化 推論文化
2. 連橫認爲學詩須讀書以立根基，下列選項的閱讀次第，符合文中觀點的是：【指 107】 詩有別才，不必讀書，此欺人語爾。少陵爲詩中宗匠，猶曰：「讀書破萬卷，下筆如有神」，今人讀過一本《香草箋》，便欲作詩，出而應酬，何其容易！余意欲學詩者，經史雖不能讀破，亦須略知二、三，然後取唐人名家全集讀之，沉浸穠郁，含英咀華，俟有所得。乃有所得，乃可旁及，自不至紊亂無序，而下筆可觀矣。（連横〈雅堂文集・詩薈餘墨〉） (A)香草箋→王右丞集→詩經 (B)詩經→黃山谷詩集→香草箋 (C)杜工部集→左傳→王右丞集 (D)左傳→杜工部集→黃山谷詩集	推論	再認文化 推論文化

大考評量指標分類表

試題類別	文化知識	語文表達	閱讀了解	閱讀分析
評量指標	1. 再認文化 2. 推論文化			

（二）語文表達

語文表達的試題範例有四類，它們分別評量學生有關文字、詞語、句子、格律的應用能力。這四種評量指標的定義分別是：

1. 實行文字：學生能在新情境中，判斷正確的字形、讀音。
2. 實行詞語：學生能在新情境中，判斷恰當詞語或正確詞語的使用。
3. 實行句子：學生能在新情境中，判斷恰當句子的使用或句子重組。
4. 實行格式：學生能在新情境中，判斷有關書信、題辭、柬帖、對聯等應用文格式或古典韻文格律的使用。

了解評量指標定義後，請您依照我們的指示說明，練習爲語文表達的七個範例，圈出試題重點，並分辨它們的評量指標。

指示說明

1. 請您先閱讀試題的題幹，圈出提問重點。
2. 根據提問重點及認知分類，選擇恰當的評量指標。
3. 將您選擇的評量指標，填入大考評量指標分類表中（重複者填寫一次即可）。

練習二

試題範例	認知分類	評量指標
1. 下列各組「」內的字音，前後不同的是：【指102】 (A)若「垤」若穴／「喋」血山河 (B)交「戟」之衛士／王俱與「稽」首 (C)西方有木焉，名曰「射」干／每公卿入言，賓客上「謁」 (D)不知軍之不可以退而謂之退，是謂「縻」軍／侶魚蝦而友「麋」鹿	實行	實行文字 實行詞語 實行句子 實行格式
2. 下列文句，完全沒有錯別字的是：【指106】 (A)齊柏林的紀錄片發聾振憒，喚醒國人的土地保育意識 (B)獲得國際電影大獎的肯定後，他成爲熾手可熱的明星 (C)職場新人如能虛心求教並多演練實務，將可稗補闕漏 (D)這項改革方案應審愼評估風險，以免推動時窒礙難行	實行	實行文字 實行詞語 實行句子 實行格式
3. 下列文句「」內成語的運用，正確的是：【學104】 (A)思螢爲了準備朗讀比賽，常「念念有詞」地大聲誦讀課文，以提升臨場表現效果 (B)澤于登上101觀景臺後，發現遠處的景物盡收眼底，這才體會「尺寸千里」的意涵 (C)阿拓熱愛登山，不斷接受各種訓練，希望能早日完成他挑戰臺灣百岳的「名山事業」 (D)原本打算丟棄的舊掃帚，竟然有餐廳願意高價收購，讓暴哥喜呼眞是「敝帚千金」	實行	實行文字 實行詞語 實行句子 實行格式

試題範例	認知分類	評量指標
4. 閱讀下文，依序選出最適合填入□內的選項：【指 101】 仙岩有三個瀑布，梅雨瀑最低。走到山邊，便聽見花花花花的聲音；抬起頭，□在兩條溼溼的黑邊兒裏的，一□白而發亮的水便呈現於眼前了。我們先到梅雨亭。梅雨亭正對著那條瀑布；坐在亭邊，不必仰頭，便可見牠的全體了。亭下深深的便是梅雨潭。這個亭□在突出的一角的岩石上，上下都空空兒的；彷彿一隻蒼鷹展著翼翅浮在天宇中一般。三面都是山，像半個環兒擁著；人如在井底了。（朱自清〈溫州的蹤跡〉） (A) 夾／帶／盤　(B) 夾／畦／踞 (C) 鑲／畦／盤　(D) 鑲／帶／踞	實行	實行文字 實行詞語 實行句子 實行格式
5. 依據下文，何者最符合＿＿＿＿＿內「狗」的想法？【統 106】 許多狗喜歡追貓，人們以爲牠是要欺凌弱小。不然。狗是很羨慕貓的，羨慕牠們可以爬到那麼高的地方，因爲爬得高，看到的世界就越寬廣。牠每次想跟貓討教，性子急了點，邊吼邊跑地衝上去，讓人誤以爲牠要去傷害貓。其實，牠只是很心急地想要追問：千古以來，何以你們可以飛簷走壁，而身爲狗兒的我們，再怎麼努力跳躍，始終跨不過圍牆，上不了屋頂？＿＿＿＿。（杜白《動物生死書》） (A) 我完全不討厭你們，我只是多疑又心虛 (B) 我完全不討厭你們，我只是不解與嫉妒 (C) 我眞的好討厭你們，竟然看輕我的專長 (D) 我眞的好討厭你們，竟然敷衍只教幾招	實行	實行文字 實行詞語 實行句子 實行格式

試題範例	認知分類	評量指標
6. 下列是《西遊記》中的一段文字，請依文意選出排列順序最恰當的選項：【指 105】 眞個光陰迅速， 甲、老君的火候俱全，乙、只聽得爐頭聲響， 丙、猛睜睛看見光明，丁、忽一日，開爐取丹， 戊、不覺七七四十九日， 己、那大聖雙手侮著眼，正自揉搓流涕， 他就忍不住，將身一縱，跳出丹爐。 (A) 丁戊丙甲乙己 (B) 丁己丙乙甲戊 (C) 戊甲丁己乙丙 (D) 戊乙丙己丁甲	實行	實行文字 實行詞語 實行句子 實行格式
7. 依甲、乙二詩的祝賀內容，分別選用相應的題辭，最恰當的選項是：【學 104】 甲、三代冠裳應接武，百年琴瑟喜同幃。今朝福曜潘門燦，戲舞堂前著彩衣。 乙、榮遷指日向南行，福曜遙臨萬里程。民已馨香生佛事，公應此地不忘情。 (A) 天賜遐齡／大展鴻猷 (B) 天賜遐齡／里仁爲美 (C) 昌大門楣／大展鴻猷 (D) 昌大門楣／里仁爲美	實行	實行文字 實行詞語 實行句子 實行格式

大考評量指標分類表

試題類別	文化知識	語文表達	閱讀了解	閱讀分析
評量指標	1. 再認文化 2. 推論文化	3. 4. 5. 6.		

試題分類參考表

試題範例	提問重點	評量指標
1. 下列各組「」內的**字音**，前後不同的是：	字音	實行文字
2. 下列文句，完全沒有**錯別字**的是：	字形	實行文字
3. 下列文句「」內**成語的運用**，**正確**的是：	正確成語	實行詞語
4. 閱讀下文，依序選出**最適合填入□內**的是：	恰當詞語	實行詞語
5. 依據下文，何者**最符合**＿＿＿＿＿＿內「狗」的想法？	恰當句子	實行句子
6. 下列是《西遊記》中的一段文字，請依文意選出**排列順序**最恰當的選項：	句子重組	實行句子
7. 依甲、乙二詩的祝賀內容，分別選用相應的**題辭**，最恰當的選項是：	題辭	實行格式

大考評量指標分類表

試題類別	文化知識	語文表達	閱讀了解	閱讀分析
評量指標	1. 再認文化 2. 推論文化	3. 實行文字 4. 實行詞語 5. 實行句子 6. 實行格式		

（三）閱讀了解

閱讀了解的試題範例有六類，它們都共同評量學生能否爲句、段、篇等閱讀選文，建構新意義的了解能力。了解能力的評量指標有六種，它們的定義分別是：

1. 詮釋涵義：學生能建構閱讀選文中，有關字詞、句子涵義的了解能力。
2. 舉例概念：學生能建構閱讀選文中，有關語法、寫作手法、句子重點、教材聯結的了解能力。
3. 摘要主旨：學生能建構閱讀選文中，有關意旨、道理、主題的了解能力。
4. 推論看法：學生能建構閱讀選文中，有關觀點、適用詞句的了解能力。
5. 比較異同：學生能建構閱讀選文中，有關二則選文異同比較的了解能力。
6. 解釋因果：學生能建構閱讀選文中，有關事件歷程因果的了解能力。

了解評量指標定義後，請您依照我們的指示說明，練習爲閱讀了解的十個範例，圈出試題重點，並分辨它們的評量指標。

指示說明

1. 請您先閱讀試題的題幹，圈出提問重點。
2. 根據提問重點及認知分類，選擇恰當的評量指標。
3. 將您選擇的評量指標，填入大考評量指標分類表中（重複者塡寫一次即可）。

練習三

試題範例	認知分類	評量指標
1. 下列各組文句「」內的字，前後意義相同的選項是：【指 105】 (A) 之推不得已而仕「於」亂世／以其無禮「於」晉，且貳於楚 (B) 於是飲酒樂甚，「扣」舷而歌之／娘以指「扣」門扉曰：兒寒乎 (C) 則漢「室」之隆，可計日而待也／或取諸懷抱，晤言一「室」之內 (D) 大行不「顧」細謹，大禮不辭小讓／乘驢而去，其行若飛，回「顧」已遠 (E) 惑之不解，「或」師焉，或不焉／「或」勸以少休，公曰：吾上恐負朝廷，下恐愧吾師也	詮釋	詮釋涵義 舉例概念 摘要主旨 推論看法 比較異同 解釋因果
2.「反問」雖採問句形式，卻屬無疑而問、明知故問，意在強調預設的觀點。下列屬於反問句的選項是：【指 102】 (A) 壯士，能復飲乎 (B) 誰習計會，能爲文收責於薛者乎 (C) 吾師道也，夫庸知其年之先後生於吾乎 (D) 風俗頹敝如是，居位者雖不能禁，忍助之乎 (E) 況爲大臣而無所不取，無所不爲，則天下其有不亂，國家其有不亡者乎	舉例	詮釋涵義 舉例概念 摘要主旨 推論看法 比較異同 解釋因果

試題範例	認知分類	評量指標
3. 文學作品中，常採用「由大而小」及「由遠而近」的手法，逐漸聚焦到所要描寫的重點對象。下列同時使用此兩種手法的選項是：【學 101】 (A) 平林漠漠煙如織，寒山一帶傷心碧。暝色入高樓，有人樓上愁 (B) 枯藤老樹昏鴉，小橋流水人家，古道西風瘦馬，夕陽西下，斷腸人在天涯 (C) 寸寸柔腸，盈盈粉淚，樓高莫近危闌倚。平蕪盡處是春山，行人更在春山外 (D) 畫閣魂銷，高樓目斷，斜陽只送平波遠。無窮無盡是離愁，天涯地角尋思遍 (E) 青青河畔草，鬱鬱園中柳。盈盈樓上女，皎皎當窗牖，娥娥紅粉妝，纖纖出素手	舉例	詮釋涵義 舉例概念 摘要主旨 推論看法 比較異同 解釋因果
4. 有些事情，只有親身經歷、體會，印象才會深刻，認知才會改變，這就是「經驗」的價值。下列詩句，表達上述意涵的選項是：【指 103】 (A) 醉過才知酒濃／愛過才知情重 (B) 每一棵樹／都是一行會生長的絕句 (C) 陽光數著桌上的粉筆灰／時間在抽屜裡昏昏欲睡 (D) 騎單車的小孩／一點也未覺生的可喜／除非重重的／病後 (E) 小徑的青苔像銹／生在古老的劍鞘上／卻被我往復的足跡拂去	舉例	詮釋涵義 舉例概念 摘要主旨 推論看法 比較異同 解釋因果

試題範例	認知分類	評量指標
5. 下列敘述，與文中論「趣」觀點最相符的選項是：【學 104】 (A)鄭愁予〈錯誤〉：「東風不來，三月的柳絮不飛」擅寫自然景物，是「夫趣，得之自然者深」的表現 (B)徐志摩〈再別康橋〉：「在康河的柔波裡，我甘心做一條水草」，表達濃烈的主觀愛好，屬於「趣之皮毛」 (C)袁宏道〈晚遊六橋待月記〉認為「月景尤不可言」，乃因月景之美「孕含一點『趣』的神韻」，「惟會心者知之」 (D)《世說新語》中「白雪紛紛何所似」、「撒鹽空中差可擬」的二句問答，雙方皆欲以此明辨事理，因而「去趣愈遠」	舉例	詮釋涵義 舉例概念 摘要主旨 推論看法 比較異同 解釋因果
6. 閱讀下文，選出最符合文中所闡述道理的選項：【指 10】 惟是道理自有厚薄。比如身是一體，把手足捍頭目，豈是偏要薄手足？其道理合如此。禽獸與草木同是愛的，把草木去養禽獸，又忍得。人與禽獸同是愛的，宰禽獸以養親，與供祭祀，燕賓客，心又忍得。至親與路人同是愛的，如簞食豆羹，得則生，不得則死。不能兩全，寧救至親，不救路人，心又忍得。這是道理合該如此。（王陽明《傳習錄》） (A)親親有術，尊賢有等 (B)人君之道，清淨無為，務在博愛 (C)弟子入則孝，出則悌，謹而信，汎愛眾 (D)聖王之政，普覆兼愛，不私近密，不忽疏遠	摘要	詮釋涵義 舉例概念 摘要主旨 推論看法 比較異同 解釋因果

試題範例	認知分類	評量指標
7. 依據下文，下列何者符合作者的想法？【統107】 宇宙從何而來？它為什麼、並如何開始？它有末日嗎？這些是大家都感興趣的問題，卻只有極少數的專家能掌握解釋這些問題所需的數學。不過，關於宇宙起源的基本概念，其實可以離開數學，以一種未受過科學訓練的人也能理解的方式來陳述。有人告訴我，我放在書中的每一個方程式都會讓銷售量減半，然而，我終究用了愛因斯坦著名的 E = MC 2，希望這麼做沒嚇跑一半我的潛在讀者。（改寫自史蒂芬・霍金《時間簡史》書前謝辭） (A)爲提高銷售量，特地選擇宇宙問題爲寫作內容 (B)今日探討宇宙問題，很難忽視愛因斯坦的理論 (C)透過本書，可讓一般讀者學會專家數學的演算 (D)本書並非爲專家而寫，故將少掉一半的銷售量	推論	詮釋涵義 舉例概念 摘要主旨 推論看法 比較異同 解釋因果
8. 乙文＿＿＿＿內最適合填入的是：【指107】 (A)不在其位，不謀其政 (B)己所不欲，勿施於人 (C)用之則行，舍之則藏 (D)道之以德，齊之以禮	推論	詮釋涵義 舉例概念 摘要主旨 推論看法 比較異同 解釋因果

試題範例	認知分類	評量指標
9. 對下引二詩的解說，正確的選項是：【指103】 甲、莫恨雕籠翠羽殘，江南地暖隴西寒。勸君不用分明語，語得分明出轉難。（羅隱〈鸚鵡〉） 乙、百囀千聲隨意移，山花紅紫樹高低。始知鎖向金籠聽，不及林間自在啼。（歐陽脩〈畫眉鳥〉） (A) 二詩均因鳥的叫聲，而興感抒懷 (B) 二詩均對鳥難以放聲高鳴表示惋惜 (C) 甲詩中「君」指鸚鵡，也暗指逢迎諂媚者 (D) 乙詩以「樹」與「林」比喻無常的仕宦際遇	比較	詮釋涵義 舉例概念 摘要主旨 推論看法 比較異同 解釋因果
10. 閱讀下文，推斷文中平原陶邱氏休妻的理由，下列選項何者正確？【統104】 平原陶邱氏取渤海墨台氏女，女色甚美，才甚令，復相敬，已生一男而歸。母丁氏年老，進見女婿。女婿既歸而遣婦，婦臨去請罪，夫曰：「曩見夫人，年德已衰，非昔日比，亦恐新婦老後，必復如此，是以遣，實無他故。」（《太平御覽》） (A) 向岳母表達妻子炫耀才貌雙全族人不屑 (B) 向岳母抱怨妻子產後容貌衰老遭到斥責 (C) 由岳母只生一子認定妻子無法多子多孫 (D) 由岳母容貌推論妻子日後一定又老又醜	解釋	詮釋涵義 舉例概念 摘要主旨 推論看法 比較異同 解釋因果

大考評量指標分類表

試題類別	文化知識	語文表達	閱讀了解	閱讀分析
評量指標	1. 再認文化 2. 推論文化	3. 實行文字 4. 實行詞語 5. 實行句子 6. 實行格式	7. 8. 9. 10. 11. 12.	

試題分類參考表

試題範例	提問重點	評量指標
1. 下列各組文句「」內的字，**前後意義相同**的選項是：	字義	詮釋涵義
2.「反問」雖採問句形式，卻屬無疑而問、明知故問，意在強調預設的觀點。下列**屬於反問句**的選項是：	反問句—語法	舉例概念
3. 文學作品中，常採用「由大而小」及「由遠而近」的手法，逐漸聚焦到所要描寫的重點對象。下列同時**使用此兩種手法**的選項是：	聚焦—寫作手法	舉例概念
4. 有些事情，只有親身經歷、體會，印象才會深刻，認知才會改變，這就是「經驗」的價值。下列**詩句**，**表達上述意涵**的選項是：	相同意涵—句子重點	舉例概念
5. 下列敘述，與文中論「趣」觀點最相符的**選項**是： (A) 鄭愁予〈錯誤〉：「東風不來，三月的柳絮不飛」擅寫自然景物，是「夫趣，得之自然者深」的表現	選項—教材聯結	舉例概念
6. 閱讀下文，選出最符合文中所**闡述道理**的選項：	闡述道理—主旨	摘要主旨
7. 依據下文，下列何者符合作者的**想法**？	想法	推論看法
8. 乙文________**內最適合填入**的是：	適用詞句—看法（題組專用）	推論看法
9. 對下引二**詩的解說**，**正確**的選項是：	比較二詩	比較異同
10. 閱讀下文，推斷文中平原陶邱氏休妻的**理由**，下列選項何者正確？	理由	解釋因果

大考評量指標分類表

試題類別	文化知識	語文表達	閱讀了解	閱讀分析
評量指標	1. 再認文化 2. 推論文化	3. 實行文字 4. 實行詞語 5. 實行句子 6. 實行格式	7. 詮釋涵義 8. 舉例概念 9. 摘要主旨 10. 推論看法 11. 比較異同 12. 解釋因果	

（四）閱讀分析

閱讀分析的試題範例有二類，它們都共同評量學生能否爲句、段、篇等閱讀選文，建構要素與整體之關聯性的分析能力。分析能力的評量指標有二種，它們的定義分別是：

1. 區辨內容：學生能建構閱讀選文中，有關內容重點與內容細節的分析能力。
2. 歸因意涵：學生能建構閱讀選文中，有關意象意涵與寫作技巧或目的的分析能力。

了解評量指標定義後，請您依照我們的指示說明，練習爲閱讀分析的三個範例，圈出試題重點，並分辨它們的評量指標。

指示說明

1. 請您先閱讀試題的題幹，圈出提問重點。
2. 根據提問重點及認知分類，選擇恰當的評量指標。
3. 將您選擇的評量指標，填入大考評量指標分類表中（重複者填寫一次即可）。

練習四

試題範例	認知分類	評量指標
1. 下列關於甲文敘寫「喇加多」的分析，錯誤的是：【學 107】 (A) 先談外形，再寫習性；習性再分「獵食」、「避敵」兩線敘寫 (B) 以「利爪」、「鋸牙」襯托「獰惡」，以「刀箭不能入」強化「堅鱗甲」特徵 (C) 以「入水」、「登陸」的活動範圍，描述其生活特性，也寫獵食對象甚廣 (D) 藉「吐涎于地」和「遠則哭，近則噬」二事揭露其獵食技倆	區辨	區辨內容 歸因意涵
2. 閱讀下文，選出敘述正確的選項：【學 102】 起身時，手肘不意擊中了那一疊搖搖欲墜的地圖集，它們乒乒乓乓摔落地面的粉紅色地磚。十幾巨冊散落三十公分見方磁磚拼貼出的平面上，攤開的、豎立的、拗折的冊頁在電風扇的吹拂下搧動，每一頁地圖裡頭的人類都被倒了出來，他們的比例太小、比重太低，像灰塵一樣散布在我的房間中。（林燿德〈地圖思考〉） (A) 藉由擊落地圖集及產生幻象等情境，可見作者的煩躁不安 (B) 散亂一地、姿態各異的地圖集，暗示現實世界的繽紛多彩 (C) 以人類都被倒出來的景象，暗喻國與國之間的界限已經泯除 (D) 關於人類比例的描述，可見作者認為地圖是眞實世界的縮影	歸因	區辨內容 歸因意涵

試題範例	認知分類	評量指標
3. 乙文第二段列舉數種鱷魚，最主要是爲了說明：【學 107】 (A) 不同棲息地的鱷魚，鹽腺的效能也隨之有別 (B) 不同種類的鱷魚，鹽腺所在的位置也不相同 (C) 鱷魚鹽腺的位置，會隨棲地鹽分多寡而改變 (D) 鱷魚鹽腺的退化，係經過長時間的演化歷程	歸因	區辨內容 歸因意涵

大考評量指標分類表

試題類別	文化知識	語文表達	閱讀了解	閱讀分析
評量指標	1. 再認文化 2. 推論文化	3. 實行文字 4. 實行詞語 5. 實行句子 6. 實行格式	7. 詮釋涵義 8. 舉例概念 9. 摘要主旨 10. 推論看法 11. 比較異同 12. 解釋因果	13. 14.

試題分類參考表

試題範例	提問重點	評量指標
1. 下列關於甲文敘寫「**喇加多**」**的分析**，**錯誤**的是：	內容重點	區辨內容
2. 閱讀下文，選出**敘述正確**的選項：	選項－細節判斷	區辨內容
3. 閱讀下文，選出**敘述正確**的選項：	選項－意涵判斷	歸因意涵
4. 乙文第二段列舉數種鱺魚，最主要是**爲了說明**：	爲了說明－寫作目的	歸因意涵

大考評量指標分類表

試題類別	文化知識	語文表達	閱讀了解	閱讀分析
評量指標	1. 再認文化 2. 推論文化	3. 實行文字 4. 實行詞語 5. 實行句子 6. 實行格式	7. 詮釋涵義 8. 舉例概念 9. 摘要主旨 10. 推論看法 11. 比較異同 12. 解釋因果	13. 區辨內容 14. 歸因意涵

三、評量指標的統整

做完上節的四個練習後，您已經能分析國文考科的試題重點，並且進一步將試題重點轉化爲評量指標。這些過去只有測驗專家才能做到的事，您已經自己完成了。您是不是覺得自己很棒呢？我們再回顧一次您的學習成果，並爲您的學習成果大聲喝采！

大考評量指標分類表

試題類別	文化知識	語文表達	閱讀了解	閱讀分析
評量指標	1. 再認文化 2. 推論文化	3. 實行文字 4. 實行詞語 5. 實行句子 6. 實行格式	7. 詮釋涵義 8. 舉例概念 9. 摘要主旨 10. 推論看法 11. 比較異同 12. 解釋因果	13. 區辨內容 14. 歸因意涵

上述的評量指標分類表就是測驗專家編寫大考國文試題的基本架構。這個基本架構在未來的學測、統測、指考都可能會有微幅的刪減，卻不會有大幅的更動。所以如果您熟悉國文考科的十四項評量指標，二十二種試題基本範例，又能分析試題重點，您將成爲破解試題編寫密碼的得分高手。

現在我學會了

- □ 分析國文考科的試題重點及評量指標
- □ 分析、比較國文考科的試題架構
- □ 分析、比較國文考科的試題難易度
- □ 提升閱讀的詮釋、舉例、摘要能力
- □ 提升閱讀的推論、比較、解釋、區辨、歸因能力
- □ 提升閱讀的綜合能力——各類短文
- □ 提升閱讀的綜合能力——韻文、小說
- □ 提升閱讀的深層素養
- □ 提升語文應用能力
- □ 提升文化知識的再認能力與深層素養
- □ 成為國文考科的得分高手

輕鬆一下，再前進喔！

貳　國文考科的試題架構

經過上一章的練習您已經熟悉國文考科的十四項評量指標，二十二種試題基本範例，又能分析試題重點，成為破解試題編寫密碼的得分高手。現在我們邀請您參與本章的新挑戰。希望您應用分析**試題重點及評量指標**的能力，為 107 的學測、統測、指考試題，分析**試題架構**，以展現解決生活問題的能力，並證明一個令人安心的事實——大考無論考什麼試題，這些試題永遠會落在十四項評量指標之中，所以您根本無須擔心大考**國文低分**的問題。您準備接受挑戰了嗎？本章的練習份量較重，您可只選擇自己適用的類別如學測、統測或指考，加強練習即可。

讀完本章您將學會

- ☑ 分析學測、統測、指考的試題架構
- ☑ 分析試題架構的異同

一、107 學測試題

107 學測的國文試題共有四十二題，分為單選題（1-11 題）、題組題（12-34 題）、多選題（35-42 題），我們邀請您根據這三個類別，利用提問重點及評量指標，像測驗專家一樣分析試題的架構。您願意試試看嗎？

（一）單選試題

1. 請您先閱讀試題的題幹並圈出提問重點。
2. 根據提問重點及內容類別，選擇恰當的評量指標。

最後我們會在學測試題架構分類表中，提供評量指標的題號及題數統計，供您參考。

為了協助您快速進入學習模式，我們先提供前五題的操作範例，協助您學習。

試題內容	內容類別	評量指標
1. 下列「」內字音前後相同的是：	語文表達	實行文字　實行詞語 實行句子　實行格式
2. 下列文句，用字完全正確的是：	語文表達	實行文字　實行詞語 實行句子　實行格式
3. 閱讀下列新詩，最適合填入□內的詞依序是：	語文表達	實行文字　實行詞語 實行句子　實行格式
4. 閱讀下文，最適合填入□□□□內的語詞依序是：	語文表達	實行文字　實行詞語 實行句子　實行格式
5. 下列是一段現代散文，依據文意，甲、乙、丙、丁、戊排列順序最恰當的是：	語文表達	實行文字　實行詞語 實行句子　實行格式

試題內容	內容類別	評量指標
6. 下列是仁欣醫院在進行手術治療前，提供給患者的麻醉風險等級表，依據表中的資訊，敘述錯誤的是：	閱讀分析	區辨內容　歸因意涵
7. 依據下文，作者「對蚊子絕不排斥」，最可能的原因是：	閱讀了解	詮釋涵義　舉例概念 摘要主旨　推論看法 比較異同　解釋因果
8. 依據下文，最符合作者理想的文藝評論是：	閱讀了解	詮釋涵義　舉例概念 摘要主旨　推論看法 比較異同　解釋因果
9. 依據下文，作者對於歷史書寫「覺得恐懼」，最可能的原因是：	閱讀了解	詮釋涵義　舉例概念 摘要主旨　推論看法 比較異同　解釋因果
10. 依據下文，最能與文旨呼應的是：	閱讀了解	詮釋涵義　舉例概念 摘要主旨　推論看法 比較異同　解釋因果
11. 下引文句之學派歸屬，排列順序正確的是：	文化知識	再認文化　推論文化

試題分類參考表

試題內容	提問重點	評量指標
6. 下列是仁欣醫院在進行手術治療前，提供給患者的麻醉風險等級表，依據表中的資訊，**敘述錯誤**的是：	選項－細節判斷	區辨內容
7. 依據下文，作者「對蚊子絕不排斥」，最可能的**原因**是：	原因	解釋因果
8. 依據下文，最符合**作者理想的文藝評論**是：	文藝評論－觀點	推論看法
9. 依據下文，作者對於歷史書寫「覺得恐懼」，最可能的**原因**是：	原因	解釋因果
10. 依據下文，最能與**文旨**呼應的是：	文旨	摘要主旨
11. 下引文句之**學派歸屬**，排列順序正確的是：	學派歸屬	再認文化

（二）多選試題

1. 請您先閱讀試題的題幹並圈出提問重點。
2. 根據提問重點及內容類別，選擇恰當的評量指標。

為了協助您快速進入學習模式，我們先提供前三題的操作範例，協助您學習。

試題內容	內容類別	評量指標
35. 下列文句「」內的詞，屬於謙詞用法的是：	閱讀了解	詮釋涵義　舉例概念 摘要主旨　推論看法 比較異同　解釋因果
36. 下列各組文句「」內的詞，前後意義相同的是：	閱讀了解	詮釋涵義　舉例概念 摘要主旨　推論看法 比較異同　解釋因果
37. 下列文句畫底線處的詞語，運用恰當的是：	語文表達	實行文字　實行詞語 實行句子　實行格式
38.「咬死了獵人的狗」是個歧義句，如下框所示，是因為語法結構關係不同而造成了語義差異。下列文句，屬於此種歧義句的是：	閱讀了解	詮釋涵義　舉例概念 摘要主旨　推論看法 比較異同　解釋因果
39. 關於下列甲、乙二詩的解讀，正確的是：	閱讀了解	詮釋涵義　舉例概念 摘要主旨　推論看法 比較異同　解釋因果
40. 下列詩句所歌詠的對象，正確的是：	閱讀了解	詮釋涵義　舉例概念 摘要主旨　推論看法 比較異同　解釋因果
41. 下列對古典文學的體制或發展，敘述正確的是：	文化知識	再認文化　推論文化

試題內容	內容類別	評量指標
42. 文章敘寫感懷時，感懷者有時一方面看著眼前的人，一方面回想起此人的過往。下列文句，使用此種「今昔疊合」手法的是：	閱讀了解	詮釋涵義　舉例概念 摘要主旨　推論看法 比較異同　解釋因果

試題分類參考表

試題內容	提問重點	評量指標
38.「咬死了獵人的狗」是個歧義句，如下框所示，是因爲語法結構關係不同而造成了語義差異。下列文句，屬於此種歧義句的是：	語法結構一語法	舉例概念
39. 關於下列甲、乙二詩的解讀，正確的是：	比較二詩	比較異同
40. 下列詩句所歌詠的對象，正確的是：	詩句歌詠對象	摘要主旨
41. 下列對古典文學的體制或發展，敘述正確的是：	文學體制發展	再認文化
42. 文章敘寫感懷時，感懷者有時一方面看著眼前的人，一方面回想起此人的過往。下列文句，使用此種「今昔疊合」手法的是：	今昔疊合一寫作手法	舉例概念

（三）題組試題

由於題組類試題較多，爲減輕分類負擔，我們分二次練習。

甲類

1. 請您先閱讀試題的題幹並圈出提問重點。
2. 根據提問重點及內容類別，選擇恰當的評量指標。

爲了協助您快速進入學習模式，我們先提供前六題的操作範例，協助您學習。

試題內容	內容類別	評量指標
12. 依據上文，下列闡釋正確的是： (A)「人非生而知之者，孰能無惑」，謂人皆不免有惑，故須從師以解惑	閱讀了解	詮釋涵義　舉例概念 摘要主旨　推論看法 比較異同　解釋因果
13. 依據上文，最符合韓愈對「學習」看法的是：	閱讀了解	詮釋涵義　舉例概念 摘要主旨　推論看法 比較異同　解釋因果
14. 下列文句，與「惑而不從師，其爲惑也終不解矣」同樣強調運用資源以追求成長的是： (A) 君子生非異也，善假於物也	閱讀了解	詮釋涵義　舉例概念 摘要主旨　推論看法 比較異同　解釋因果
15. 下列敘述，符合作者看法的是：	閱讀了解	詮釋涵義　舉例概念 摘要主旨　推論看法 比較異同　解釋因果
16. 下列作品中人物始料未及之事，最接近黑天鵝事件的是： (A)《三國演義》：曹操沒料到，赤壁在冬天會吹東南風	閱讀了解	詮釋涵義　舉例概念 摘要主旨　推論看法 比較異同　解釋因果

試題內容	內容類別	評量指標
17. 假設某局你的手中尚餘如上「42」、「43」、「66」、「98」、「99」五張牌卡，下列組合，符合「可出牌型」的是：	文化知識	再認文化　推論文化
18. 假設在本輪時，你的手中尚餘如上五張牌卡，上一家以【出1張】的牌型打出「55」這張牌，接著由你出牌。若你想取得此局冠軍，下列預想的出牌策略，符合「正確、快速、穩妥」條件的是：	文化知識	再認文化　推論文化
19. 關於本闋詞的敘述，正確的是： (A) 通篇傳達孤老無依、大限將至的悲涼 (B) 上片描寫秋夜清冷蕭索和羈旅獨居的悲愁	閱讀分析	區辨內容　歸因意涵
20. 關於本闋詞的理解，不恰當的是： (A)「煙絡橫林，山沉遠照，邐迤黃昏鐘鼓」爲詞人遠眺所見所聞	閱讀分析	區辨內容　歸因意涵
21. 下列敘述，符合文中龔自珍對陶潛看法的是：	閱讀了解	詮釋涵義　舉例概念 摘要主旨　推論看法 比較異同　解釋因果
22. 作者認爲歷來批評家對杜甫〈遣興〉一詩，所產生的誤讀是：	閱讀了解	詮釋涵義　舉例概念 摘要主旨　推論看法 比較異同　解釋因果
23. 依據上文，作者所不認同的前人論述是：	閱讀了解	詮釋涵義　舉例概念 摘要主旨　推論看法 比較異同　解釋因果

試題內容	內容類別	評量指標
24. 上文認為「經典化的作者，是讀者反饋的產物」，圖像也是讀者反饋的一種形式。甲、乙二圖皆以陶潛的歸隱生活為背景，下列敘述，最無法從圖中獲悉的是： (A) 甲圖藉「採菊東籬」、「見南山」表現陶潛的閒適 (B) 乙圖用飢餓難耐、流眼淚顛覆陶潛清貧自守的形象	閱讀了解	詮釋涵義　舉例概念 摘要主旨　推論看法 比較異同　解釋因果

試題分類參考表

試題內容	提問重點	評量指標
18. 若你想取得此局冠軍，下列預想的出牌策略，符合「正確、快速、穩妥」條件的是：	文化知識＋符合某條件	推論文化
19. 關於本闋詞的敘述，正確的是：	選項－重點說明	區辨內容
20. 關於本闋詞的理解，不恰當的是：	選項－意涵判斷	歸因意涵
21. 下列敘述，符合文中龔自珍對陶潛看法的是：	看法	推論看法
22. 作者認為歷來批評家對杜甫〈遣興〉一詩，所產生的誤讀是：	誤讀一看法	推論看法
23. 依據上文，作者所不認同的前人論述是：	論述一看法	推論看法
24. 甲、乙二圖皆以陶潛的歸隱生活為背景，下列敘述，最無法從圖中獲悉的是：	比較二圖	比較異同

乙類

1. 請您先閱讀試題的題幹並圈出提問重點。

2. 根據提問重點及內容類別，選擇恰當的評量指標。

試題內容	內容類別	評量指標
25. 依據上文，關於東坡在黃州的情況，敘述正確的是：	閱讀分析	區辨內容　歸因意涵
26. 依據上文，最適合填入＿＿＿＿內的是：	閱讀了解	詮釋涵義　舉例概念 摘要主旨　推論看法 比較異同　解釋因果
27. 下列關於甲文敘寫「喇加多」的分析，錯誤的是：	閱讀分析	區辨內容　歸因意涵
28. 甲文「人畜踐之即仆」的鱷魚涎液，若依乙文的看法，最可能的分泌來源是：	閱讀了解	詮釋涵義　舉例概念 摘要主旨　推論看法 比較異同　解釋因果
29. 甲文謂鱷魚「見人遠則哭」，若依乙文的看法，其主要原因應是：	閱讀了解	詮釋涵義　舉例概念 摘要主旨　推論看法 比較異同　解釋因果
30. 乙文第二段列舉數種鱷魚，最主要是為了說明：	閱讀分析	區辨內容　歸因意涵
31. 下列敘述，符合惠子、莊子二人對有情無情看法的是：	閱讀了解	詮釋涵義　舉例概念 摘要主旨　推論看法 比較異同　解釋因果
32. 下列文句中的「與」，和上文「道與之貌」的「與」意思相同的是：	閱讀了解	詮釋涵義　舉例概念 摘要主旨　推論看法 比較異同　解釋因果

試題內容	內容類別	評量指標
33. 菊花在「前庭牆下」消失的原因，敘述最適當的是：	閱讀了解	詮釋涵義　舉例概念 摘要主旨　推論看法 比較異同　解釋因果
34. 作者藉種植菊花而感悟處世之理，下列敘述最適當的是：	閱讀了解	詮釋涵義　舉例概念 摘要主旨　推論看法 比較異同　解釋因果

試題內容	提問重點	評量指標
25. 依據上文，關於**東坡在黃州的情況**，敘述正確的是：	內容重點	區辨內容
26. 依據上文，**最適合填入**＿＿＿＿＿內的是：	適用詞句－看法	推論看法
27. 下列關於甲文敘寫「**喇加多**」的分析，錯誤的是：	內容重點	區辨內容
28. 甲文「人畜踐之即仆」的鱷魚涎液，若依乙文的看法，最可能的**分泌來源**是：	來源－看法	推論看法
29. 甲文謂鱷魚「見人遠則哭」，若依乙文的看法，其主要**原因**應是：	原因	解釋因果
30. 乙文第二段列舉數種鱷魚，最主要是**為了說明**：	為了說明－寫作目的	歸因意涵
31. 下列敘述，符合惠子、莊子二人對有情無情**看法**的是：	看法	推論看法
32. 下列文句中的「與」，和上文「道與之貌」的「與」**意思相同**的是：	詞義	詮釋涵義
33. 菊花在「前庭牆下」消失的**原因**，敘述最適當的是：	原因	解釋因果
34. 作者藉種植菊花而**感悟處世之理**，下列敘述最適當的是：	處世之理－主旨	摘要主旨

（四）學測試題架構

學測試題架構分類表

試題類別	評量指標	單選	多選	題組甲	題組乙	總題數
文化知識	1 再認文化	11	41			2
	2 推論文化			17、18		2
語文表達	3 實行文字	1、2				2
	4 實行詞語	3、4	37			3
	5 實行句子	5				1
	6 實行格式					0
閱讀了解	7 詮釋涵義		36	12	32	3
	8 舉例概念		35、38、42	14、16		5
	9 摘要主旨	10	40		34	3
	10 推論看法	8		13、15、21、22、23	26、28、31	9
	11 比較異同		39	24		2
	12 解釋因果	7、9			29、33	4
閱讀分析	13 區辨內容	6		19	25、27	4
	14 歸因意涵			20	30	2
總題數		11	8	13	10	42

二、107 統測試題

107 四技二專統測的國文試題共有三十八題，分爲單選題（1-12 題）、題組題（13-38 題）。我們邀請您根據這二個類別，利用提問重點及評量指標，像測驗專家一樣分析試題的架構。您願意試試看嗎？

（一）單選試題

1. 請您先閱讀試題的題幹並圈出提問重點。
2. 根據提問重點及內容類別，選擇恰當的評量指標。

最後我們會在統測試題架構分類表中，提供評量指標的題號及題數統計，供您參考。

爲了協助您快速進入學習模式，我們先提供前五題的操作範例，協助您學習。

試題內容	內容類別	評量指標
1. 下列文句，何者用字完全正確？	語文表達	實行文字　實行詞語 實行句子　實行格式
2. 下列文句中的「當下」，何者用法最恰當？	語文表達	實行文字　實行詞語 實行句子　實行格式
3. 閱讀下文，推斷□□□□內最適合填入的詞語依序爲何？	語文表達	實行文字　實行詞語 實行句子　實行格式
4. 下列文句中的「即」，何者與「可望而不可即」的「即」意義最接近？	閱讀了解	詮釋涵義　舉例概念 摘要主旨　推論看法 比較異同　解釋因果
5. 下列畫底線的措詞口吻，何者向言談的對方表示恭敬之意？	閱讀了解	詮釋涵義　舉例概念 摘要主旨　推論看法 比較異同　解釋因果

試題內容	內容類別	評量指標
6. 下列畫底線處，何者是爲了達到對話目的而使用推測語氣？	閱讀了解	詮釋涵義 舉例概念 摘要主旨 推論看法 比較異同 解釋因果
7. 依據下文，作者認爲五月天能在哪兩者之間維持平衡？	閱讀了解	詮釋涵義 舉例概念 摘要主旨 推論看法 比較異同 解釋因果
8. 依據下文，何者符合作者對「花市」的看法？	閱讀了解	詮釋涵義 舉例概念 摘要主旨 推論看法 比較異同 解釋因果
9. 依據下文，下列何者符合作者的想法？	閱讀了解	詮釋涵義 舉例概念 摘要主旨 推論看法 比較異同 解釋因果
10. 依據下文，下列敘述何者正確？ (A)商人因富者子出價極高，忍痛割愛 (B)商人因富者子出價反覆，出言嘲諷 (C)富者子不愼損毀貨品，願照價賠償 (D)富者子不識貨品價值，出高價購買	閱讀分析	區辨內容 歸因意涵
11. 下列甲、乙兩朵文字雲由兩本經典製成，書中使用次數越多的字，字體越大，則這兩本經典依序應是：	文化知識	再認文化 推論文化
12. 某款手機遊戲的寵物會爲主人寄回旅行途中的景點明信片。下圖是牠途經臺灣文學名人堂所寄回的明信片，請推斷甲、乙依序是哪兩位作家？	文化知識	再認文化 推論文化

試題分類參考表

試題內容	提問重點	評量指標
6. 下列畫底線處，何者是爲了達到對話目的而使用**推測語氣**？	語氣—語法	舉例概念
7. 依據下文，**作者認爲**五月天能在哪兩者之間維持平衡？	作者認爲—看法	推論看法
8. 依據下文，何者符合作者對「花市」的看法？	看法	推論看法
9. 依據下文，下列何者符合作者的**想法**？	想法—看法	推論看法
10. 依據下文，**下列敘述何者正確**？	選項—細節判斷	區辨內容
11. 下列甲、乙兩朵文字雲由兩本**經典**製成，書中使用次數越多的字，字體越大，則這兩本經典依序應是：	經典—典籍	再認文化
12. 某款手機遊戲的寵物會爲主人寄回旅行途中的景點明信片。下圖是牠途經臺灣文學名人堂所寄回的明信片，請推斷甲、乙依序是哪兩位**作家**？	作家	再認文化

（二）題組試題

由於題組類試題較多，爲減輕分類負擔，我們分二次練習。

甲類

1. 請您先閱讀試題的題幹並圈出提問重點。
2. 根據提問重點及內容類別，選擇恰當的評量指標。

爲了協助您快速進入學習模式，我們先提供前五題的操作範例，協助您學習。

試題內容	內容類別	評量指標
13. 下列推論，何者最符合上表的訊息？	閱讀了解	詮釋涵義　舉例概念 摘要主旨　推論看法 比較異同　解釋因果
14. 依選項表上端的提問，哪個選項是最恰當的研判？	閱讀了解	詮釋涵義　舉例概念 摘要主旨　推論看法 比較異同　解釋因果
15. 甲、乙二詩共同述及的內容爲何？ (A) 江山如故　(B) 旅途奔波 (C) 世態炎涼　(D) 黃粱一夢	閱讀了解	詮釋涵義　舉例概念 摘要主旨　推論看法 比較異同　解釋因果
16. 下列關於甲、乙詩句的解釋，何者最符合詩意？ (A) 甲詩「多是寒了的，與暑了的追迫」意謂回憶冰消瓦解 (B) 乙詩「雞聲茅店月，人跡板橋霜」暗指旅人清晨趕路	閱讀了解	詮釋涵義　舉例概念 摘要主旨　推論看法 比較異同　解釋因果

試題內容	內容類別	評量指標
17. 依據對聯原則與故事情境，甲文內小兒所對的下聯應是：	閱讀了解	詮釋涵義　舉例概念 摘要主旨　推論看法 比較異同　解釋因果
18. 依據上文，下列敘述何者錯誤？ (A) 甲文小兒與乙文監生在應答時，均不知太祖的眞實身分 (B) 甲、乙二文的太祖，均因欣賞能對出佳聯者而施予恩典	閱讀分析	詮釋涵義　舉例概念 摘要主旨　推論看法 比較異同　解釋因果
19. 下列文句，何者最接近上文的主旨？	閱讀了解	詮釋涵義　舉例概念 摘要主旨　推論看法 比較異同　解釋因果
20.「惟弈秋之爲聽」意謂「惟聽弈秋」，但書寫時將「弈秋」移到動詞「聽」的前面。下列畫底線的文句，何者也有相同的表意方式？	閱讀了解	詮釋涵義　舉例概念 摘要主旨　推論看法 比較異同　解釋因果
21. 依據上文，下列關於黃魚鴞的敘述，何者正確？	閱讀分析	區辨內容　歸因意涵
22. 若依上文與下圖，敘寫＿＿＿＿內的文字，何者最爲貼切？	閱讀了解	詮釋涵義　舉例概念 摘要主旨　推論看法 比較異同　解釋因果
23. 生態寫作中，作者有時會「運用想像，將個人的情感投射於動物身上，讓動物也彷彿對自然環境有所關懷」。在上文中，何者最符合這樣的表現手法？	閱讀了解	詮釋涵義　舉例概念 摘要主旨　推論看法 比較異同　解釋因果

試題內容	內容類別	評量指標
24. 依據上文，何者是飛利浦與台積電實踐循環經濟的共同點？	閱讀了解	詮釋涵義　舉例概念 摘要主旨　推論看法 比較異同　解釋因果
25. 依據上文，何者符合「搖籃到搖籃」的核心理念？	閱讀了解	詮釋涵義　舉例概念 摘要主旨　推論看法 比較異同　解釋因果
26. 下列文句，何者顯現古人對資源循環利用的重視？ (C) 泰山不讓土壤，故能成其大；河海不擇細流，故能就其深 (D) 惟江上之清風，與山間之明月，耳得之而爲聲，目遇之而成色，取之無禁，用之不竭	閱讀了解	詮釋涵義　舉例概念 摘要主旨　推論看法 比較異同　解釋因果

試題內容	提問重點	評量指標
18. 依據上文，下列敘述何者錯誤？	選項—比較說明	比較異同
19. 下列文句，何者最接近上文的主旨？	主旨	摘要主旨
20.「惟弈秋之為聽」意謂「惟聽弈秋」，但書寫時將「弈秋」移到動詞「聽」的前面。下列畫底線的文句，何者也有相同的表意方式？	賓語提前—語法	舉例概念
21. 依據上文，下列關於黃魚鴞的敘述，何者正確？	內容重點	區辨內容
22. 若依上文與下圖，敘寫______內的文字，何者最為貼切？	適用詞句—看法	推論看法
23. 生態寫作中，作者有時會「運用想像，將個人的情感投射於動物身上，讓動物也彷彿對自然環境有所關懷」。在上文中，何者最符合這樣的表現手法？	表現手法—寫作手法	舉例概念
24. 依據上文，何者是飛利浦與台積電實踐循環經濟的共同點？	共同點—看法	推論看法
25. 依據上文，何者符合「搖籃到搖籃」的核心理念？	理念—看法	推論看法
26. 下列文句，何者顯現古人對資源循環利用的重視？	選項－教材聯結	舉例概念

乙類

1. 請您先閱讀試題的題幹並圈出提問重點。

2. 根據提問重點及內容類別，選擇恰當的評量指標。

試題內容	內容類別	評量指標
27. 依據上文，何者是作者「頓悟」之事？	閱讀了解	詮釋涵義　舉例概念 摘要主旨　推論看法 比較異同　解釋因果
28. 依據上文，何者符合作者對收藏書籍的看法？	閱讀了解	詮釋涵義　舉例概念 摘要主旨　推論看法 比較異同　解釋因果
29. 依據上文，何者是由第二樂章轉至第三樂章的關鍵？	閱讀了解	詮釋涵義　舉例概念 摘要主旨　推論看法 比較異同　解釋因果
30. 依據上文，關於張府賞菊處所的敘述，何者正確？	閱讀分析	區辨內容　歸因意涵
31. 依據上文，作者至張府賞菊時初覺「異之」，主要是因爲：	閱讀了解	詮釋涵義　舉例概念 摘要主旨　推論看法 比較異同　解釋因果
32. 上文與下面方框袁宏道〈晚遊六橋待月記〉都敘寫了「花海」。關於兩文畫底線處的解讀，何者錯誤？ (A) 張文：描述菊花的形貌色彩 (B) 袁文：呈現遊人的綺麗風情 (C) 張文：展示近距觀賞的畫面 (D) 袁文：運用擬物爲人的手法	閱讀了解	詮釋涵義　舉例概念 摘要主旨　推論看法 比較異同　解釋因果

試題內容	內容類別	評量指標
33. 依據甲圖、乙文，下列敘述何者正確？ (A)宓子賤因治理單父頗有窒礙，遂向陽晝請益 (B)宓子賤得陽晝建議，先往陽橋學習釣魚之道	閱讀分析	區辨內容　歸因意涵
34. 乙文所述宓子賤的「任人」，最可能是甲圖的何者？	閱讀了解	詮釋涵義　舉例概念 摘要主旨　推論看法 比較異同　解釋因果
35. 下列文句，何者最接近宓子賤治理單父的方式？ (A)居廟堂之高，則憂其民；處江湖之遠，則憂其君 (B)不懈於內，忘身於外，夙夜憂勤，報之於陛下，恐託付不效	閱讀了解	詮釋涵義　舉例概念 摘要主旨　推論看法 比較異同　解釋因果
36. 下列「大同」與「小康」的關係，何者符合乙文的看法？	閱讀了解	詮釋涵義　舉例概念 摘要主旨　推論看法 比較異同　解釋因果
37. 依據甲文，乙文＿＿＿＿內關於「小康」的描述，何者不適合填入？	閱讀了解	詮釋涵義　舉例概念 摘要主旨　推論看法 比較異同　解釋因果
38. 乙文認爲，「大同」的展現來自儒家的一個預設，亦即甲文的「大道」。下列《論語》文句，何者最能說明這個預設？	閱讀了解	詮釋涵義　舉例概念 摘要主旨　推論看法 比較異同　解釋因果

試題分類參考表

試題內容	提問重點	評量指標
27. 依上文，何者是**作者「頓悟」之事**？	頓悟之事—看法	推論看法
28. 依上文，何者是作者對收藏書籍的**看法**？	看法	推論看法
29. 依上文，何者是由第二樂章轉至第三樂章的**關鍵**？	關鍵—看法	推論看法
30. 依上文，**關於張府賞菊處所的敘述**，何者正確？	內容重點	區辨內容
31. 依上文，作者至張府賞菊時初覺「異之」，主要是**因爲**：	原因	解釋因果
32. 上文與下面方框袁宏道〈晚遊六橋待月記〉都敘寫了「花海」。關於**兩文**畫底線處的**解讀，何者錯誤**？	比較說明	比較異同
33. 依甲圖、乙文，**下列敘述何者正確**？	選項－細節判斷	區辨內容
34. 乙文所述宓子賤的「任人」，**最可能是甲圖的何者**？	最可能—看法	推論看法
35. 下列文句，何者**接近宓子賤治理單父方式**？	選項－教材聯結	舉例概念
36. 下列「大同」與「小康」的關係，何者符合乙文的**看法**？	看法	推論看法
37. 依據甲文，**乙文**________**內**關於「小康」的描述，**何者不適合填入**？	適用詞句—看法	推論看法
38. 乙文認爲，「大同」的展現來自儒家的一個預設，亦即甲文的「大道」。下列《論語》文句，何者**最能說明這個預設**？	說明假設—看法	推論看法

（三）統測試題架構

統測試題架構分類表

試題類別	評量指標	單選	題組甲	題組乙	總題數
文化知識	1 再認文化	11、12			2
	2 推論文化				0
語文表達	3 實行文字	1			1
	4 實行詞語	2、3			2
	5 實行句子				0
	6 實行格式				0
閱讀了解	7 詮釋涵義	4			1
	8 舉例概念	5、6	20、23、26	35	6
	9 摘要主旨		15、19		2
	10 推論看法	7、8、9	13、14、17、22、24、25	27、28、29、34、36、37、38	16
	11 比較異同		16、18	32	3
	12 解釋因果			31	1
閱讀分析	13 區辨內容	10	21	30、33	4
	14 歸因意涵				0
總題數		12	14	12	38

三、107 指考試題

107 指考的國文試題共有四十二題，分為單選題（1-7 題）、題組題（8-34 題）、多選題（35-42 題，其中 41-42 題為題組，此節列入多選計算）。我們邀請您根據這三個類別，利用試題重點及評量指標，像測驗專家一樣分析試題的架構。您願意試試看嗎？

（一）單選試題

1. 請您先閱讀試題的題幹並圈出提問重點。
2. 根據提問重點及內容類別，選擇恰當的評量指標。

最後我們會在指考試題架構分類表中，提供評量指標的題號及題數統計，供您參考。

現在我們先提供前三題的操作範例，協助您學習。

試題內容	內容類別	評量指標
1. 下列文句，完全沒有錯別字的是：	語文表達	實行文字　實行詞語 實行句子　實行格式
2. 下列是一段現代散文，依據文意，甲、乙、丙、丁、戊排列順序最適當的是：	語文表達	實行文字　實行詞語 實行句子　實行格式
3. 下列各篇內容與其所屬文體，敘述最適當的是：	文化知識	再認文化　推論文化
4. 連橫認為學詩須讀書以立根基，下列選項的閱讀次第，符合文中觀點的是： (A) 香草箋→王右丞集→詩經 (B) 詩經→黃山谷詩集→香草箋 (C) 杜工部集→左傳→王右丞集 (D) 左傳→杜工部集→黃山谷詩集	文化知識	再認文化　推論文化

試題內容	內容類別	評量指標
5. 依據下文，關於曹操的想法，敘述最適當的是：	閱讀了解	詮釋涵義　舉例概念 摘要主旨　推論看法 比較異同　解釋因果
6. 詩歌常運用意象傳達情思。關於下列詩句「意象」運用的說明，最適當的是：	閱讀分析	區辨內容　歸因意涵
7. 黃庭堅〈寄黃幾復〉：「桃李春風一杯酒，江湖夜雨十年燈。」兩句所描繪的情景形成對比，凸顯其思念之情。下列文句同樣採用對比手法的是：	閱讀了解	詮釋涵義　舉例概念 摘要主旨　推論看法 比較異同　解釋因果

試題內容	提問重點	評量指標
4. 連橫認爲學詩須讀書以立根基，下列選項的閱讀次第，符合文中觀點的是：	閱讀重點＋文化知識	推論文化
5. 依據下文，關於曹操的想法，敘述最適當的是：	想法	推論看法
6. 詩歌常運用意象傳達情思。關於下列詩句「意象」運用的說明，最適當的是：	意象說明	歸因意涵
7. 黃庭堅〈寄黃幾復〉：「桃李春風一杯酒，江湖夜雨十年燈。」兩句所描繪的情景形成對比，凸顯其思念之情。下列文句同樣採用對比手法的是：	對比－寫作手法	舉例概念

（二）多選試題

1. 請您先閱讀試題的題幹並圈出提問重點。
2. 根據提問重點及內容類別，選擇恰當的評量指標。

現在我們先提供前三題的操作範例，協助您學習。

試題內容	內容類別	評量指標
35. 下列文句畫底線處的詞語，運用適當的是：	語文表達	實行文字　實行詞語 實行句子　實行格式
36. 下列各組文句「」內的詞，前後意義相同的是：	閱讀了解	詮釋涵義　舉例概念 摘要主旨　推論看法 比較異同　解釋因果
37.〈醉翁亭記〉：「已而夕陽在山，人影散亂，太守歸而賓客從也。」句中「賓客」所「從」有其對象（即「太守」），故相當於「太守歸而賓客從『之』也」。下列文句畫底線的動詞之後，也省略對象的是：	閱讀了解	詮釋涵義　舉例概念 摘要主旨　推論看法 比較異同　解釋因果
38. 有五位學生嘗試分析右詩，其中適當的是： (B) 乙生：□的標點符號如果是問號，表示作者想知道怎樣既獲大利又不涉風險 (C) 丙生：本詩將行商比爲行船，商人謀生如同在鯨鯢齒上行走般艱險	閱讀分析	區辨內容　歸因意涵

試題內容	內容類別	評量指標
39. 依據下文，關於國君治術的敘述，適當的是：	閱讀分析	區辨內容　歸因意涵
40. 依據下文，關於「被動句」的敘述，適當的是：	閱讀分析	區辨內容　歸因意涵
41. 依據甲文，關於「鬥草」的敘述，適當的是：	閱讀分析	區辨內容　歸因意涵
42. 依據甲、乙二文，關於「文鬥」的敘述，適當的是：	閱讀分析	區辨內容　歸因意涵

試題分類參考表

試題內容	提問重點	評量指標
35. 下列文句畫底線處的詞語，運用適當的是：	正確詞語	實行詞語
36. 下列文句「」內的詞，前後意義相同的是：	詞義	詮釋涵義
37.〈醉翁亭記〉：「已而夕陽在山，人影散亂，太守歸而賓客從也。」句中「賓客」所「從」有其對象（即「太守」），故相當於「太守歸而賓客從『之』也」。下列文句畫底線的動詞之後，也省略對象的是：	動詞後省略—語法概念	舉例概念
38. 有五位學生嘗試分析右詩，其中適當的是：	選項－意涵判斷	歸因意涵
39. 依下文，關於國君治術的敘述，適當的是：	內容重點	區辨內容
40. 依下文，關於「被動句」敘述，適當的是：	內容重點	區辨內容
41. 依甲文，關於「鬥草」的敘述，適當的是：	內容重點	區辨內容
42. 依甲、乙二文，關於「文鬥」的敘述，適當的是：	內容重點	區辨內容

（三）題組試題

由於題組類試題較多，為減輕分類負擔，我們分為二次練習：

甲類

1. 請您先閱讀試題的題幹並圈出提問重點。
2. 根據提問重點及內容類別，選擇恰當的評量指標。

現在我們先提供前五題的操作範例，協助您學習。

試題內容	內容類別	評量指標
8. 依據文意，最符合文中觀點的敘述是： (A) 退隱閒逸，能使人心境平淡，體驗人生百態進而陶鑄美德	閱讀了解	詮釋涵義　舉例概念 摘要主旨　推論看法 比較異同　解釋因果
9. 下列文句，最符合文中「平淡」境界的是： (A) 鉛刀貴一割，夢想騁良圖。左眄澄江湘，右盼定羌胡	閱讀了解	詮釋涵義　舉例概念 摘要主旨　推論看法 比較異同　解釋因果
10. 若依據甲表、乙圖進行下列推論，則對①、②、③最適當的判斷是：	閱讀了解	詮釋涵義　舉例概念 摘要主旨　推論看法 比較異同　解釋因果
11. 若丙文中的「我」即作者本人，依據甲表和丙文，下列解說最適當的是：	閱讀分析	區辨內容　歸因意涵
12. 若丙文「＿＿」內即「我」在「讀國小時就聽過的諺語」，依據文意，這句諺語最可能是：	閱讀了解	詮釋涵義　舉例概念 摘要主旨　推論看法 比較異同　解釋因果
13. 依據甲文，關於「共享經濟」的敘述，最適當的是	閱讀分析	區辨內容　歸因意涵

試題內容	內容類別	評量指標
14. 依據乙表，關於「古代租賃」的敘述，最適當的是：	閱讀分析	區辨內容　歸因意涵
15. 綜合甲文、乙表，關於「共享經濟」與「古代租賃」的比較，敘述最適當的是：	閱讀了解	詮釋涵義　舉例概念 摘要主旨　推論看法 比較異同　解釋因果
16. 依據上文，〈蘭亭序〉由「不知老之將至」的大樂，翻轉而為「死生亦大矣」的至痛，關鍵在於：	閱讀了解	詮釋涵義　舉例概念 摘要主旨　推論看法 比較異同　解釋因果
17. 依據上文，關於《蘭亭詩》和〈蘭亭序〉的比較，最適當的敘述是：	閱讀了解	詮釋涵義　舉例概念 摘要主旨　推論看法 比較異同　解釋因果
18. 上文____內最適合填入的是： (A) 空間之變　(B) 時間之流 (C) 仕隱選擇　(D) 因緣生滅	閱讀了解	詮釋涵義　舉例概念 摘要主旨　推論看法 比較異同　解釋因果
19. 上文認為〈蘭亭序〉否定蘭亭詩人的方案，所揭示的生命態度是：	閱讀了解	詮釋涵義　舉例概念 摘要主旨　推論看法 比較異同　解釋因果
20. 依據上文，關於古龍、高陽小說的敘述，最適當的是： (A) 古龍小說天馬行空的想像力，來自飲酒後的靈感 (B) 高陽小說常加入傳說軼聞，使故事變得引人入勝	閱讀分析	詮釋涵義　舉例概念 摘要主旨　推論看法 比較異同　解釋因果
21. 下列敘述，符合文中對連載小說寫作方式看法的是：	閱讀了解	詮釋涵義　舉例概念 摘要主旨　推論看法 比較異同　解釋因果

試題內容	內容類別	評量指標
22. 依據上文，關於一般小說和連載小說的敘述，最適當的是： (A) 一般小說是嚴肅的藝術，特別講求與現實生活時間的一致性 (C) 連載小說按時刊出不輟，遂與現實生活時間感既同步又相涉	閱讀了解	詮釋涵義　舉例概念 摘要主旨　推論看法 比較異同　解釋因果

試題分類參考表

試題內容	提問重點	評量指標
13. 依據甲文，**關於「共享經濟」的敘述**，最適當的是	內容重點	區辨內容
14. 依據乙表，**關於「古代租賃」的敘述**，最適當的是：	內容重點	區辨內容
15. 綜合甲文、乙表，關於「共享經濟」與「古代租賃」的**比較**，敘述最適當的是：	比較	比較異同
16. 依據上文，〈蘭亭序〉由「不知老之將至」的大樂，翻轉而為「死生亦大矣」的至痛，**關鍵在於**：	關鍵—因果	解釋因果
17. 依據上文，關於《蘭亭詩》和〈蘭亭序〉的**比較**，最適當的敘述是：	比較	比較異同
18. 上文______內最適合填入的是：	適用詞句—看法	推論看法
19. 上文認為〈蘭亭序〉否定蘭亭詩人的方案，所揭示的**生命態度**是：	生命態度—看法	推論看法
20. 依據上文，**關於古龍、高陽小說的敘述**，最適當的是：	比較說明	比較異同
21. 下列敘述，符合文中對連載小說寫作方式看法的是：	看法	推論看法
22. 依據上文，**關於一般小說和連載小說的敘述**，最適當的是：	比較說明	比較異同

乙類

1. 請您先閱讀試題的題幹並圈出提問重點。

2. 根據提問重點及內容類別，選擇恰當的評量指標。

試題內容	內容類別	評量指標
23. 依據上文，「螟蛉有子，蜾蠃負之」的眞實生態現象最可能是：	閱讀了解	詮釋涵義　舉例概念 摘要主旨　推論看法 比較異同　解釋因果
24. 關於陶弘景對細腰蜂觀察的敘述，最適當的是： (A) 經過實證後轉爲支持揚雄之見 (B) 蒐集實證以補充《詩經》所述	閱讀分析	區辨內容　歸因意涵
25. 上文_____內若要擇用下列方框裡的論述，則對①、②、③、④的判斷，最適當的是：	閱讀了解	詮釋涵義　舉例概念 摘要主旨　推論看法 比較異同　解釋因果
26. 依據上文的看法，《漢書》不如《史記》之處在於：	閱讀了解	詮釋涵義　舉例概念 摘要主旨　推論看法 比較異同　解釋因果
27. 上文述及「蘇秦、張儀、范雎、蔡澤」的用意，是爲了說明司馬遷撰作《史記》：	閱讀分析	區辨內容　歸因意涵
28. 甲文中，田常聽完子貢的陳述「忿然作色」，是因爲子貢：	閱讀了解	詮釋涵義　舉例概念 摘要主旨　推論看法 比較異同　解釋因果
29. 甲文中，「戰勝以驕主，破國以尊臣」的意思是：	閱讀了解	詮釋涵義　舉例概念 摘要主旨　推論看法 比較異同　解釋因果

試題內容	內容類別	評量指標
30. 甲文中，田常願意接受子貢的建議，乃因伐吳能讓他：	閱讀了解	詮釋涵義　舉例概念 摘要主旨　推論看法 比較異同　解釋因果
31. 乙文____內最適合填入的是：	閱讀了解	詮釋涵義　舉例概念 摘要主旨　推論看法 比較異同　解釋因果
32. 綜合甲、乙二文，王安石質疑甲文對子貢作爲的描述，主要基於子貢：	閱讀了解	詮釋涵義　舉例概念 摘要主旨　推論看法 比較異同　解釋因果
33. 下列文意解釋，最適當的是：	閱讀了解	詮釋涵義　舉例概念 摘要主旨　推論看法 比較異同　解釋因果
34. 依據上文，最符合彭利用說話方式的是：	閱讀了解	詮釋涵義　舉例概念 摘要主旨　推論看法 比較異同　解釋因果

試題分類參考表

試題內容	提問重點	評量指標
23. 依據上文，「螟蛉有子，蜾蠃負之」的**眞實生態現象最可能**是：	最可能－看法	推論看法
24. **關於陶弘景對細腰蜂觀察的敘述**，最適當的是：	選項－寫作目的	歸因意涵
25. 上文＿＿內若要擇用下列方框裡的論述，則對①、②、③、④的判斷，最適當的是：	適用詞句－看法	推論看法
26. 依據上文的**看法**，《漢書》不如《史記》之處在於：	看法	推論看法
27. 上文述及「蘇秦、張儀、范雎、蔡澤」的用意，**是爲了說明**司馬遷撰作《史記》：	爲了說明－寫作目的	歸因意涵
28. 甲文中，田常聽完子貢的陳述「忿然作色」，**是因爲**子貢：	因爲	解釋因果
29. 甲文中，**「戰勝以驕主，破國以尊臣」的意思是**：	句義	詮釋涵義
30. 甲文中，田常願意接受子貢的建議，**乃因**伐吳能讓他：	原因	解釋因果
31. 乙文＿＿**內最適合塡入**的是：	適用詞句－看法	推論看法
32. 綜合甲、乙二文，王安石**質疑**甲文對子貢作爲的描述，主要**基於**子貢：	質疑原因	解釋因果
33. 下列**文意解釋**，最適當的是：	文意解釋	詮釋涵義
34. 依據上文，最符合彭利用**說話方式**的是：	說話方式－看法	推論看法

（四）指考試題架構

指考試題架構分類表

試題類別	評量指標	單選	多選	題組甲	題組乙	總題數
文化知識	1 再認文化	3				1
	2 推論文化	4				1
語文表達	3 實行文字	1				1
	4 實行詞語		35			1
	5 實行句子	2				1
	6 實行格式					0
閱讀了解	7 詮釋涵義		36		29、33	3
	8 舉例概念	7	37	9		3
	9 摘要主旨					0
	10 推論看法	5		8、10、12、18、19、21	23、25、26、31、34	12
	11 比較異同			15、17、20、22		4
	12 解釋因果			16	28、30、32	4
閱讀分析	13 區辨內容		39、40、41、42	11、13、14		7
	14 歸因意涵	6	38		24、27	4
總題數		7	8	15	12	42

四、試題架構與未來趨勢

利用試題重點與評量指標，您已經完成了學測、統測與指考的試題架構分析。現在您可根據這三個試題架構分析表，練習分析三種考科試題架構的異同。我們先幫您比較三種考科的題型類別與題數變化，再比較評量指標的題數變化，最後您可以根據這些差異，分析學測、統測與指考的特質與未來趨勢。您願意試看看嗎？

（一）題型類別與題數

試題類別題數比較表

類別／題型	學測	指考	統測
單選	11	7	12
多選	8	8	0
題組	23	27	26
總題數	42	42	38

（二）評量指標題數

評量指標題數比較表

試題類別	評量指標	學測	指考	統測
文化知識	1 再認文化	2	1	2
	2 推論文化	2	1	0
語文表達	3 實行文字	2	1	1
	4 實行詞語	3	1	2
	5 實行句子	1	1	0
	6 實行格式	0	0	0
閱讀了解	7 詮釋涵義	3	3	1
	8 舉例概念	5	3	6
	9 摘要主旨	3	0	2
	10 推論看法	9	12	16
	11 比較異同	2	4	3
	12 解釋因果	4	4	1
閱讀分析	13 區辨內容	3	7	4
	14 歸因意涵	3	4	0
總題數		42	42	38

（三）試題架構與趨勢

試題架構與趨勢比較表

項目	學測	指考	統測
評量內容	四類	四類	四類
評量指標	十三項	十二項	十項
文化知識	四題	二題	二題 無推論文化
語文表達	六題 無實行格式	三題 無實行格式	三題 無實行格式 無實行句子（重組）
閱讀了解	二十六題 推論看法最多 舉例概念次之	二十六題 推論看法最多 其他分配平均 無摘要主旨	二十九題 推論看法最多 舉例概念次之
閱讀分析	六題	十一題 歸因意涵最多	四題 無歸因意涵
試題特質			
試題趨勢			

試題比較參考表

項目	學測	指考	統測
試題特質	評量多元能力（評量指標最多元）	評量閱讀精熟能力（閱讀分析試題最多）	評量閱讀進階能力（推論看法最多，無歸因意涵與重組）
試題趨勢	閱讀題組爲主 文化知識、語文表達會減少	閱讀題組爲主 文化知識、語文表達已減少	閱讀題組爲主 文化知識、語文表達已減少

現在我學會了

- □ 分析國文考科的試題重點及評量指標
- □ 分析、比較國文考科的試題架構
- □ 分析、比較國文考科的試題難易度
- □ 提升閱讀的詮釋、舉例、摘要能力
- □ 提升閱讀的推論、比較、解釋、區辨、歸因能力
- □ 提升閱讀的綜合能力——各類短文
- □ 提升閱讀的綜合能力——韻文、小說
- □ 提升閱讀的深層素養
- □ 提升語文應用能力
- □ 提升文化知識的再認能力與深層素養
- □ 成為國文考科的得分高手

國文考科的試題難易度

經過上一章的練習，您已經能利用試題重點與評量指標，分析學測、統測、指考的試題架構，並嘗試分析它們的特質與趨勢，您是否對自己的成果感覺滿意呢？帶著如此的熱情，我們邀請您參加本章的新挑戰——利用我們統計的學測、指考試題難易度平均值，規劃如何進行下一步的學習進度。如果您對數字懷有嚴重的恐懼感，那麼您可以直接閱讀本章的第三節。閱讀時，先瀏覽文中的表格，推敲表格數字所透露的訊息，再與我們的說明略做對照。別忘了，**閱讀表格理解訊息**也是重要的閱讀能力喔！

本章所有的試題難易度資料皆源於「大學入學考試中心」，您也可以自行進入該網站查詢。進入網站的查詢順序：學科能力測驗或指定科目考試→統計資料→各年度測驗統計圖表→各科答對率及鑑別度指數表。

試題答對率即是本文所稱的試題難易度，它指全體考生答對該試題的比率，例如一百名考生參加考試，甲題有三十位答對，它的難易度就是0.30，乙題有九十位考生答對，它的難易度就是0.90，所以難易度值愈高，代表試題愈容易。

本章統計表所有數據，皆以101-107年學測一百八十題試題及101-107年指考一百八十六題試題為樣本（「技專校院入學測驗中心」僅提供106及107年度相關資料，所以本書未做統測難易度的統計）。每一試題皆先依年度分類，再逐題分析其評量指標，再輸入大考中心提供的試題難易度值，最後利用Excel的樞紐分析表統計各項數值，所以資料極富參考價值。

然而，如果您想參考本書的試題難易度分析，調整教學重點或規劃應考準備，請務必克服先大量加強難題練習的迷思，例如字形、讀音及恰當詞語、正確詞語的試題，學生答題極困難，但試題題數極少。所以與其花大量時間練習文化知識與語文表達，不如加強閱讀了解有關**比較異同**、**解釋因果**、**推論看法**等類別，因為這些類別試題題數多，投資報酬率顯然較高。

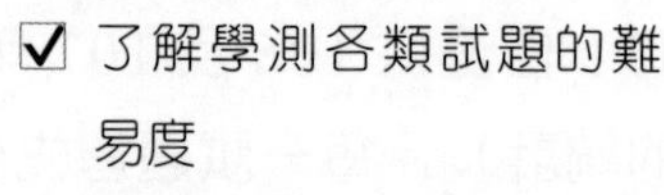

讀完本章您將學會

- ☑ 了解學測各類試題的難易度
- ☑ 了解指考各類試題的難易度
- ☑ 比較學測與指考的試題特質

一、學測試題分析

（一）試題類別與題數

本單元統計 101-107 年學測試題在文化知識、語文表達、閱讀了解與分析四大類別，有關單題與題組試題的題數。單題包含單選題與多選題，題組則皆爲單選題。107 年的學測試題由二十三題增加爲四十二題，且增加者多爲閱讀題組試題。

學測試題類別題數統計表

類別／年度		101	102	103	104	105	106	107
文化知識	單題	2	3	3		2	1	2
	題組							2
語文表達	單題	7	6	4	6	5	4	6
	題組							0
閱讀了解	單題	8	7	6	13	10	7	10
	題組	2	3	3	2	4	5	16
閱讀分析	單題	2	3	4			3	1
	題組	2	1	3	2	2	3	5
總計		23	23	23	23	23	23	42

（二）單題難易度

本單元統計101-107年學測單題類試題，各類評量指標的試題難易度平均值。統計方式爲先找出年度的單題類試題，再依評量指標分類，最後計算同一評量指標所有試題的難易度平均值（數值以四捨五入法取至小數點第二位，以下皆同。因年度數值採小數點第二位呈現，而均值採原始數據統計，所以年度數值的均值會與本表的均值數值略有差異，例如再認文化依年度數值計算均值爲0.49，但依原始數值則均值爲0.51）。

學測評量指標單題難易度統計表

類別／難度	評量指標	101	102	103	104	105	106	107	均值
文化知識	再認文化	0.50	0.61	0.39		0.61	0.22	0.63	0.51
	推論文化		0.29	0.36		0.40			0.35
語文表達	實行文字	0.61	0.56	0.58	0.37	0.49	0.58	0.72	0.55
	實行詞語	0.66	0.51	0.77	0.74	0.52	0.58	0.42	0.57
	實行句子	0.46	0.72	0.64	0.73	0.60	0.80	0.46	0.61
	實行格式	0.33	0.69	0.61	0.24				0.47
閱讀了解	詮釋涵義	0.56	0.23		0.76	0.62	0.50	0.44	0.53
	舉例概念	0.74	0.61	0.76	0.78	0.40	0.53	0.52	0.63
	摘要主旨	0.69	0.90	0.49	0.81	0.84		0.59	0.72
	推論看法				0.82	0.54		0.69	0.68
	比較異同				0.51	0.51	0.54	0.38	0.49
	解釋因果				0.89		0.62	0.86	0.81
閱讀分析	區辨內容	0.60	0.71	0.63			0.58	0.77	0.65
	歸因意涵	0.74	0.44	0.60			0.68		0.60

（三）題組難易度

本單元統計 101-107 年學測題組類試題，各類評量指標的試題難易度平均值。統計方式爲先找出年度的題組類試題，再依評量指標分類，最後計算同一評量指標所有試題的難易度平均值。

學測評量指標題組難易度統計表

類別／難度	評量指標	101	102	103	104	105	106	107	均值
文化知識	再認文化								
	推論文化							0.63	0.63
語文表達	實行文字								
	實行詞語								
	實行句子								
	實行格式								
閱讀了解	詮釋涵義	0.88	0.69	0.57			0.73	0.64	0.69
	舉例概念				0.85	0.80	0.65	0.68	0.72
	摘要主旨							0.78	0.78
	推論看法	0.65	0.58	0.36	0.66	0.72	0.59	0.69	0.65
	比較異同							0.91	0.91
	解釋因果			0.84		0.89	0.47	0.78	0.75
閱讀分析	區辨內容	0.69		0.73	0.63	0.35	0.85	0.72	0.69
	歸因意涵		0.91			0.73	0.57	0.57	0.65

（四）評量指標難易度

本單元統計 101-107 年學測單題與題組類試題，各類評量指標的試題難易度平均值。統計方式為計算單題加題組的難易度平均值。

學測評量指標難易度統計表

類別／難度	評量指標	101	102	103	104	105	106	107	均值
文化知識	再認文化	0.50	0.61	0.39		0.61	0.22	0.63	0.51
	推論文化		0.29	0.36		0.40		0.63	0.46
語文表達	實行文字	0.61	0.56	0.58	0.37	0.49	0.58	0.72	0.55
	實行詞語	0.66	0.51	0.77	0.74	0.52	0.58	0.42	0.57
	實行句子	0.46	0.72	0.64	0.73	0.60	0.80	0.46	0.61
	實行格式	0.33	0.69	0.61	0.24				0.47
閱讀了解	詮釋涵義	0.72	0.46	0.57	0.76	0.62	0.62	0.57	0.61
	舉例概念	0.74	0.61	0.76	0.79	0.48	0.57	0.58	0.64
	摘要主旨	0.69	0.90	0.49	0.81	0.84		0.65	0.73
	推論看法	0.65	0.58	0.36	0.76	0.63	0.59	0.69	0.66
	比較異同				0.51	0.51	0.54	0.65	0.55
	解釋因果			0.84	0.89	0.89	0.55	0.82	0.77
閱讀分析	區辨內容	0.66	0.71	0.68	0.63	0.35	0.76	0.73	0.68
	歸因意涵	0.74	0.60	0.60		0.73	0.64	0.57	0.62

（五）難易度統整

本單元統整 101-107 年學測單題與題組類試題，各類評量指標的試題難易度平均值。

學測難易度統整表

類別／難度	評量指標	單題	題組	指標均值	類別均值
文化知識	再認文化	0.51		0.51	0.49
	推論文化	0.35	0.63	0.46	
語文表達	實行文字	0.55		0.55	0.56
	實行詞語	0.57		0.57	
	實行句子	0.61		0.61	
	實行格式	0.47		0.47	
閱讀了解	詮釋涵義	0.53	0.69	0.61	0.66
	舉例概念	0.63	0.72	0.64	
	摘要主旨	0.72	0.78	0.73	
	推論看法	0.68	0.65	0.66	
	比較異同	0.49	0.91	0.55	
	解釋因果	0.81	0.75	0.77	
閱讀分析	區辨內容	0.65	0.69	0.68	0.66
	歸因意涵	0.60	0.65	0.62	
單題、題組平均值		0.60	0.69		

根據統計分析，就試題類別言，文化知識類試題學生答題較困難，閱讀了解與分析類試題學生答題較容易。就評量指標言，推論文化與實行格式類試題學生答題較困難，解釋因果與摘要主旨類試題學生答題較容易。單題類試題學生答題較困難，題組類試題學生答題較容易。

二、指考試題分析

（一）試題類別與題數

本單元統計 101-107 年指考試題在文化知識、語文表達、閱讀了解與分析四大類別，有關單題與題組試題的題數。101-106 年單題包含單選題與多選題，題組則皆爲單選題。107 年單題、題組皆包含單選題與多選題，試題由二十四題增加爲四十二題，增加者多爲閱讀題組試題。

指考試題類別題數統計表

類別／年度		101	102	103	104	105	106	107
文化知識	單題	2	4	3	2	2	1	2
	題組							
語文表達	單題	7	7	4	4	5	4	3
	題組							
閱讀了解	單題	6	7	12	9	8	7	4
	題組	2	4	1	5	6	6	21
閱讀分析	單題	5	2	3	3	1	6	4
	題組	2		1	1	2		8
總計		24	24	24	24	24	24	42

（二）單題難易度

本單元統計 101-107 年指考單題類試題，各類評量指標的試題難易度平均值。統計方式爲先找出年度的單題類試題，再依評量指標分類，最後計算同一評量指標所有試題的難易度平均值。

指考評量指標單題難易度統計表

類別／難度	評量指標	101	102	103	104	105	106	107	均值
文化知識	再認文化	0.77	0.55	0.56	0.73	0.71	0.64	0.80	0.64
	推論文化				0.48	0.72		0.49	0.56
語文表達	實行文字	0.34	0.66		0.33	0.51	0.74	0.41	0.50
	實行詞語	0.40	0.76	0.67	0.50	0.70	0.27	0.45	0.51
	實行句子	0.39	0.76	0.65	0.74	0.76	0.47	0.89	0.67
	實行格式	0.28	0.64			0.55			0.53
閱讀了解	詮釋涵義	0.55	0.52	0.74	0.46	0.59	0.48	0.55	0.57
	舉例概念	0.62	0.67	0.54	0.64	0.69	0.69	0.62	0.62
	摘要主旨			0.72	0.80	0.52	0.59		0.66
	推論看法		0.57		0.61		0.60	0.14	0.50
	比較異同	0.91		0.28		0.60	0.21		0.50
	解釋因果				0.49				0.49
閱讀分析	區辨內容	0.83	0.66	0.72	0.72	0.50	0.60	0.44	0.65
	歸因意涵	0.71	0.63	0.61			0.57	0.44	0.59

（三）題組難易度

本單元統計 101-107 年指考題組類試題，各類評量指標的試題難易度平均值。統計方式爲先找出年度的題組類試題，再依評量指標分類，最後計算同一評量指標所有試題的難易度平均值。

指考評量指標題組難易度統計表

類別／難度	評量指標	101	102	103	104	105	106	107	均值
文化知識	再認文化								
	推論文化								
語文表達	實行文字								
	實行詞語								
	實行句子								
	實行格式								
閱讀了解	詮釋涵義		0.68			0.64	0.43	0.48	0.56
	舉例概念				0.81	0.67	0.58	0.95	0.75
	摘要主旨	0.96	0.91			0.71			0.82
	推論看法	0.43	0.65		0.65	0.73	0.64	0.69	0.66
	比較異同			0.57	0.72		0.80	0.66	0.69
	解釋因果					0.55		0.64	0.62
閱讀分析	區辨內容	0.97			0.94	0.71		0.59	0.69
	歸因意涵	0.50		0.75		0.76		0.59	0.64

（四）評量指標難易度

本單元統計 101-107 年指考單題與題組類試題，各類評量指標的試題難易度平均值。統計方式為計算單題加題組的難易度平均值。

指考評量指標難易度統計表

類別／難度	評量指標	101	102	103	104	105	106	107	均值
文化知識	再認文化	0.77	0.55	0.56	0.73	0.71	0.64	0.80	0.64
	推論文化				0.48	0.72		0.49	0.56
語文表達	實行文字	0.34	0.66		0.33	0.51	0.74	0.41	0.50
	實行詞語	0.40	0.76	0.67	0.50	0.70	0.27	0.45	0.51
	實行句子	0.39	0.76	0.65	0.74	0.76	0.47	0.89	0.67
	實行格式	0.28	0.64			0.55			0.53
閱讀了解	詮釋涵義	0.55	0.60	0.74	0.46	0.61	0.46	0.50	0.57
	舉例概念	0.62	0.67	0.54	0.67	0.68	0.64	0.73	0.64
	摘要主旨	0.96	0.91	0.72	0.80	0.61	0.59		0.71
	推論看法	0.43	0.61		0.64	0.73	0.62	0.64	0.63
	比較異同	0.91		0.43	0.72	0.60	0.60	0.66	0.63
	解釋因果				0.49	0.55		0.64	0.60
閱讀分析	區辨內容	0.87	0.66	0.72	0.77	0.61	0.60	0.55	0.66
	歸因意涵	0.64	0.63	0.68		0.76	0.57	0.51	0.61

（五）難易度統整

本單元統整101-107年指考單題與題組類試題，各類評量指標的試題難易度平均值。

指考難易度統整表

類別／難度	評量指標	單題	題組	指標均值	類別均值
文化知識	再認文化	0.64		0.64	0.62
	推論文化	0.56		0.56	
語文表達	實行文字	0.50		0.50	0.55
	實行詞語	0.51		0.51	
	實行句子	0.67		0.67	
	實行格式	0.53		0.53	
閱讀了解	詮釋涵義	0.57	0.56	0.57	0.63
	舉例概念	0.62	0.75	0.64	
	摘要主旨	0.66	0.82	0.71	
	推論看法	0.50	0.66	0.63	
	比較異同	0.50	0.69	0.63	
	解釋因果	0.49	0.62	0.60	
閱讀分析	區辨內容	0.65	0.69	0.66	0.65
	歸因意涵	0.59	0.64	0.61	
單題、題組均值		0.60	0.67		

根據統計分析，就試題類別言，語文表達類試題學生答題較困難，閱讀分析類試學生答題較容易。就評量指標言，實行文字與實行詞語類試題學生答題較困難，摘要主旨與實行句子類試題學生答題較容易。單題類試題學生答題較困難，題組類試題學生答題較容易。

三、學測與指考比較

（一）試題類別

本單元比較 101-107 學測、101-107 指考四大類別及單題、題組的試題難易度平均值。

學測、指考試題類別難易度比較表

類別／難度	101-107 學測	101-107 指考
文化知識	0.49	0.62
語文表達	0.56	0.55
閱讀了解	0.66	0.63
閱讀分析	0.66	0.65
單題	0.60	0.60
題組	0.69	0.67

比較分析

1. 學測、指考皆是單題類試題學生答題較困難，題組類試題學生答題較容易。
2. 學測、指考的閱讀分析類試題都比閱讀了解類試題容易回答或難易度相當。這現象顯示，編寫閱讀分析類試題宜提高試題難度。
3. 學測的文化知識類試題學生答題較困難，指考的語文表達類試題學生答題較困難。

（二）評量指標

本單元比較 101-107 學測、101-107 指考各評量指標的試題難易度平均值，並加入 107 試題題數以供參考。

學測、指考評量指標難易度比較表

類別／難度	評量指標	學測	學測題數	指考	指考題數
文化知識	再認文化	0.51	2	0.64	1
	推論文化	0.46	2	0.56	1
語文表達	實行文字	0.55	2	0.50	1
	實行詞語	0.57	3	0.51	1
	實行句子	0.61	1	0.67	1
	實行格式	0.47	0	0.53	0
閱讀了解	詮釋涵義	0.61	3	0.57	3
	舉例概念	0.64	5	0.64	3
	摘要主旨	0.73	3	0.71	0
	推論看法	0.66	9	0.63	11
	比較異同	0.55	2	0.63	4
	解釋因果	0.77	4	0.60	4
閱讀分析	區辨內容	0.68	3	0.66	8
	歸因意涵	0.62	3	0.61	4
試題平均值		0.62		0.62	

比較分析

1. 學測、指考的試題難易度大致相同。
2. 學測、指考皆重視閱讀能力，並強調推論看法與解釋因果。
3. 指考深化閱讀的分析能力。
4. 學測較重視文化知識、語文表達的試題比重（共占 10 題），指考降低文化知識、語文表達的試題比重（共占 5 題）。
5. 結合試題題數與難易度的統計結果，建議優先提升閱讀能力。

現在我學會了

- □ 分析國文考科的試題重點及評量指標
- □ 分析、比較國文考科的試題架構
- □ 分析、比較國文考科的試題難易度
- □ 提升閱讀的詮釋、舉例、摘要能力
- □ 提升閱讀的推論、比較、解釋、區辨、歸因能力
- □ 提升閱讀的綜合能力——各類短文
- □ 提升閱讀的綜合能力——韻文、小說
- □ 提升閱讀的深層素養
- □ 提升語文應用能力
- □ 提升文化知識的再認能力與深層素養
- □ 成為國文考科的得分高手

破解閱讀理解密碼

您準備好，接受挑戰了嗎？

單題型閱讀——基本能力

做完國文考科試題架構分析後，您了解到 107 年學測的閱讀試題約佔百分之八十，指考與統測則約佔百分之九十，所以您知道提升閱讀試題的答對率將是您贏得高分的關鍵。閱讀試題包含三個部分，單題型、題組型、素養型，題組型與素養型試題都評量綜合的閱讀能力，較為複雜，所以本章先邀請您練習單題型試題，這樣才能為下階段的閱讀綜合能力，打好穩固的基礎。

單題型閱讀試題，在 107 學測中佔閱讀試題的四成，在 107 統測及指考中則佔閱讀試題的兩成。它的閱讀份量比題組要輕薄些，且每一種閱讀材料都只評量一種閱讀能力，所以您在練習過程中，可以較清楚的了解自己有哪些閱讀能力需要再加強。您一定要先把單題型閱讀能力訓練好，才能在題組型及素養型閱讀有好的表現。

大考評量的閱讀能力共有八項，本章先練習較基本的**詮釋涵義**、**舉例概念**與**摘要主旨**三類。您準備好開始進入備戰狀態了嗎？

讀完本章您將學會

- ☑ 提升閱讀基本能力——詮釋涵義
- ☑ 提升閱讀基本能力——舉例概念
- ☑ 提升閱讀基本能力——摘要主旨

一、詮釋涵義

詮釋涵義評量您能否在閱讀材料中，正確理解材料有關詞、句的涵義。在單題型閱讀試題中多數只考字詞涵義的比較。練習這個單元時，您務必確實分辨每個選項字、詞涵義的異同，並參考我們的解題說明及相關提醒。如果您想進一步了解此類試題的試題特質及編寫要點，您可以參考下列試題編寫密碼表的說明。

1. 下表的試題難度分容易、中等、困難三級，判斷依據爲統計101-107學測及指考此類試題的難易度平均值（統測僅提供106、107年度數值，故未納入計算），0.60-0.65爲中等，高於0.65爲容易，低於0.60爲困難。
2. 試題題數取107學測、統測、指考此類試題的題數平均值。107年國文考科的題組試題大幅增加，採用107的題數平均值，較能反映未來試題題數的趨勢。

試題編寫密碼表

評量指標	試題內容	試題能力	試題難度	試題題數
詮釋涵義	字詞涵義 字詞本義或引申義 前後字詞涵義是否相同	基本	困難	1

1. 下列文句中的「即」，何者與「可望而不可即」的「即」意義最接近？【統 107】
   (A) 余攬衣「即」穴旁視之，聞怒雷震蕩地底，而驚濤與沸鼎聲間之
   (B) 翡冷翠稱爲文藝復興搖籃之地，「即」因這個地方人文薈萃，人才輩出
   (C) 及郡下，詣太守，說如此。太守「即」遣人隨其往，尋向所誌，遂迷不復得路
   (D) 像放那東洋煙火，一個彈子上天，隨化作千百道五色火光，縱橫散亂。這一聲飛起，「即」有無限聲音，俱來並發
2.《論語》中「君子」與「小人」之對比，有時指上位者與下民，有時指有德者與無德者。下列與「君子學道則愛人，小人學道則易使也」中，「君子」、「小人」所指相同的選項是：【指 102】
   (A) 君子喻於義，小人喻於利
   (B) 君子周而不比，小人比而不周
   (C) 君子泰而不驕，小人驕而不泰
   (D) 君子有勇而無義爲亂，小人有勇而無義爲盜
3.「斟」本義爲倒酒，「酌」本義爲飲酒，「斟酌」引申爲取捨考慮。下列選項「」內的詞語，何者<u>不是</u>引申義的用法？【統 102】
   (A) 萬里十六歲時，「椿萱」俱喪
   (B) 立君臣，等上下，使「綱紀」有序
   (C) 隴州道士曾若虛者，善醫，尤得「針砭」之妙術
   (D) 婦人左右前後跪起，皆中「規矩繩墨」，無敢出聲

4. 下列各組「」內的字，前後意義相同的選項是：【學 105】
(A) 不堪其苦，陰有歸「志」/ 費禕、董允等，此皆良實，「志」慮忠純
(B) 其西南「諸」峰，林壑尤美 / 工之僑以歸，謀「諸」漆工，作斷紋焉
(C) 往來桐城，必躬「造」左公第 / 洋洋乎與「造」物者遊，而不知其所窮
(D) 見漁人，乃大驚，問所「從」來 / 余與「從」者後，五步之內，已各不相見

5. 下列各組文句「」內的詞，前後意義相同的是：【學 107】
(A) 仁者播其惠，「信」者效其忠 / 足以極視聽之娛，「信」可樂也
(B) 以此伏「事」公卿，無不寵愛 / 遂散六國之從，使之西面「事」秦
(C) 工之僑以歸，「謀」諸漆工，作斷紋焉 / 持五十金，涕泣「謀」於禁卒，卒感焉
(D) 虎嘯風生，龍吟雲萃，「固」非偶然也 / 道士笑曰：我「固」謂不能作苦，今果然
(E) 常人貴遠賤近，「向」聲背實 / 始悟「向」之倒峽崩崖，轟耳不輟者，是硫穴沸聲也

6. 依據下表，下列「」內的字義，符合甲骨文「涉」的字形本義的選項是：【指 105】

楷書字形	甲骨字形	字形本義
止		腳板
水		流水
涉		？

(A) 園日「涉」以成趣，門雖設而常關
(B) 約行二三里，渡兩小溪，皆履而「涉」
(C) 杭有賣果者，善藏柑，「涉」寒暑不潰
(D) 追懷先德，眷顧前途，若「涉」深淵，彌自儆惕
(E) 僕自到九江，已「涉」三載，形骸且健，方寸甚安

題號	答案	試題重點	解題說明
1	A	涵義相同	題幹重點：「即」爲接近之意，動詞 (A) 接近，動詞。此與題幹字義相同 (B) 就是，副詞，(C) 立刻就，副詞， (D) 立刻有，副詞。以上與題幹字義不同
2	D	涵義相同	題幹重點：君子、小人分指上位者、下民 (D) 的君子、小人分別指上位者、下民。此與題幹詞語涵義相同 (A)、(B)、(C) 的君子、小人分別指有德者、無德者。以上與題幹詞語涵義不同

題號	答案	試題重點	解題說明
3	C	沒有使用引申義	(C) 針砭原爲中醫療法，引申爲規勸過失，由「善醫」可知使用本義，而未使用引申義 (A) 椿、萱原爲植物名，引申爲父親及母親。由「俱喪」可知使用引申義 (B) 綱紀原爲粗繩或線頭，引申爲法度、準則。由「立君臣」可知使用引申義 (D) 規、矩、繩、墨是畫圓、方、直線的工具，引申爲標準、法度。由「跪起」、「無敢出聲」可知使用引申義
4	A	前後涵義相同	(A) 想法／想法。此前後詞語涵義相同 (B) 各個／「之於」的合音，(C) 拜訪／創造，(D) 自、由，音ㄘㄨㄥˊ。此句指問漁人從哪裡來。/ 跟隨者，音ㄗㄨㄥˋ
5	BCD	前後涵義相同	(B) 侍奉／侍奉，動詞，(C) 商量／商量，動詞，(D) 本來、一向，副詞／本來、一向，副詞。以上前後詞語涵義相同 (A) 誠實，形容詞／的確、果眞，副詞，(E) 崇尙，動詞／先前，形容詞
6	BD	使用本義	題幹重點：「涉」的字形本義──步行過河 (B) 由「渡兩小溪」、「履」可知「涉」爲步行涉水過溪，(D) 由「涉深淵」可知「涉」取步行涉水過溪之意。以上使用字形本義 (C)「涉」指歷經一段時間，(E)「涉」指歷經一段時間。以上未使用字形本義

二、舉例概念

舉例概念評量您在閱讀材料中，能否先正確理解題幹所提示之語法、寫作手法及句子的重點，再從選項中找出正確的例子。練習這個單元時，您務必注意題幹提示的評量重點，並參考我們的解題說明及相關提醒。如果您想進一步了解此類試題的試題特質及編寫要點，您可以參考下列試題編寫密碼表的說明。

試題編寫密碼表

評量指標	試題內容	試題能力	試題難度	試題題數
舉例概念	語法概念相同例子 寫作手法相同例子 句子重點相同例子	基本	中等	1-2

（一）語法

1.「妹妹想吃冰，有紅豆、花生等多種口味」這句話，由於「有紅豆、花生等多種口味」的是「冰」而不是「妹妹」，前後主語不一致，所以造成語意混淆。下列文句，何者沒有此類情形？【統105】

(A) 市政府有意推動的幾項新措施，引發民眾正反兩面評論

(B) 購物專家正在介紹商品，具備多種功能，價格也很優惠

(C) 總經理邀請幾位退休的老前輩到他家，受到熱情的款待

(D) 大學日益重視東南亞語言，並成爲頗受歡迎的選修課程

2. 古漢語中，往往爲強調賓語（受詞），而將賓語提到動詞前面。下列不屬於這種語法結構的選項是：【學 102】

(A) 夫晉，何厭之有

(B) 父母唯其疾之憂

(C) 其一人專心致志，惟弈秋之爲聽

(D) 用之則行，舍之則藏，唯我與爾有是夫

3.「代詞」在句子中，通常指稱特定的對象，但有時亦未明確指涉特定的人事物。下列文句中的「我」、「你」、「他」，並未明確指涉特定對象的選項是：【學 103】

(A) 同學們你一言，我一句，討論得非常熱烈

(B) 大家一窩蜂去動物園看圓仔，你推我擠，萬頭攢動

(C) 我說的那間飯店，能清楚看到黃色小鴨，包管你滿意

(D) 咱們兩個就此拆夥，你走你的陽關道，我過我的獨木橋

(E)「他山之石，可以攻玉」，意在教人汲取經驗、見賢思齊

4. 下列文句「」內的詞，屬於謙詞用法的是：【學 107】

(A) 一心抱「區區」，懼君不識察

(B) 鄰國之民不加少，「寡人」之民不加多，何也

(C)「愚」以為營中之事，悉以咨之，必能使行陣和睦

(D) 中也養不中，才也養「不才」，故人樂有賢父兄也

(E)「余」出官二年，恬然自安，感斯人言，是夕始覺有遷謫意

5. 蘇軾〈赤壁賦〉：「惟江上之清風，與山間之明月，耳得之而為聲，目遇之而成色」，此四句的文意可理解為：「江上之清風，耳得之而為聲；山間之明月，目遇之而成色」，但作者改變句子的銜接順序，故閱讀時，宜就文意調節對應關係。下列文句，與此表達方式相似的選項是：【學 103】

(A) 句讀之不知，惑之不解；或師焉，或不焉

(B) 西伯幽而演《易》，周旦顯而制《禮》；不以隱約而弗務，不以康樂而加思

(C) 禽鳥知山林之樂，而不知人之樂；人知從太守遊而樂，而不知太守之樂其樂

(D) 牠們曾交錯湧疊，也曾高速接近船舷又敏捷地側翻；如在表演水中疊羅漢，如流星一樣劃一道弧線拋射離去

(E) 老和尚竟哽咽起來，掉了幾滴眼淚，他趕緊用袈裟的寬袖子，搵了一搵眼睛；秦義方也掏出手帕，狠狠擤了一下鼻子

6.「一分耕耘，一分收穫」之語意關係可以是「如有一分耕耘，則得一分收穫」，下列文字前後句具有相同語意關係的選項是：【學 106】
(A) 怨不在大，可畏惟人
(B) 聞道有先後，術業有專攻
(C) 若亡鄭而有益於君，敢以煩執事
(D) 斧斤以時入山林，材木不可勝用也
(E) 人之不廉而至於悖禮犯義，其原皆生於無恥也

解題說明表

題號	答案	試題重點	解題說明
1	A	主語一致	(A) 主語是新措施，說明新措施引發正反評論，市政府只是用來形容新措施，所以主語一致 (B) 介紹商品是購物專家，但具備多能功能、價格優惠的是商品，(C) 邀請別人的是總經理，但受到熱情的款待的是老前輩，(D) 重視東南語言的是大學，但成爲熱門課程的是東南亞語言。以上主語不一致
2	D	賓語沒有提前	(D)「唯我與爾有是夫」，賓語沒有提前 (A) 原意爲胥有何厭（之時），賓語「何厭（之時）」提至「有」前 (B) 原意爲父母唯憂（子女）疾，賓語「（子女）疾」提至「憂」前 (C) 原意（此人）惟聽奕秋，賓語「奕秋」提至「聽」前

題號	答案	試題重點	解題說明
3	ABE	代詞無指涉對象	(A)、(B)「你」、「我」泛指群體中的某些人，(E)「他」泛指某個。以上未指涉特定對象 (C)、(D) 的「我」是說話者，「你」是聽話者，以上指涉特定對象
4	BC	使用謙詞	(B) 此處「寡人」爲國君自稱的謙詞，(C) 此處「愚」爲自稱的謙詞。以上使用謙詞 (A) 此處「區區」爲忠誠、愛戀之意，(D) 此處「不才」指才能較差者，(E)「余」指我，爲一般自稱詞
5	ABD	使用錯綜	(A) 句讀之不知，或師焉；惑之不解，或不焉，(B) 西伯幽而演《易》，不以隱約而弗務；周旦顯而制《禮》，不以康樂而加思，(D) 牠們曾交錯湧疊，如在表演水中疊羅漢；也曾高速接近船舷又敏捷地側翻，如流星一樣劃一道弧線拋射離去。 以上使用錯綜
6	CD	假設關係	(C)「若亡鄭而有益於君，（則）敢以煩執事」，(D)「（若）斧斤以時入山林，則材木不可勝用也」。以上具有假設關係 (A)「可畏者不（是）在怨大，而（是）在於人」（不是……，而是……）爲對照的並列關係 (B)「聞道有先後，術業有專攻」爲平行的並列關係 (E)「人之不廉而至於悖禮犯義，其原（因）皆生於無恥也」爲先果後因的因果關係

（二）寫作手法

1. 下列畫底線處，何者是爲了達到對話目的而使用推測語氣？【統107】

(A)「唉！汝不曉得他的厲害，汝還未嘗到他青草膏的滋味。」那有年紀的嘲笑地說。「什麼？做官的就可任意凌辱人民嗎？」參（秦得參）說

(B) 劉姥姥因見窗下案上設著筆硯，又見書架上磊著滿滿的書，劉姥姥道：「這必定是那位哥兒的書房了？」賈母笑指黛玉道：「這是我這外孫女兒的屋子。」

(C) 陳嫂越梳越沒勁兒，不久就辭工不來了，我還清清楚楚地聽見她對劉嫂說：「這麼老古董的鄉下太太，梳什麼包梳頭呢？」我都氣哭了，可是不敢告訴母親

(D) 旁人便又問道，「孔乙己，你當眞認識字麼？」孔乙己看著問他的人，顯出不屑置辯的神氣。他們便接著說道，「你怎的連半個秀才也撈不到呢？」孔乙己立刻顯出頹唐不安模樣

2. 許多文學作品中的女性，常被塑造成順從男性意志、以男性爲中心的形象。下列有關女性的描寫，顚覆這種形象的選項是：【學104】

(A) 賣花擔上，買得一枝春欲放。淚染輕勻，猶帶彤霞曉露痕。怕郎猜道，奴面不如花面好。雲鬢斜簪，徒要教郎比並看

(B) 張氏（紅拂）熟視其面，一手握髮，一手映身搖示（李）靖，令勿怒。急急梳頭畢，斂衽前問其姓。臥客答曰：「姓張。」對曰：「妾亦姓張，合是妹。」遽拜之

(C) 愛太傷 / 不愛最大 / 請人間蒸發 / 月光下 / 有的王子 / 原來是青蛙 / 愛錯又怎樣 / 難免會遇上 / 愛的黑魔法 / 我沒在怕 / 因爲女生 / 越戰越堅強

(D) 姨娘梳各式各樣的頭，什麼鳳凰髻、羽扇髻、同心髻、燕尾髻，常常換樣子，襯托著姨娘細潔的肌膚，嬝嬝婷婷的水蛇腰兒，越發引得父親笑瞇了眼

(E) 秀潔沒有回答，金發伯也沒有繼續說下去，……她（秀潔）竟在一種自己無法控制的、莫名其妙的情緒下提高嗓門，朗聲答道：「你不要妄想！……就是你逼我唱，我死也不唱，看你這小小的開封府尹，又怎麼奈何得了本宮！」

3. 文章敘寫感懷時，感懷者有時一方面看著眼前的人，一方面回想起此人的過往。下列文句，使用此種「今昔疊合」手法的是：【學 107】

(A) 他喝完酒，便又在旁人的說笑聲中，坐著用這手慢慢走去了。自此以後，又長久沒有看見孔乙己。到了年關，掌櫃取下粉板說，「孔乙己還欠十九個錢呢！」到第二年的端午，又說「孔乙己還欠十九個錢呢！」到中秋可是沒有說，再到年關也沒有看見他

(B) 經他妻子幾次的催促，他總沒有聽見似的，心裡只在想，總覺有一種不明瞭的悲哀，只不住漏出幾聲的嘆息，「人不像個人，畜生，誰願意做？這是什麼世間？活著倒不若死了快樂。」他喃喃地獨語著，忽又回憶到母親死時，快樂的容貌。他已懷抱著最後的覺悟

(C) 這麼多年了，我已經習慣於午夜就寢以前想她，坐在燈前，對著書籍或文稿，忽然就想到病了的母親。對著那些平時作息不可或無的書稿之類的東西，忽然看不見那些東西了，眼前只剩一片迷茫，好像是空虛，母親的面容和聲音向我呈現，寧靜超然，沒有特別什麼樣的表情，那麼沉著，安詳

(D) 來臺灣以後，姨娘已成了我唯一的親人，我們住在一起有好幾年。在日式房屋的長廊裡，我看她坐在玻璃窗邊梳頭，她不時用拳頭捶著肩膀說：「手痠得很，眞是老了。」老了，

她也老了。當年如雲的青絲，如今也漸漸落去，只剩了一小把，且已夾有絲絲白髮。想起在杭州時，她和母親背對著背梳頭，彼此不交一語的仇視日子，轉眼都成過去

(E) 金發伯站在稍遠的地方，木然地看著他們，他抽著菸，始終不發一語。天色漸自黯了，僅剩的那一點餘光照在他佝僂的身上，竟意外地顯出他的單薄來。秀潔從人與人之間的縫隙裡望過去，看到紙菸上那一點火光在他臉上一閃一滅，一閃一滅，那蒼老憂鬱而頹喪的神情便一下子鮮明起來，不由得想起以前教戲給她時的威嚴自信的臉色，兩相對照之下，使她內心悸動不已，便禁聲了

4. 文學作品常見「悲」、「喜」並敘而「以喜襯悲」的表達方式。下列文句，含有此種表達方式的選項是：【學 103】

(A) 這豈不正是此生不斷，反覆來襲的，熟悉，令人動心的白芒花嗎？像夢魘，但它是美麗的夢魘，美麗而哀愁

(B) 我已懂得，一把小小黃楊木梳，再也理不清母親心中的愁緒。因為在走廊的那一邊，不時飄來父親和姨娘琅琅的笑語聲

(C)（秦得參）在室內踱來踱去，經他妻子幾次的催促，他總沒有聽見似的，心裡只在想，總覺有一種不明瞭的悲哀，只不住漏出幾聲的嘆息

(D) 有幾回，鄰舍孩子聽得笑聲，也趕熱鬧，圍住了孔乙己。他便給他們茴香豆吃，一人一顆。孩子吃完豆，仍然不散，眼睛都望著碟子。孔乙己著了慌，伸開五指將碟子罩住

(E) 金發伯突然奇怪的、異常的大笑起來，……秀潔聽出他是有意幽默，有意製造輕鬆，有意大笑；胸中一時千頭萬緒，五味雜陳，聽著金發伯那樣的笑聲，竟比哭聲更令人難以承受，卻也只能附和著笑

5. 敘事文本中，作者有時會運用對話來交代已經發生過的事情，下列引述的對話，具有這種作用的選項是：【學 102】

(A) 我怔怔地望著她，想起她美麗的橫愛司髻，我說：「讓我來替你梳個新的式樣吧！」她愀然一笑說：「我還要那樣時髦幹什麼，那是你們年輕人的事了。」

(B) 一個喝酒的人說道：「他怎麼會來？...... 他打折了腿了。」掌櫃說：「哦！」「他總仍舊是偷。這一回，是自己發昏，竟偷到丁舉人家裡去了。他家的東西，偷得的麼？」「後來怎麼樣？」「怎麼樣？先寫服辯，後來是打，打了大半夜，再打折了腿。」

(C)「花菜賣多少錢？」巡警問。「大人要的，不用問價，肯要我的東西，就算運氣好。」參說。他就擇幾莖好的，用稻草貫著，恭敬地獻給他。「不，稱稱看！」巡警幾番推辭著說。誠實的參，亦就掛上「稱仔」稱一稱說：「大人，眞客氣啦！才一斤十四兩。」

(D) 旁坐有兩人，其一人低聲問那人道：「此想必是白妞了罷？」其一人道：「不是！這人叫黑妞，是白妞的妹子。他的調門兒都是白妞教的，若比白妞，還不曉得差多遠呢！他的好處，人說得出；白妞的好處，人說不出。他的好處，人學得到；白妞的好處，人學不到。」

(E) 停了幾秒鐘，聽到阿旺嫂的聲音：「妳是在說我？」「對！既然說了，也就不怕妳生氣，那段戲最重要，妳怎麼可以離開？」「吉仔撞到木箱子，頭上撞一個大包，哭不停，我哄他，騙他，無效，只好帶他去吃冰！」「難道妳不知道馬上就有妳的戲？」「知道，我怎麼不知道！」「知道還偏偏要去？」

6. 言談中有時會透過「吃虧讓步」的態度或方式表達善意，以求達成良好的互動。下列畫底線處的對話，運用此一言談技巧的選項是：【學 106】

(A) 太公道：「師父請吃些晚飯，不知肯吃葷腥也不？」魯智深道：「洒家不忌葷酒，遮莫甚麼渾清白酒都不揀選，牛肉、狗肉，但有便吃。」

(B) 帝顫慄不已。只見階下披甲持戈數百餘人，皆是魏兵。帝泣謂群臣曰：「朕願將天下禪於魏王，幸留殘喘，以終天年。」賈詡曰：「魏王必不負陛下。」

(C) 誠實的參，亦就掛上稱仔稱一稱說：「大人，眞客氣啦！才一斤十四兩。」「不錯罷？」巡警說。「不錯，本來兩斤足，因是大人要的⋯⋯」參說。這句話是平常買賣的口吻，不是贈送的表示

(D)「這個舞我不會跳了。」那個年輕的男人說道。他停了下來，尷尬的望著金大班，樂隊剛換了一支曲子。金大班凝望了他片刻，終於溫柔的笑了起來，說道：「不要緊，這是三步，最容易，你跟著我，我來替你數拍子。」

(E) 母親才過三十歲，卻要打扮成老太太，姨娘看了只是抿嘴兒笑，父親就直皺眉頭。我悄悄地問她：「媽，你爲什麼不也梳個橫愛司髻，戴上姨娘送你的翡翠耳環呢？」母親沉著臉說：「你媽是鄉下人，那兒配梳那種摩登的頭，戴那講究的耳環呢？」

題號	答案	試題重點	解題說明
1	B	推測語氣	(B)「必定是那位哥兒的書房了」爲推測語氣
2	BCE	女性不順從男性意志	(B)「一手映身搖示靖，令勿怒」、「斂衽前問其姓」，(C)「不愛最大」、「愛錯又怎樣」、「女生越戰越堅強」，(E)「就是你逼我唱，我死也不唱」。以上不順從男性意志、不以男性爲中心
3	DE	今昔疊合	(D) 作者看著姨娘「坐在玻璃窗邊梳頭」，同時又想起她「當年如雲的青絲」、「在杭州時」，(E) 秀潔看著金發伯「站在稍遠的地方」，同時又想起「以前教戲給她時的威嚴自信的臉色」。以上使用今昔疊合手法
4	BE	以喜襯悲手法	(B) 作者以兩人笑語之喜，襯母親失落之悲，(E) 作者以金發伯的大笑，襯秀潔感覺笑聲比哭聲難受的悲。以上使用以喜襯悲手法
5	BDE	對話交代往事	(B) 透過酒客與掌櫃一來一往的對話，交代孔乙己先前大半夜被打斷腿的情節，(D) 透過某人回答，交代黑妞的經歷，(E) 透過阿旺嫂回答，交代先前沒上戲的原因。以上透過對話交代往事
6	BC	以讓步表達善意	(B) 帝（漢獻帝）願將君位讓魏王（曹操），以求保全性命，(C) 參說將原本兩斤足的商品折算一斤十四兩，表達對巡警的善意。以上使用吃虧讓步技巧

（三）句子重點

1. 下列各組的文意，何者與《禮記 · 禮運》：「老有所終，壯有所用，幼有所長，鰥寡孤獨廢疾者皆有所養。」的社會福利理念不同？【統 101】
   (A) 尊高年，所以長其長；慈孤弱，所以幼其幼。凡天下疲癃、殘疾、惸獨、鰥寡，皆吾兄弟之顛連而無告者也（張載〈西銘〉）
   (B) 老吾老，以及人之老；幼吾幼，以及人之幼，天下可運於掌（《孟子 · 梁惠王》）
   (C) 甘其食，美其服，安其居，樂其俗。鄰國相望，雞犬之聲相聞，民至老死不相往來（《老子》）
   (D) 老者安之，朋友信之，少者懷之（《論語 · 公冶長》）
2. 蘇轍〈黃州快哉亭記〉：「今張君不以謫爲患，竊會計之餘功，而自放山水之間，此其中宜有以過人者。」文中的曠達自適心境與下列何者不同？【統 101】
   (A) 惟江上之清風，與山間之明月，耳得之而爲聲，目遇之而成色。取之無禁，用之不竭，是造物者之無盡藏也，而吾與子之所共適（蘇軾〈赤壁賦〉）
   (B) 采菊東籬下，悠然見南山。山氣日夕佳，飛鳥相與還。此中有眞意，欲辨已忘言（陶潛〈飲酒〉）
   (C) 賦命有厚薄，委心任窮通。通當爲大鵬，舉翅摩蒼穹；窮則爲鷦鷯，一枝足自容。苟知此道者，身窮心不窮（白居易〈我身〉）
   (D) 自許封侯在萬里，有誰知，鬢雖殘，心未死（陸游〈夜遊宮〉）

3.《論語》：「子謂顏淵曰：『用之則行，舍之則藏，唯我與爾有是夫！』」反映古代士大夫對於「出仕」或「退隱」的態度，下列文意和這種態度最不相關的選項是：【指 101】

(A) 邦有道，則仕；邦無道，則可卷而懷之

(B) 滄浪之水清兮，可以濯吾纓；滄浪之水濁兮，可以濯吾足

(C) 臣本布衣，躬耕於南陽，苟全性命於亂世，不求聞達於諸侯

(D) 夫人之相與，俯仰一世，或取諸懷抱，晤言一室之內；或因寄所託，放浪形骸之外

4. 下列引文，陳述外在環境對人產生影響的選項是：【學 102】

(A) 居處恭，執事敬，與人忠：雖之夷狄，不可棄也

(B) 善人同處，則日聞嘉訓；惡人從游，則日生邪情

(C) 獨學無友，則孤陋而難成；久處一方，則習染而不自覺

(D) 一齊人傅之，眾楚人咻之，雖日撻而求其齊也，不可得矣

(E) 子欲居九夷。或曰：「陋，如之何？」子曰：「君子居之，何陋之有！」

5. 儒家認爲人擁有主體性和道德意志，故能志學進德、踐仁臻聖；此亦孔子「仁遠乎哉？我欲仁，斯仁至矣」之意。下列文句，表達上述意涵的選項是：【學 105】

(A) 里仁爲美。擇不處仁，焉得智

(B) 舜何人也？予何人也？有爲者亦若是

(C) 譬如爲山，未成一簣，止，吾止也；譬如平地，雖覆一簣，進，吾往也

(D) 輿薪之不見，爲不用明焉；百姓之不見保，爲不用恩焉。故王之不王，不爲也，非不能也

(E) 我未見好仁者、惡不仁者。好仁者，無以尚之；惡不仁者，其爲仁矣，不使不仁者加乎其身。有能一日用其力於仁矣乎？我未見力不足者

6. 古典詩中的「月亮」在不同情境之下，有不同的意涵。下列詩句藉「月」來抒發「思婦懷人」之情的選項是：【學 101】

(A) 戍鼓斷人行，邊秋一雁聲。露從今夜白，月是故鄉明

(B) 霜威出塞早，雲色渡河秋。夢繞邊城月，心飛故國樓

(C) 鶯啼燕語報新年，馬邑龍堆路幾千。家住秦城鄰漢苑，心隨明月到胡天

(D) 可憐樓上月徘徊，應照離人妝鏡臺。玉戶簾中捲不去，搗衣砧上拂還來

(E) 白狼河北音書斷，丹鳳城南秋夜長。誰爲含愁獨不見，更教明月照流黃

解題說明表

題號	答案	試題重點	解題說明
1	C	社會福利理念不同	題幹重點：老人孩童、弱勢族群都能獲得照顧，青壯年都能有合適的工作 (C) 強調自給自足不與鄰國往來，與句子重點無關
2	D	曠達自適	題幹重點：不以謫爲患，利用公務空檔，遊賞貶謫地的山水 (D) 陸游感慨自己壯志未酬，與句子重點無關
3	D	仕隱態度	(D) 說明人生中的二種樂事，與句子重點無關
4	BCD	外在環境影響	(B) 與善人、惡人相處會有不同影響，(C) 久處一方，受影響而不知，(D) 在楚地學齊語不易成功。以上影響合於句子重點
5	BCDE	人有實踐道德的主體性	(B) 只要實踐，便可臻於聖人，(C) 只天天要實踐，就會有進步，(D) 王有照顧百姓的實踐力，(E) 只要願意行仁，就能實踐。以上合於人有實踐道德主體性的重點
6	CDE	藉月抒發思婦懷人之情	(C)「家住秦城臨漢苑，心隨明月到胡天」，(D)「可憐樓上月徘徊，應照離人妝鏡臺」，(E)「誰爲含愁獨不見，更教明月照流黃音書斷」。以上合於藉月抒發思婦懷人之情的重點

三、摘要主旨

摘要主旨評量您能否在閱讀短文中，正確理解短文的主題或要旨。練習這個單元時，您必須先掌握閱讀短文的核心概念——主題、要旨，有時還需了解選項句子的主旨，才能選出正確答案。如果您想進一步了解此類試題的試題特質及編寫要點，您可以參考下列試題編寫密碼表的說明。

試題編寫密碼表

評量指標	試題內容	試題能力	試題難度	試題題數
摘要主旨	短文核心概念	基本	容易	1

1.「月光如流水一般，靜靜地瀉在這一片葉子和花上。薄薄的青霧浮起在荷塘裡。葉子和花彷彿在牛乳中洗過一樣；又像籠著輕紗的夢。雖然是滿月，天上卻有一層淡淡的雲，所以不能朗照；但我以爲這恰是到了好處——酣眠固不可少，小睡也別有風味的。」（朱自清〈荷塘月色〉）關於本段的旨意，何者最恰當？【統 102】

(A) 花木生姿，恣意舒暢　　(B) 萬籟俱寂，心亂如麻

(C) 夜深未眠，對飲成趣　　(D) 月色微瑕，姿態迷人

2. 閱讀下文，選出最符合文意的選項：【指 103】

楊大年、歐陽永叔，皆不喜杜詩。二公豈爲不知文者，而好惡如此！晏元獻公嘗喜誦梅聖俞「寒魚猶著底，白鷺已飛前」之句，聖俞以爲此非我之極致者，豈公偶自得意於其間乎？歐公亦云：「吾平生作文，唯尹師魯一見，展卷疾讀，五行俱下，便曉人深意處。」然則於餘人當有所不曉者多矣。所謂文章如精金美玉，市有定價，不可以口舌增損者，殆虛語耶？（陳善《捫蝨新話》）

(A) 文人往往各以所長，相輕所短

(B) 文章優劣各隨愛憎，難有定評

(C) 讀詩必須含英咀華，澄懷味象

(D) 鑑賞尤應振葉尋根，觀瀾索源

3. 閱讀下文，選出最符合文意的選項：【指 104】

害人之心不可有，防人之心不可無，此戒疏於慮也。寧受人之欺，毋逆人之詐，此警傷於察也。二語並存，精明而渾厚矣。（《菜根譚》）

(A) 寧可防察無疏，絕不受人欺詐

(B) 既要愼防危害，也要心胸寬大

(C) 對他人宜小心，對自己須誠實

(D) 千慮難免一疏，人心詐僞難防

4. 依據下文，符合全文旨意的選項是：【指 106】

彊令之笑不樂；彊令之哭不悲；彊令之爲道也，可以成小，而不可以成大。缶醯黃，蚋聚之，有酸，徒水則必不可。以貍致鼠，以冰致蠅，雖工，不能。以茹魚去蠅，蠅愈至，不可禁，以致之之道去之也。桀、紂以去之之道致之也，罰雖重，刑雖嚴，何益？（《呂氏春秋》）【注：1. 茹魚：腐臭的魚。】

(A) 興衰成敗有數，不可力強而致

(B) 治國悖離民心，如同爲淵驅魚

(C) 大材不宜小用，割雞焉用牛刀

(D) 國君用人之術，務在明賞愼罰

5. 閱讀下文，選出最接近其意旨的選項：【學 103】

堅信一首詩的沉默比所有的擴音器加起來更清晰，比機槍的口才野砲的雄辯更持久。堅信文字的冰庫能冷藏最燙的激情最新鮮的想像。時間，你帶得走歌者帶不走歌。（余光中《青青邊愁》）

(A) 筆落驚風雨，詩成泣鬼神

(B) 不惜歌者苦，但傷知音稀

(C) 屈平詞賦懸日月，楚王臺榭空山丘

(D) 詩可以興，可以觀，可以群，可以怨

6. 蜀中有杜處士，好書畫，所寶以百數。有戴嵩〈牛〉一軸，尤所愛，錦囊玉軸，常以自隨。一日曝書畫，有一牧童見之，拊掌大笑，曰：「此畫鬬牛也。牛鬬，力在角，尾搐入兩股間。今乃掉尾而鬬，謬矣。」處士笑而然之。古語有云：「耕當問奴，織當問婢。」不可改也。（蘇軾〈書戴嵩畫牛〉）

下列文句與上文主旨最不相關的選項是：【學 101】

(A) 聞道有先後，術業有專攻

(B) 學無常師，有一業勝己者，便從學焉

(C) 使言之而是，雖在褐夫芻蕘，猶不可棄也

(D) 三人行，必有我師焉。擇其善者而從之，其不善者而改之

解題說明表

題號	答案	試題重點	解題說明
1	D	核心概念	滿月雖有淡雲缺失，但淡雲卻使景緻更添朦朧之美
2	B	核心概念	作品價值自有定論，個人評價不易增損其價值
3	B	核心概念	與人相處時，既有要有所警覺，也要心存寬厚
4	B	核心概念	治國用嚴刑重罰，暫時有效，長期無效
5	C	核心概念	作品的影響力能超越時間的限制
6	D	核心概念無關	即使是平凡的奴婢，也有擅長的專業，所以常人應該尊重專業 (D) 與尊重專業無關

現在我學會了

- □ 分析國文考科的試題重點及評量指標
- □ 分析、比較國文考科的試題架構
- □ 分析、比較國文考科的試題難易度
- □ 提升閱讀的詮釋、舉例、摘要能力
- □ 提升閱讀的推論、比較、解釋、區辨、歸因能力
- □ 提升閱讀的綜合能力——各類短文
- □ 提升閱讀的綜合能力——韻文、小說
- □ 提升閱讀的深層素養
- □ 提升語文應用能力
- □ 提升文化知識的再認能力與深層素養
- □ 成為國文考科的得分高手

單題型閱讀——進階、精熟能力

做完上章單題型閱讀有關詮釋涵義、舉例概念與摘要主旨三類基本能力試題後，您是否較能掌握閱讀理解的單項能力了呢？接下來我們將進行有關推論看法、比較異同、解釋因果、區辨內容、歸因意涵的練習。這些能力雖然屬於進階與精熟，看起來較困難，但因為閱讀選文會提供充分的作答訊息，所以多數考生反而覺得答題較為容易。您願意繼續接受新挑戰嗎？

讀完本章您將學會

- ☑ 提升閱讀進階能力——推論看法
- ☑ 提升閱讀進階能力——比較異同
- ☑ 提升閱讀進階能力——解釋因果
- ☑ 提升閱讀精熟能力——區辨內容
- ☑ 提升閱讀精熟能力——歸因意涵

四、推論看法

推論看法評量您能否在閱讀選文中，正確了解選文人物的看法。練習這個單元時，您務必了解選文中作者或其他人物的看法，並參考我們的解題說明及相關提醒。如果您想進一步了解此類試題的試題特質及編寫要點，您可以參考下列試題編寫密碼表的說明。

評量指標	試題內容	試題能力	試題難度	試題題數
推論看法	作者或人物看法	進階	中等	2

1. 閱讀下文，推斷作者對已逝去的愛情抱持何種態度？【統 103】

但歌德說：「我愛你，但這與你有什麼關係呢？」大痛之後，情緒的渣滓沉澱之後，猶豫不決的天花發作結痂之後，我終於決定放下虛偽無效的堅強，不再遮掩或逃避那需要塗以理性碘酒的傷口。就在那曾經跌倒的地方，我親自布置了一座小小的墓園，豎立一方淡忘的石碑，獻上一束寬宥的鳶尾花，安靜地轉身離去……（陳幸蕙〈日出草原在遠方〉）

(A) 否定當初，埋葬過往　　(B) 看破虛假，不信永恒
(C) 承認無知，乞求原諒　　(D) 放寬心胸，接受遺憾

2. 下列符合管仲對自己描述的選項是：【學 105】

管仲曰：「吾始困時，嘗與鮑叔賈，分財利，多自與，鮑叔不以我爲貪，知我貧也。吾嘗爲鮑叔謀事，而更窮困，鮑叔不以我爲愚，知時有利不利也。吾嘗三仕三見逐於君，鮑叔不以我爲不肖，知我不遭時也。吾嘗三戰三走，鮑叔不以我爲怯，知我有老母也。公子糾敗，召忽死之，吾幽囚受辱；鮑叔不以我爲無恥，知我不羞小節，而恥功名不顯於天下也。生我者父母，知我者鮑子也！」。（《史記・管晏列傳》）

(A) 治國才能不如鮑叔牙　　(B) 因鮑叔牙提拔而顯名
(C) 謀大事難免不拘小節　　(D) 未因功名而不顧小節

3. 依據下文，最符合作者理想的文藝評論是：【學 107】

評論家最好能具備這樣幾個美德：首先是言之有物，但不能是他人之物，尤其不可將西方的當令理論硬套在本土的現實上來。其次是條理井然，只要把道理說清楚就可以了，不必過分旁徵博引，穿鑿附會，甚至不厭其煩，有如解答習題一般，一路演算下來。再次是文采斐然，不是寫得花花綠綠，濫情多感，而是文筆在暢達之中時見警策，知性之中流露感性，遣詞用字，生動自然，若更佐以比喻，就更覺靈活可喜了。最後是情趣盎然，這當然也與文采有關。一篇上乘的評論文章，也是心境清明，情懷飽滿的產物，雖然

旨在說理，畢竟不是科學報告，因為它探討的本是人性而非物理，犯不著臉色緊繃，口吻冷峻。（余光中《從徐霞客到梵谷・自序》）

(A) 關注本土現實，不與西方理論進行比較

(B) 能針對作品闡述己見，不刻意逞詞炫學

(C) 用比喻解讀作品的內蘊，安頓讀者心靈

(D) 以感性情味為尚，避免因知性而顯枯燥

4. 閱讀下文，最符合作者觀點的選項是：【指 104】

文學家之意匠經營，其間如何創新，當然要在作者的想像與感情之是否觸到「前人所未道」處，見其分曉。但是，作者縱使有了那樣的新意，倘無適當的語言與之配合表出，結果仍不足構成文學批評對象的價值。因此，語言雖為文學批評對象之表層的客觀的事實，然而沒有這個事實，便也失去了那對象的存在。（王夢鷗《古典文學論探索》）

(A) 文學創作貴於語言創新　(B) 文學創作展現語言美

(C) 文學批評應力求客觀　(D) 文學批評離不開語言

5. 閱讀下列二文，選出符合作者觀點的選項：【學 105】

甲、藏書畫者，多取空名，偶傳為鍾、王、顧、陸之筆，見者爭售，此所謂「耳鑒」。又有觀畫而以手摸之，相傳以謂色不隱指者為佳畫，此又在耳鑒之下，謂之「揣骨聽聲」。（沈括《夢溪筆談》）【注：1. 鍾、王、顧、陸：指鍾繇、王羲之、顧愷之、陸探微等四人，皆魏晉南北朝書畫家。2. 色不隱指：意謂畫面視覺上看似立體，手指觸覺上卻是平滑。】

乙、書畫之妙，當以神會，難可以形器求也。世之觀畫者，多能指摘其間形象、位置、彩色瑕疵而已，至於奧理冥造者，罕見其人。如彥遠《畫評》言：「王維畫物，多不問四時，如畫花，往往以桃、杏、芙蓉、蓮花同畫一景。」（沈括《夢溪筆談》）

(A) 耳鑒經由名家認可，是評斷書畫作品優劣的重要參考
(B) 耳鑒雖然是甄別畫作的好方法，但不如以手摸畫確實
(C) 世人品鑒書畫，往往重視創作者的名聲及其表現技巧
(D) 高妙的畫境可由創作者自由創造，不必符合眞實情境
(E) 畫作好壞關鍵在於形象是否逼肖、空間布置是否妥適

6. 武俠小說論及武術武道，多受傳統文化影響。依據古龍《浣花洗劍錄》中紫衣侯對劍法的論述，可與其觀點相應的選項是：【指106】

我雖將天下所有劍法全部記住，我那師兄也能記得絲毫不漏，但他卻能在記住後又全都忘記，我卻萬萬不能，縱然想盡千方百計卻也難忘掉其中任何一種。

我那師兄將劍法全都忘記之後，方自大徹大悟，悟了「劍意」，他竟將心神全都融入了劍中，以意馭劍，隨心所欲。雖無一固定的招式，但信手揮來，卻無一不是妙到毫巔之妙著。也正因他劍法絕不拘囿於一定之形式，是以人根本不知該如何抵擋。我雖能使遍天下劍法，但我之所得，不過是劍法之形骸；他之所得，卻是劍法之靈魂。我的劍法雖號稱天下無雙，比起他來實是糞土不如！

(A) 言者所以在意，得意而忘言
(B) 大音希聲，大象無形，道隱無名
(C) 受國之垢，是謂社稷主；受國不祥，是爲天下王
(D) 爲學日益，爲道日損。損之又損，以至無爲，無爲而無不爲
(E) 泉涸，魚相與處於陸，相呴以濕，相濡以沫，不如相忘江湖

解題說明表

題號	答案	試題重點	解題說明
1	D	作者看法	作者接受愛情已經逝去的事實，例如「布置墓園、淡忘的石碑、寬宥的花束以及安靜轉身離去」
2	C	人物看法	管仲認爲自己有做大事不居小節的特質，例如「知我不羞小節，而恥功名不顯於天下也」
3	B	作者看法	作者認爲理想的文藝評論有四個條件 1. 言之有物：不硬套當下熱門的西方理論 2. 條理井然：說清道理即可，不必過分旁徵博引 3. 文采斐然：兼具知性與感性，不必炫技濫情 4. 情趣盎然：不用緊繃冷峻
4	D	作者看法	作者認爲文學創作需新意與恰適語言並重，所以文學批評也應重視語言形式（此題 (D) 似乎仍未掌握作者看法的核心）
5	CD	作者看法	甲文：作者認爲依創作者名聲的「耳鑒」及以手摸畫的「揣骨聽聲」皆非眞正的品鑑方法 乙文：作者認爲好作品貴在意境經營，而非具體描繪，但世人品鑑只重表象技巧，缺乏作品意境探討
6	ABD	人物看法	紫衣侯認爲練劍不可囿於表面劍法，要領會劍意才能入於化境，達於巓峰

五、比較異同

比較異同評量您能否在二則閱讀選文中，比較二者的特質或異同。此類試題考生如果感覺作答較為困難，常常是因為每一個選項的說明比較皆須仔細閱讀，再加上選項的敘述往往與文意略有差異，使考生在多選題中，產生不知該選不該選的迷惑。未來比較異同的試題，較容易以題組的方式呈現，將能解決此類的困擾。練習這個單元時，您務必先了解二則選文的核心概念、重點細節、作者看法、寫作手法、意象意涵，才方便做進一步的比較。如果您對選文特質仍有迷惑，可參考閱讀理解密碼表及解題說明表的提醒。如果您想進一步了解此類試題的試題特質及編寫要點，您可以參考下列試題編寫密碼表的說明。

試題編寫密碼表

評量指標	試題內容	試題能力	試題難度	試題題數
比較異同	判斷異同	進階	中等	0-1

1. 閱讀下文，選出敘述正確的選項：【統 105】

甲、那王小玉唱到極高的三四疊後，陡然一落，又極力騁其千迴百折的精神，如一條飛蛇在黃山三十六峰半中腰裡盤旋穿插，頃刻之間，周匝數遍，從此以後，愈唱愈低，愈低愈細。（劉鶚《老殘遊記》）

乙、黃昏的天空，龐大莫名的笑靨啊／在奔跑著紅髮雀斑頑童的屋頂上／被踢起來的月亮／是一隻剛吃光的鳳梨罐頭／鏗然作響（方莘〈月升〉）

(A)「甲」描寫歌藝高超，「乙」描寫孩童嬉鬧

(B)「甲」、「乙」皆藉視覺形象描寫聲音給人的感受

(C)「乙」用鳳梨罐頭聲響讓月出的視覺感受變得新奇

(D)「甲」以「頃刻之間，周匝數遍」形容聲音迅速收斂

閱讀理解密碼表

試題 1	甲文	乙詩
核心概念	描寫王小玉的聲音	描寫月亮升起的畫面
寫作手法	視覺表現聽覺 用「飛蛇在黃山三十六峰半中腰裡盤旋穿插」，讓聽覺感受變得新奇	聽覺表現視覺 用鳳梨罐頭聲響，讓月亮升起的視覺感受變得新奇

2. 閱讀下列二詩，選出敘述正確的選項：【指 105】

甲、僵臥孤村不自哀，尚思爲國戍輪臺。夜闌臥聽風吹雨，鐵馬冰河入夢來。（陸游〈十一月四日風雨大作〉其二）

乙、數間茅屋鏡湖濱，萬卷藏書不救貧。燕去燕來還過日，花開花落即經春。開編喜見平生友，照水驚非曩歲人。自笑滅胡心尚在，憑高慷慨欲忘身。（陸游〈暮春〉）

(A) 甲詩「不自哀」暗示老驥伏櫪，乙詩「自笑」暗示豪情未滅
(B) 甲詩「臥聽」形容置身事外，乙詩「忘身」形容不知老之將至
(C) 甲詩「尚思」表達仍願效力疆場，乙詩「驚非」表達遇見昔日戰友的哀嘆
(D) 甲詩「風吹雨」暗喻國家風雨飄搖，乙詩「燕去燕來」暗喻國運否極泰來

試題 2	甲詩	乙詩
核心概念	抒發愛國熱忱（想戍守輪臺）	抒發愛國熱忱（有滅胡雄心）
意象意涵	「風吹雨」暗喻國家風雨飄搖	「燕去燕來」感慨時光消逝
	「不自哀」暗示雖年老臥病仍有雄心壯志	「自笑」形容爲國滅敵豪情未減
	「臥聽」表現深夜仍心繫國事	「忘身」表達爲國事可忘卻個人生死
	「尚思」表達仍願意效力沙場	「驚非」驚覺自己已不年輕

3. 閱讀下列二詩，選出寫作特色分析正確的選項：【學 104】

甲、意氣相傾兩相顧，斗酒雙魚表情素。雙鰓呀呷鰭鬣張，蹳刺銀盤欲飛去。呼兒拂几霜刃揮，紅肌花落白雪霏。爲君下箸一餐飽，醉著金鞍上馬歸。（李白〈酬中都小吏攜斗酒雙魚見贈〉）

乙、姜侯設鱠當嚴冬，昨日今日皆天風。河凍未漁不易得，鑿冰恐侵河伯宮。饔人受魚鮫人手，洗魚磨刀魚眼紅。無聲細下飛碎雪，有骨已剁觜春蔥。（杜甫〈閿鄉姜七少府設鱠戲贈長歌〉）【注：1. 觜春蔥：去骨留肉而雜以春蔥。】

(A) 二詩述及鮮魚料理過程，皆呈現刀工的俐落細膩

(B) 二詩皆運用視覺意象「雪」，凸顯魚肉的纖細瑩白

(C) 甲詩以「雙鰓呀呷鰭鬣張」、「蹳刺銀盤」的動態描寫，呈現活魚生鮮

(D) 乙詩以「當嚴冬」、「漁不易得」，強調主人設餐宴用心

(E) 二詩分以「欲飛去」與「有骨已剁」，形容飄然欲仙、蝕骨銷魂的美食享受

閱讀理解密碼表

試題 3	甲詩	乙詩
核心概念	以詩回贈小官旅途厚贈魚酒	以詩回贈姜侯設鮮魚宴的款待
重點細節	盛情感人→魚鮮→刀工俐落→暢飲告別	鮮魚難得→設宴用心→刀工俐落
意象意涵	「呼兒拂几霜刃揮，紅肌花落白雪霏」表現刀工俐落	「無聲細下飛碎雪，有骨已剁觜春蔥」表現刀工俐落
	「白雪霏」描寫魚肉	「飛碎雪」描寫魚肉
	「雙鰓呀呷鰭鬣張」、「蹳刺銀盤欲飛去」動態描寫魚的鮮活	「當嚴冬」、「河凍未漁不易得」強調設宴用心

4. 閱讀下列二詩，選出敘述正確的選項：【學 105】

甲、蜀僧抱綠綺，西下峨眉峰。爲我一揮手，如聽萬壑松。

客心洗流水，餘響入霜鐘。不覺碧山暮，秋雲暗幾重。（李白〈聽蜀僧濬彈琴〉）【注：1. 綠綺：琴名。】

乙、客人乘醉而去

心情寂寂如廊下羅列的空酒罈

洗手時驟然想起當年

流放夜郎的不甘不快以及一點點不在乎

水盆裡從此風波不息

餘年的豪情已化作煉丹爐中的裊裊

響亮的詩句如風鈴懸遍了尋常百姓的廊簷

入世出世豈在酒與月亮之辨

霜飛髮揚，最後他在

鐘聲裡找到赤裸的自己（洛夫〈客心洗流水，餘響入霜鐘——贈李白〉）

(A) 洛夫詩的「客人」和「他」，即李白詩的「蜀僧濬」

(B) 洛夫詩以「廊下羅列的空酒罈」比喻李白懷才不遇的落寞

(C) 李白詩的「暮」、「秋」和洛夫詩的「霜飛」，都含有對時間的感懷

(D) 李白詩的「流水」和洛夫詩的「水盆風波不息」，都形容心情的洶湧紛亂

(E) 洛夫詩借李白原詩的兩句加以延展，呈現李白的生命際遇和波折後的體悟

閱讀理解密碼表

試題 4	甲詩	乙詩
核心概念	抒寫聽琴感懷	歌詠李白
意象意涵	「蜀僧」指蜀僧濬，「我」、「客心」指李白	「他」、「赤裸的自己」指李白，「客人」指蜀僧
	「流水」比喻琴聲如流水，能撫平心緒	「水盆風波不息」形容心情洶湧紛亂
	「暮」、「秋」透過暮色秋雲，暗示時間流逝	「霜飛」暗示鬢髮如霜，年華老去
	「客心洗流水，餘響入霜鐘」表現聽琴後心情開朗，不再紛亂。琴音如流水，澄澈心靈	1.「廊下羅列的空酒罈」比喻懷才不遇的落寞 2.「流放夜郎」、「水盆裡從此風波不息」呈現生命際遇的波折 3.「鐘聲裡找到赤裸的自己」呈現波折後的體悟

5. 關於下列甲、乙二詩的解讀，正確的是：【學 107】

甲、獨有宦遊人，偏驚物候新。雲霞出海曙，梅柳渡江春。
淑氣催黃鳥，晴光轉綠蘋。忽聞歌古調，歸思欲霑巾。（杜審言〈和晉陵陸丞早春遊望〉）

乙、城闕輔三秦，風煙望五津。與君離別意，同是宦遊人。
海內存知己，天涯若比鄰。無爲在歧路，兒女共霑巾。（王勃〈送杜少府之任蜀州〉）【注：1. 三秦：陝西關中一帶。2. 五津：岷江中五個渡口。】

(A) 甲詩藉由「淑氣催黃鳥，晴光轉綠蘋」，點出詩題的「早春」
(B) 乙詩藉由「城闕輔三秦，風煙望五津」，照應詩題的地理空間
(C) 二詩題材不盡相同，甲詩側重自然景物，乙詩則偏向人生際遇
(D) 二詩作者均因長期在外宦遊，故離愁別緒觸景而生，哀傷難抑
(E) 二詩皆以思鄉作結，且均藉「霑巾」抒寫遊子落葉歸根的期望

閱讀理解密碼表

<table>
<tr><th>試題 5</th><th>甲詩</th><th>乙詩</th></tr>
<tr><td>核心概念</td><td>藉和詩抒寫遊子思鄉之情</td><td>書寫送別灑脫之情</td></tr>
<tr><td>重點細節</td><td>宦遊離鄉→春來景物煥然一新→觸動鄉愁</td><td>離別地與前往地的地景→相互期勉</td></tr>
<tr><td rowspan="2">意象意涵</td><td>「梅柳渡江春、淑氣催黃鳥，晴光轉綠蘋」寫早春景象</td><td>「城闕輔三秦，風煙望五津」說明分離地點（三秦）與朋友前往地點（五津）的地景</td></tr>
<tr><td>「歸思欲霑巾」表現思鄉之情</td><td>「無爲在歧路，兒女共霑巾」表現灑脫之情</td></tr>
</table>

6. 閱讀下列二文，選出敘述正確的選項：【學 106】

甲、詩是心聲，不可違心而出，亦不能違心而出。功名之士，決不能爲泉石淡泊之音；輕浮之子，必不能爲敦龐大雅之響。故陶潛多素心之語，李白有遺世之句，杜甫興「廣廈萬間」之願，蘇軾師「四海弟昆」之言。凡如此類，皆應聲而出。（葉燮《原詩》）

乙、詩文之所以代變，有不得不變者。一代之文沿襲已久，不容人人皆道此語。今且千數百年矣，而猶取古人之陳言一一而摹仿之，以是爲詩，可乎？故不似則失其所以爲詩，似則失其所以爲我。李、杜之詩所以獨高於唐人者，以其未嘗不似，而未嘗似也。知此者，可與言詩也已矣。（顧亭林《日知錄》）

(A) 甲文主張詩歌是作者主體情感的自然流露，不可虛矯造作
(B) 乙文主張創作既要接續傳統，又要開創出自我獨特的面貌
(C) 甲文著重文學與時代的關聯，乙文留意作品與情志的聯結
(D) 二文論及李白與杜甫詩作，皆著眼於二人雄渾高遠的詩境
(E) 二文皆主張詩文本於心性，故當先涵養心性後再專研詩藝

試題 6	甲文	乙文
核心概念	文學主張：作品爲情志表現	文學主張：作品貴能反應時代精神
作者看法	詩歌是作者情感的自然流露，所以風格獨具，難以造作	詩文創作既要保有文類特質（傳統），又要開創新局（獨特面貌），不可只求模仿
看法舉例	陶、李、杜、蘇，強調各有獨特面目	李、杜，保留傳統，又有獨特面目

題號	答案	試題重點	解題說明
1	C	二文異同	根據試題 1 閱讀理解密碼表中寫作手法的說明，可判斷 (C) 較正確
2	A	二文異同	根據試題 2 閱讀理解密碼表中意象意涵的說明，可判斷 (A) 較正確
3	ABCD	二文異同	根據試題 3 閱讀理解密碼表中重點細節及意象意涵的說明，可判斷 (A)、(B)、(C)、(D) 較正確
4	BCE	二文異同	根據試題 4 閱讀理解密碼表中意象意涵的說明，可判斷 (B)、(C)、(E) 較正確
5	ABC	二文異同	根據試題 5 閱讀理解密碼表中核心概念及意象意涵的說明，可判斷 (A)、(B)、(C) 較正確
6	AB	二文異同	根據試題 6 閱讀理解密碼表的說明，可判斷 (A)、(B) 較正確

六、解釋因果

解釋因果評量您能否在閱讀選文中，了解某事件的因果關係或作者產生某種看法的理由。練習這個單元時，您只需找出說明因果的關鍵，即可從選項中找到正確答案。如果仍有迷惑，可參考我們的解題說明及相關提醒。如果您想進一步了解此類試題的試題特質及編寫要點，您可以參考下列試題編寫密碼表的說明。

試題編寫密碼表

評量指標	試題內容	試題能力	試題難度	試題題數
解釋因果	作者看法理由或事件因果	進階	容易	1

1. 依據下文，作者「對蚊子絕不排斥」，最可能的原因是：【學107】

過了一天非人的生活，到了夜晚想做一件人做的事：睡覺。但是，不忙著睡，寶貝蚊子來了。雙方的工作不外下列幾種：（一）蚊子奏細樂。（二）我揮手致敬。（三）樂止。（四）休息片刻。（五）是我不當心，皮膚碰了蚊子的嘴，奇痛。（六）蚊子奏樂。（七）我揮手送客。清晨醒來，察視一夜工作的痕跡，常常發現腿部作玉蜀黍狀。有時候面部略微改變一點形狀，例如：嘴唇加厚，鼻樑增高。據腦筋靈敏的人說，若備一床帳子，則蚊子自然不作入幕之賓。但我已和太太商量就緒，對蚊子絕不排斥。（改寫自梁實秋〈蚊子與蒼蠅〉）

(A) 蚊子能增添生活樂趣　(B) 擁有慈悲爲懷的精神
(C) 喜好觀察自然界細物　(D) 貧窮生活的自我解嘲

2. 依據下文，作者對於歷史書寫「覺得恐懼」，最可能的原因是：【學107】

血管賁張的想像，都在史料閱讀之際平息下來，過多的熱情也被迫必須冷卻。歷史的想像，在古典顏色的紙頁之間穿梭，以求得假想中的一個事實。但是，在千錘百鍊的考據下獲得的事實，果眞是屬於事實？頹然坐在浩瀚的史書之前，忽然覺悟所謂事實不都是解釋出來的？史料與史料的銜接，如果需要人工著手構築，如何證明事實值得信賴？歷史想像求得的事實，如何不是想像的延伸？內心自我提問的過程，一旦陷入之後，時間之旅便無窮無盡。對於歷史書寫，越來越覺得恐懼。（陳芳明〈書寫就是旅行〉）

(A) 史料龐雜因而無法盡讀
(B) 想像延伸因而血脈賁張
(C) 事實因解釋而無窮無盡
(D) 熱情因閱讀而頹然冷卻

3. 依以下蘇先生的看法，滁州瑯琊山可能是「瑯琊閣」的發想來源，其所持的理由是：【學 106】

滁州瑯琊山之得名，或謂司馬伷曾暫駐於此，或謂司馬睿曾避亂於此。司馬伷是司馬懿之子，封瑯琊王，率兵平吳時接受吳主孫皓的投降。司馬睿是司馬伷之孫，十五歲襲瑯琊王爵位，西元318年在江東重建晉朝。二人皆與六朝都城金陵關係密切。電視劇《瑯琊榜》中，則有個與此山同名的組織「瑯琊閣」，攪動了大梁帝都金陵的風雲。因此，若要說劇中「瑯琊閣」蘇先生的發想可能來自瑯琊山，是有跡可尋的。

(A) 曾有兩位瑯琊王對金陵政局產生影響
(B) 滁州瑯琊山上有晉代所興建之瑯琊閣
(C) 瑯琊山是西晉伐吳與東晉重建的據點
(D)「瑯琊閣」藉瑯琊王之名在金陵爲亂

4. 閱讀下文，推斷「貞觀」覺得「好笑」的原因，最有可能的選項是：【指 104】

水銀燈下，貞觀望著他專注修傘的臉，忽想起幾日前，他寄給她的那本《長生殿》；書的後兩頁，有他所寫《禮記．昏義》篇的幾個字——敬愼重正而后親之——好笑的是他還在旁邊加了註解：經過敬謹、隆重而又光明正大的婚禮之後，才去親愛她，是禮的眞義。（蕭麗紅《千江有水千江月》）

(A)「他」期待快點長大，好結婚生子
(B)「他」重禮儀，希望婚禮場面盛大
(C)「他」想含蓄表白，又怕對方不懂
(D)「他」對古文一知半解，詮釋謬誤

5.「許（允）因謂曰：『婦有四德，卿有其幾？』（阮）婦曰：『新婦所乏唯容爾。然士有百行，君有幾？』許云：『皆備。』婦曰：『夫百行以德爲首，君好色不好德，何謂皆備？』（許）允有慚色，遂相敬重。」（劉義慶《世說新語》）文中許允終有慚色，其理虧所在是：【統 102】

(A) 疾言厲色　　(B) 言行不一

(C) 前倨後恭　　(D) 貪多務得

6. 閱讀下文，推論民房夫婦「不日遷去」的原因爲何？【統 103】

海虞嚴相公（嚴訥，明朝大臣）營大宅於城中，度其已就，獨民房一楹錯入，未得方圓。其人鬻酒腐，而房其世傳也。司工者請厚價乞之，必不可，憤而訴公。公曰：「無庸，先營三面可也。」工既興，公命每日所需酒腐，皆取辦此家，且先資其值。其人夫婦拮据，日不暇給，又募人爲助。已而，鳩工愈眾，獲利愈豐，所積米豆，充牣屋中，缸仗俱增數倍，屋隘不足以容之，又感公之德，自愧其初之抗也，遂書券以獻。公以他房之相近者易焉，房稍寬，其人大悅，不日遷去。（馮夢龍《智囊》）

(A) 嚴相公終於願意出高價購買其舊屋

(B) 因生意變好而有足夠資金買下新屋

(C) 有機會得以附近大屋取代原有小屋

(D) 經嚴相公介紹而能以低價購得大屋

題號	答案	試題重點	解題說明
1	D	看法理由	因爲作者下月發薪才能買床帳子防蚊，所以對蚊子絕不排斥
2	C	看法理由	因爲歷史書寫的事實都是經過後人解釋、銜接的，可能只是寫史者想像的延伸，所以作者對歷史書寫感到恐懼
3	A	看法理由	因爲瑯琊王司馬伷「率兵平吳時接受吳主孫皓的投降」，瑯琊王司馬睿「在江東重建晉朝」，他們皆與「都城金陵關係密切」，所以蘇先生認爲滁州瑯琊山是「瑯琊閣」這一名稱的發想來源
4	C	看法理由	因爲「他」寫下《禮記》之句是含蓄的表白，但又加上註解就顯示是擔心對方看不懂，所以貞觀覺得「他」的行爲好笑
5	B	事件原因	因爲許允自認百行皆備，妻子卻責備他「好色不好德」，所以許允覺得羞愧
6	C	事件原因	因爲嚴相公以「他房之相近者易焉，房稍寬，其人大悅」，符合民房夫婦的需求，所以民房夫婦不久後就搬家

七、區辨內容

區辨內容評量您能否在閱讀選文中，正確分析內容的重點與細節。此類試題的提問方式分為兩類，一類是關於「」的敘述，何者正確，一類是下列敘述何者正確，但選項都是關於重點與細節的分辨。考生對此類試題，答題極容易。練習這個單元時，您只需找出選文的核心概念及核心概念相關的重點、細節，即可從選項找到正確答案。如果仍有迷惑，可參考我們的解題說明及相關提醒。如果您想進一步了解此類試題的試題特質及編寫要點，您可以參考下列試題編寫密碼表的說明。

試題編寫密碼表

評量指標	試題內容	試題能力	試題難度	試題題數
區辨內容	內容重點與細節的說明是否正確	精熟	容易	1-2

1. 閱讀下文，推斷蘇軾所述生活上的改變，不包括下列何者？【統99】

予自錢塘移守膠西，釋舟楫之安，而服車馬之勞；去雕牆之美，而庇采椽之居；背湖山之觀，而行桑麻之野。（蘇軾〈超然臺記〉）

【注：1. 錢塘、膠西，地名。】

(A) 交通　(B) 服飾　(C) 景觀　(D) 住屋

2. 依據下文，關於王闓運的敘述，正確的選項是【指106】

王闓運，字壬秋，又字壬父。生時，父夢神榜其門曰：「天開文運」，因以闓運爲名。顧天性愚魯，幼讀書，日誦不及百言，又不能盡解，同塾者皆嗤之。師曰：「學而嗤於人，是可羞也。嗤於人而不奮，無寧已。」闓運聞而泣，退益刻勵，昕所習者，不成誦不食；夕所誦者，不得解不寢。年十五，始明訓故。（錢基博《現代中國文學史》）

(A) 出身書香世家，嘗夢來日必登金榜

(B) 塾師見其困學，斥以自餒不如放棄

(C) 讀書不求甚解，疏於考究典籍訓故

(D) 重理解捨記誦，能自樂至廢寢忘食

3. 下列是仁欣醫院在進行手術治療前，提供給患者的麻醉風險等級表，依據表中的資訊，敘述錯誤的是：【學107】

麻醉風險等級表		
級別	病人狀態	死亡率
1	健康	0.06～0.08%
2	有輕微的全身性疾病，但無功能上的障礙	0.27～0.4%
3	有中度至重度的全身性疾病，且造成部分功能障礙	1.8～4.3%
4	有重度的全身性疾病，具有相當程度的功能障礙，且時常危及生命	7.8～23%
5	瀕危，無論是否接受手術治療，預期在24小時內死亡	9.4～51%

(A) 第 1、2 級死亡率約爲 0.06% 至 0.4%，可見麻醉雖有風險但危險程度低
(B) 第 3、4 級風險程度增高，乃因病人患有全身性疾病，且伴隨功能障礙
(C) 第 5 級死亡率可高達 1/2，但在不開刀的情形下，可能一天內結束生命
(D) 麻醉風險與患者的健康狀況密切相關，死亡率由高至低依序爲 1 至 5 級

4. 依據下文，關於「被動句」的敘述，適當的是：【指 107】

現代漢語的被動句，常以「被」加在動詞前，如「被騙」；或是用「被」把施動者（動作的發出者）引出加於動詞前，如「被人騙」。文言的被動句，可將「見」加在動詞前，如〈漁父〉:「是以見放」；也可用「於」引出施動者，如〈赤壁賦〉：「此非孟德之困於周郎者乎」；也可「見」和「於」兼用，如「蔡澤見逐於趙」，意謂蔡澤被趙國趕走。可見，「見」在動詞前只能表被動，若要引出施動者，動詞之後還需有「於」。此外，也可用「爲」引出施動者後，再加上動詞，如「爲天下笑」；或是將施動者省略，如「使身死而爲刑戮」；也可「爲」和「所」合成表被動，如〈晚遊六橋待月記〉：「余時爲桃花所戀，竟不忍去湖上」。這種「爲……所」式，也可將「爲」後的施動者省略，如〈鴻門宴〉：「若屬皆且爲所虜」。

(A) 用「被」表被動，施動者的位置無論在動詞前或後皆可
(B)「見」和「爲」表被動，都可直接將施動者加在動詞前
(C) 文言被動如施動者出現在動詞後，可以用「於」字引出
(D)「爲」後的施動者若省略，只能出現在「爲……所」式
(E)「爲」和「被」出現在被動句，施動者可出現也可省略

5. 依據下文，關於國君治術的敘述，適當的是：【指 107】

人主之道，靜退以爲寶。不自操事而知拙與巧，不自計慮而知福與咎。是以不言而善應，不約而善增。言已應則執其契，事已增則操其符。符契之所合，賞罰之所生也。故群臣陳其言，君以其言授其事，事以責其功。功當其事，事當其言，則賞；功不當其事，事不當其言，則誅。明君之道，臣不得陳言而不當。是故明君之行賞也，曖乎如時雨，百姓利其澤；其行罰也，畏乎如雷霆，神聖不能解也。故明君無偷賞，無赦罰。賞偷則功臣墮其業，赦罰則奸臣易爲非。是故誠有功則雖疏賤必賞，誠有過則雖近愛必誅。疏賤必賞，近愛必誅，則疏賤者不怠，而近愛者不驕也。（《韓非子．主道》）

(A) 不自操事、不自計慮，顯示法家的治術也重虛靜無爲
(B) 行時雨之賞、雷霆之罰，根於法家趨利避害的人性論
(C) 因臣子之言而授其事、責其功，循名責實以施行賞罰
(D) 嚴罰以防奸，偷賞以勵善，建構恩威並施的管理方法
(E) 賞疏賤、誅近愛，令疏賤者自戒不驕，近愛勤勉不怠

6. 閱讀下文，選出敘述正確的選項：【學 106】

名片的種類式樣之多，就如同印名片的人一樣。有足以令人發笑的，有足以令人駭怕的，也有足以令人哭不得笑不得的。若有人把各式的名片聚集起來，恐怕比香菸裡的畫片還更有趣。

官僚的名片，時行的是單印名姓，不加官銜。其實官做大了，人就自然出名，官銜的名片簡直用不著。惟獨有一般不大不小的人物，印起名片來，深恐自己的姓名太輕太賤，壓不住那薄薄的一張紙，於是把古往今來的官銜一齊的印在名片上，望上去黑糊糊的一片，就好像一個人的背上馱起一塊大石碑。

身通洋務，或將要身通洋務的先生，名片上的幾個英文字是少不得的，「湯姆」、「查利」都成，甚而再冠上一個聲音相近的外國姓。因爲名片也者，乃是一個人的全部人格的表現。（梁實秋〈名片〉）【注：1. 畫片：早期菸商爲宣傳產品並防止香菸折損，在菸盒中放置的小圖片。】

(A) 單印名姓而不加官銜的名片，表示名片主人並不看重外在的虛名
(B) 有些人無法自我肯定，只能用層層疊疊的官銜證明自己存在
(C) 作者將名片官銜喻爲大石碑，暗指爲官者應知任重道遠之意
(D) 作者對通洋務者在名片加上英文姓名，語帶嘲諷，不以爲然
(E) 名片比畫片有趣，在於可從中看出各種不同的人格表現方式

題號	答案	試題重點	解題說明
1	B	重點細節	東坡的生活改變 1. 交通：釋舟楫之安，而服車馬之勞 2. 住屋：去雕墻之美，而庇采椽之居 3. 景觀：背湖山之觀，而行桑麻之野
2	B	重點細節	王闓運的學習經歷 1. 名字由來：父親因爲夢見家門出現「天開文運」，所以將兒子取名爲闓運 2. 學習困難：王闓運背誦速度慢，理解力也差，被同學嘲笑 3. 奮發原因：因爲老師開示：讀書被人嘲笑很丟臉，但被嘲笑就放棄努力更丟臉，所以王闓運更努力用功 4. 奮發結果：闓運十五歲能自己理解書籍內容
3	D	重點細節	麻醉風險說明 1. 風險等級：風險等級愈高，死亡率愈高 2. 病人狀態輕重順序：健康→有輕微疾病→有功能障礙→有危及生命的功能障礙→有立即死亡的危險
4	CE	重點細節	根據「解題說明表」後的「被動句用法比較表」

題號	答案	試題重點	解題說明
5	ABC	重點細節	國君治國要道 1. 虛靜無爲：國君不自操事計慮，惟依賞罰 2. 循名責實：國君依臣言而授事，依事成效而論賞罰 3. 賞罰嚴明：功當其事，事當其言，則賞；功不當其事，事不當其言，則誅 4. 賞罰明而效果著：賞如時雨，罰如雷霆，符合趨利避害的人性
6	BDE	重點細節	名片能反映名片主的特質 1. 名片比畫片有趣：因爲名片能看出不同人物的人格表現 2. 名片主的特質 (1) 官位大：名片不必印頭銜，人人皆知其名 (2) 信心不足：名片冠上許多頭銜，以壯大聲勢。作者嘲諷此類人如馱石碑 (3) 崇洋媚外：名片加英文名字，或連姓也英文化。作者嘲諷此類人人品不佳

被動句用法比較表

項目	施動者位置相同			施動者位置不同
動詞	被	爲	爲所	見
結構	被（＋施動者）＋動詞	爲（＋施動者）＋動詞	爲（＋施動者）＋所＋動詞	見＋動詞（＋於＋施動者）
例子	被（他）騙	爲（天下）笑	爲（桃花）所戀	見逐（於趙）

八、歸因意涵

歸因意涵評量您能否在閱讀選文中，正確分析意象的意涵。此類選文多爲韻文或小說，短文較不適合做爲選材。練習這個單元時，您只需判斷選項有關意象意涵的說明，是否正確即可。如果仍有迷惑，可參考我們的解題說明及相關提醒。如果您想進一步了解此類試題的試題特質及編寫要點，您可以參考下列試題編寫密碼表的說明。

評量指標	試題內容	試題能力	試題難度	試題題數
歸因意涵	意象意涵的說明是否正確	精熟	中等	1

1. 下列元曲運用一連串比喻，所要嘲諷的對象是：【學 106】

奪泥燕口，削鐵鍼頭，刮金佛面細搜求。無中覓有。鵪鶉膆裡尋豌豆，鷺鷥腿上劈精肉，蚊子腹內刳脂油。虧老先生下手。（佚名〈醉太平〉）

(A) 汲汲名利，奔走鑽營者　　(B) 百般挑剔，吹毛求疵者

(C) 貪圖小利，極力刻剝者　　(D) 興風作浪，無中生有者

2.「童時，你的眼睛似蔚藍的天空，/ 長大後，你的眼睛如一座花園，/ 到了中年，你的眼睛似海洋多風浪，/ 晚年來時，你的眼睛成了憂愁的家，沉寂如深夜落幕後的劇場。」（羅門〈小提琴的四根弦〉）推斷詩意，下列敘述何者正確？【統 102】

(A) 每個人生階段流露憂愁孤寂的悲苦情調

(B) 對應小提琴四根弦彈奏人生的悲歡離合

(C) 感慨人生雖坎坷艱難但勇於面對挑戰

(D) 藉由眼睛透視生命各階段的情境變化

3. 閱讀下列詩作，選出符合詩意的選項：【學 103】

在乾燥的風中／一束一束稻草，瑟縮著／在被遺棄了的田野

午後，在不怎麼溫暖／也不是不溫暖的陽光中／吾鄉的老人，萎頓著／在破落的庭院

終於是一束稻草的／吾鄉的老人／誰還記得／也曾綠過葉、開過花、結過果

一束稻草的過程和終局／是吾鄉人人的年譜（吳晟〈稻草〉）

(A)「乾燥的風」和「稻草瑟縮著」凸顯農作物歉收

(B)「不怎麼溫暖／也不是不溫暖的陽光」比喻人們的關懷不夠充分

(C)「被遺棄了的田野」和「破落的庭院」皆暗示農村的沒落

(D)「曾綠過葉、開過花、結過果」比喻老農與農村昔日的榮景

(E)「吾鄉人人的年譜」表達對老農與農村宿命無奈的感歎

4. 閱讀下列小說，依文意選出解讀恰當的選項：【學 106】

鬧新房的人圍著打趣，七巧只看了一看便出來了。長安在門口趕上了她，悄悄笑道：「皮色倒還白淨，就是嘴唇太厚了些。」七巧把手撐著門，拔下一隻金挖耳來搔搔頭，冷笑道：「還說呢！你新嫂子這兩片嘴唇，切切倒有一大碟子。」旁邊一個太太便道：「說是嘴唇厚的人天性厚哇！」七巧哼了一聲，將金挖耳指住了那太太，倒剔起一隻眉毛，歪著嘴微微一笑道：「天性厚，並不是什麼好話。當著姑娘們，我也不便多說—但願咱們白哥兒這條命別送在她手裡！」七巧天生著一副高爽的喉嚨，現在因爲蒼老了些，不那麼尖了，可是扁扁的依舊四面刮得人疼痛，像剃刀片。這兩句話，說響不響，說輕也不輕。人叢裡的新娘子的平板的臉與胸震了一震—多半是龍鳳燭的火光的跳動。（張愛玲〈金鎖記〉）

(A) 七巧進了洞房，「只看了一看便出來」，顯示七巧對白哥兒的新娘不甚喜歡
(B) 一旁的太太搭腔：「嘴唇厚的人天性厚」，是接續七巧的話對新娘落井下石
(C) 七巧說：「天性厚，並不是什麼好話」，是要一旁的太太勿用反話譏諷新娘
(D)「像剃刀片」既形容七巧的嗓音扁利刺耳，也形容七巧的言語風格尖酸刻薄
(E)「火光的跳動」表面上描繪燭火光影，實暗指新娘因話中的刀光劍影而心驚

5. 依據下列詩作，敘述正確的選項是：【指 106】

白靈〈及時雨〉

滿江的濃墨自兩萬英尺的高空／瀉下，瀉——下／下到山頭丘陵盆地以及我家窗前卻是／烏雲洶湧／一似踢起煙塵萬丈／奔騰在宣紙下端的／萬匹黑馬／遲遲不肯下凡

新店溪的血壓正低／水龍頭們在我洗澡的當頭忽然／氣喘，太太守候門外的消防車旁叫著／水呀水呀／而昨天還在山上的／青潭直潭翡翠谷／今天都坐在報紙上飛進屋來

一道金鞭猛地抽了我眼睛一下／窗外千里之遠的山上馬蹄雷動／瞬間便殺到我浴室的窗前／爲首的一匹，定睛看去／哎呀！好個宋江

【注：1. 宋江外號「及時雨」。】

(A)「奔騰在宣紙下端的／萬匹黑馬／遲遲不肯下凡」，敘寫烏雲密布但始終未降雨

(B)「水龍頭們在我洗澡的當頭忽然／氣喘」，描繪因水龍頭故障使水管壁發出異聲

(C)「青潭直潭翡翠谷／今天都坐在報紙上飛進屋來」，指報紙報導天降甘霖的消息

(D)「一道金鞭猛地抽了我眼睛一下」，描摹雨過天青時，虹橋乍現天際，光彩炫目

(E)「哎呀！好個宋江」，運用《水滸傳》的典故，抒發終降大雨的快意，具體點題

6. 下列關於白靈詩句的解說，正確的選項是：【學 101】
(A)「鐘／因謙虛而被敲響」，「謙虛」是形容鐘的中空
(B)「落日——掉在大海的波浪上／彈了兩下」，表現夕陽沉落時的空間動感
(C)「黃昏時，天空焚爲一座／燦爛的廢墟／落日自高處倒塌」，描寫日全蝕的荒涼景象
(D)「白蛇似的小溪逐雨聲／一路嬌喘爬來／碰到撐黑傘的松／躲進傘影不見了」，描寫白蛇躲進樹叢的生動情景
(E)「沙灘上浪花來回印刷了半世紀／那條船再不曾踩上來／斷槳一般成了大海的野餐／老婦人坐在門前，眼裏有一張帆／日日糾纏著遠方」，描寫老婦人等待遠方未歸人的執著

解題說明表

題號	答案	試題重點	解題說明
1	C	整體意象意涵	以具體形象描寫人物特質，並使用誇張手法，諷刺貪小利者的行爲「奪泥燕口，削鐵鍼頭」、「鵪鶉膆裡尋豌豆，鷺鷥腿上劈精肉，蚊子腹內刳脂油」，都是說明貪小利者的刻薄
2	D	個別意象意涵	以眼睛像什麼，象徵人生各階的段變化 1. 童年眼睛似蔚藍天空，比喻純眞、光明 2. 長大眼睛如花園，比喻人生經歷增加 3. 中年眼睛似海浪多風浪，比喻遭受各種巨大變化 4. 晚年眼睛如落幕劇場，比喻心境憂愁孤寂

題號	答案	試題重點	解題說明
3	BCDE	個別意象意涵	感嘆農民的晚年，如收成後被棄置不顧的稻草 1.「稻草瑟縮著」：比喻年老的農民 2.「乾燥的風」、「被遺棄了的田野」、「破落的庭院」：暗示農村的沒落 3.「不怎麼溫暖／也不是不溫暖的陽光」：比喻社會對沒落農村的關懷不足 4.「曾綠過葉、開過花、結過果」：比喻農村過去曾有興盛發展 5.「一束稻草的過程和終局／是吾鄉人人的年譜」：表達對農村沒落的無奈
4	ADE	個別意象意涵	七巧以語言刻薄表達對新娘子不滿意 1.「只看了一看便出來」：七巧不喜歡新娘子，所以對新娘子毫無興趣 2.「七巧把手撐著門，拔下一隻金挖耳來搔搔頭」：描寫七巧旁若無人的放肆 3.「嘴唇厚的人天性厚」：一旁太太想替新娘子說好話，緩和氣氛 4.「七巧哼了一聲，將金挖耳指住了那太太，倒剔起一隻眉毛，歪著嘴微微一笑」：描寫七巧肆無忌憚的跋扈 5.「天性厚，並不是什麼好話」：七巧不同意「天性厚」的評價，所以後面用更惡毒的話譏諷新娘子。 6.「像剃刀片」：形容七巧的嗓音扁利刺耳，也是形容她對新娘子尖酸刻薄的譏諷 7.「火光的跳動」：表面上描寫燭火光影，實際上暗指新娘因婆婆的譏諷而心驚膽戰

題號	答案	試題重點	解題說明
5	AE	個別意象意涵	描寫新店苦於乾旱的一場及時雨：烏雲密佈，但不下雨→不下雨造成生活不便→終於下雨 1.「奔騰在宣紙下端的／萬匹黑馬／遲遲不肯下凡」：以「黑馬未下凡」描寫烏雲密布卻不下雨的景象 2.「水龍頭們在我洗澡的當頭忽然／氣喘」：以「氣喘」描寫水龍頭水勢忽大忽小，然後停水的現象 3.「青潭直潭翡翠谷／今天都坐在報紙上飛進屋來」：報紙報導翡翠水庫的缺水情況 4.「一道金鞭猛地抽了我眼睛一下」：以「金鞭猛抽」描寫傾盆大雨前的閃電 5.「哎呀！好個宋江」：「宋江」為《水滸傳》中的主要人物，綽號「及時雨」
6	ABE	個別意象意涵	1.「鐘／因謙虛而被敲響」：以「謙虛」形容鐘的中空 2.「落日 —— 掉在大海的波浪上／彈了兩下」：以「彈了兩下」表現夕陽沉落時的空間動感 3.「黃昏時，…… 」，以「高處倒塌」描寫落日的美麗與快速 4.「白蛇似的小溪…… 」，以「白蛇嬌喘」描寫小溪流動，以「撐黑傘」描寫松林。整句描寫小溪流入松林的情景 5.「沙灘上浪花…… 」，以「半世紀」、「眼裏有一張帆／日日糾纏著遠方」，描寫老婦人等待遠行人的執著

現在我學會了

- □ 分析國文考科的試題重點及評量指標
- □ 分析、比較國文考科的試題架構
- □ 分析、比較國文考科的試題難易度
- □ 提升閱讀的詮釋、舉例、摘要能力
- □ 提升閱讀的推論、比較、解釋、區辨、歸因能力
- □ 提升閱讀的綜合能力——各類短文
- □ 提升閱讀的綜合能力——韻文、小說
- □ 提升閱讀的深層素養
- □ 提升語文應用能力
- □ 提升文化知識的再認能力與深層素養
- □ 成為國文考科的得分高手

輕鬆一下，再前進喔！

陸 題組型閱讀——短文

做完單題型閱讀試題後，您已經逐漸掌握到閱讀技巧，也增進了閱讀的各項能力。現在您將進入培養閱讀能力的第二階段，練習完成題組型閱讀的試題。題組型閱讀著重評量學生能否對閱讀選文表現出綜合統整的能力，試題形式為閱讀選文一篇，試題二至三題。試題的難易度平均值約為 0.68，為低難度試題，答題較為容易，所以您千萬別被選文文字量較多所驚嚇，而放棄答題的努力。

題組型閱讀的選文可分短文、韻文、小說三類，短文最多，韻文與小說相對較少。短文因試題較多，所以我們將試題分解釋型、推論型、區辨型三類，韻文則以歸因型為主，小說以綜合型為主。本章先練習短文類的三種類型。

題組型閱讀的試題，統測與指考約佔閱讀試題的八成，學測約佔六成，學測未來應該也會再增加題組型試題的比例，所以它將是您的得分關鍵。平常進行生活或教材閱讀時，只要您能不斷以閱讀理解密碼的步驟，依序完成摘要核心概念→整理內容重點→梳理難句句意→分析句子意象意涵的練習，您就可以把自己訓練成閱讀高手。進入考場後，您利用閱讀高手的基礎，再加上一點應試技巧——先瀏覽題幹的試題重點，再從閱讀選文快速找出答案。這樣您就能輕鬆的成為得分高手。

為了讓您對閱讀理解密碼的神奇功能有信心，我們特別利用解題說明的提示，讓您發現果真所有的試題提問與答案，都會落在閱讀理解密碼的範圍內。現在請您以充滿信心的篤定，從容進入本章的練習！

讀完本章您將學會

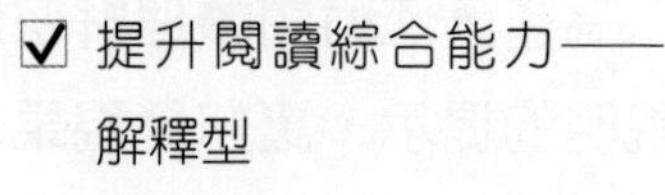

☑ 提升閱讀綜合能力——解釋型

☑ 提升閱讀綜合能力——推論型

☑ 提升閱讀綜合能力——區辨型

一、解釋型

解釋型題組評量您能否在閱讀選文中，先建構解釋因果或推論看法的能力，再與其他閱讀能力結合。練習這個單元時，務必了解選文的核心概念及內容重點的因果、看法。如仍有迷惑，可參考閱讀理解密碼表及解題說明表的提醒。如果您想進一步了解此類試題的試題特質及編寫要點，您可以參考下列試題編寫密碼表的說明。

試題編寫密碼表

評量指標	試題內容	試題能力	試題難度	試題題數
解釋因果／推論看法＋其他指標	因果或看法的說明是否正確 其他閱讀的相關提問是否正確	綜合	容易	1-2 組／3-5 題

題組一

春陵俗不種菊，前時自遠致之，植於前庭牆下。及再來也，菊已無矣。徘徊舊圃，嗟嘆久之。誰不知菊也，芳華可賞，在藥品是良藥，爲蔬菜是佳蔬。縱須地趨走，猶宜徙植修養，而忍蹂踐至盡，不愛惜乎！於戲！賢士君子自植其身，不可不愼擇所處。一旦遭人不愛重如此菊也，悲傷奈何！於是更爲之圃，重畦植之。其地近宴息之堂，吏人不此奔走；近登望之亭，旌旄不此行列。縱參歌妓，菊非可惡之草；使有酒徒，菊爲助興之物。爲之作記，以託後人；並錄藥經，列於記後。（元結〈菊圃記〉）【注：1. 於戲：同「嗚呼」。】

1. 菊花在「前庭牆下」消失的原因，敘述最適當的是：【學 107】
   (A) 菊花不如良藥、佳蔬用途廣大，因此遭衆人鄙薄厭棄
   (B) 菊花係遠方品種，移植春陵而不服水土，致枯萎凋零
   (C) 菊花栽植於人來人往之處，被踩踏蹂躪，因而凋枯萎謝
   (D) 菊花形貌樸素，雖非可惡之草，但不受人喜愛而遭棄養
2. 作者藉種植菊花而感悟處世之理，下列敘述最適當的是：【學 107】
   (A) 立身處世應具良禽擇木而棲的智慧
   (B) 順境僅成就平凡而逆境可造就不凡
   (C) 具備多元能力，可在競爭時代勝出
   (D) 正直友可礪品格，酒肉交將招災禍

題組一閱讀理解密碼表

核心概念	感慨賢士君子要愼擇良處，以免遭人輕侮
事件原因	種菊前庭牆下，因爲人來往踐踏而死亡

題組一解題說明表

題號	答案	試題重點	解題說明
1	C	解釋原因	根據事件原因的說明，可判斷 (C) 較正確
2	A	摘要主旨	根據核心概念的說明，可判斷 (A) 較正確

題組二

子思見老萊子，老萊子聞穆公將相子思，老萊子曰：「若子事君，將何以爲乎？」子思曰：「順吾性情，以道輔之，無死亡焉。」老萊子曰：「不可順子之性也，子性剛而傲不肖，又且無所死亡，非人臣也。」子思曰：「不肖，故人之所傲也。夫事君，道行言聽，則何所死亡？道不行，言不聽，則亦不能事君，所謂無死亡也。」老萊子曰：「子不見夫齒乎？雖堅剛，卒盡相摩；舌柔順，終以不弊。」子思曰：「吾不能爲舌，故不能事君。」（《孔叢子・抗志》）

1. 關於子思「不能事君」的原因，下列敘述錯誤的選項是：【學106】

   (A) 不能順己性情　　(B) 不願愚忠枉死

   (C) 無法爲民喉舌　　(D) 難以道行言聽

2. 依據上文，最符合老萊子之意的選項是：【學106】

   (A) 君使臣以禮，臣事君以忠

   (B) 堅強者死之徒，柔弱者生之徒

   (C) 名不正則言不順，言不順則事不成

   (D) 行一不義，殺一不辜，而得天下，皆不爲也

題組二閱讀理解密碼表

核心概念	子思與老萊子表達對子思相秦穆公的看法
人物看法	1. 老萊子看法：為臣應保持身段柔軟，避免君臣衝突 2. 子思對事穆公的看法：他堅持要剛正不阿，而穆公也很有主見，所以自己無法為穆公之相
看法理由	子思不能事君的理由：國君不一定能聽言行道，自己無法順己性情，自己不願愚忠枉死
難句句意	1.「順吾情性」：剛正不阿，直道而行 2.「無死亡焉」：不愚忠強諫 3.「傲不肖」：自豪不做阿諛奉承之事 4.「不肖，故人之所傲也」：不做阿諛奉承之事，所以被人認為過於剛硬

題組二解題說明表

題號	答案	試題重點	解題說明
1	C	解釋原因	根據子思不能事君理由的說明，可判斷 (C) 較正確
2	B	推論看法	根據老萊子看法的說明，可判斷 (B) 較正確

題組三

滄州南一寺臨河幹，山門圮於河，二石獸沉焉。閱十餘歲，僧募金重修，求二石獸於水中，竟不可得，以爲順流下矣。棹數小舟，曳鐵鈀，尋十餘里無跡。一講學家設帳寺中，聞之，笑曰：「爾輩不能究物理。是非木柿，豈能爲暴漲攜之去？乃石性堅重，沙性鬆浮，湮於沙上，漸沉漸深耳，沿河求之，不亦顛乎？」眾服爲確論。一老河兵聞之，又笑曰：「凡河中失石，當求之於上流。蓋石性堅重，沙性鬆浮，水不能沖石，其反激之力，必於石下迎水處嚙沙爲坎穴。漸激漸深，至石之半，石必倒擲坎穴中。如是再嚙，石又再轉。轉轉不已，遂反溯流逆上矣。求之下流，固顛；求之地中，不更顛乎？」如其言，果得數里外。（紀昀〈河中石獸〉）

1. 下列四圖，何者最接近「老河兵」對「河中石獸」移動原因的分析？【指 99】

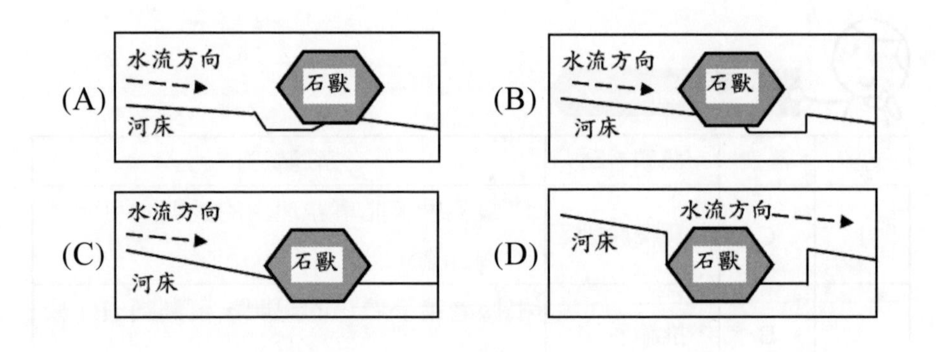

2. 上述故事的主要寓意爲何？【指 99】

(A) 坐而言不如起而行

(B) 學問之道無他，求其放心而已矣

(C) 研究學問不可草率從事，須有充分的準備

(D) 研判事理宜盱衡諸種因素，勿以一二常情臆斷

題組三閱讀理解密碼表

核心概念	藉打撈石獸，警惕世人研判事理要考慮周密，不宜輕率判斷
重點細節	打撈石獸過程 1. 先在崩塌附近水域尋找，失敗 2. 到水域下游尋找，失敗 3. 儒生主張應在崩塌處深掘尋找 4. 老河兵主張從崩塌附近水域逆流向上尋找，成功
看法理由	老兵主張理由：因爲石塊使泥沙凹陷，石塊會往前翻滾，時間久自然不斷逆流往前滾

題組三解題說明表

題號	答案	試題重點	解題說明
1	A	解釋因果	根據老兵主張理由的說明，可判斷 (A) 較正確
2	D	摘要主旨	根據核心概念的說明，可判斷 (D) 較正確

題組四

我已記不起，從哪天開始才明白，書其實永遠買不完，也讀不完。也忘了又是從哪一朝一夕起，不單單渾不思改弦更轍，反而從之前的「漸悟」翻然「頓悟」：事已如此，何妨繼續任著性子，把書買回家，當它是最特別的「室友」，朝夕相對，而不試圖徹底「消化」那一落落、一排排，往往只讀了梗概，或幾頁幾行不等，即使再花幾輩子也不可能讀完的藏書？

同屬收藏，然以骨董古玩等可把玩的「實物」看待「書之實體」，怕還僅見其表層。書迷們若只從版本到作者題簽，從紙墨到設計裝幀下手，美則美矣，畢竟只停留在愛書人藉以演奏「書之實體」的第一樂章，形同門外漢窺夫子門牆，「尚不得其門而入」，第二樂章始可言「入室登堂」，得見「宗廟之美，百官之富」。歷史是第二樂章的莊嚴動機，掌故則是它輕快、不乏詼諧及奇想的副動機，這也是書友最愛徜徉的「舒適圈」，舉凡時代思潮、文人風尚、大小文史掌故，林林總總，盡入囊中。但第二樂章寓重於輕，除了引領讀者發發思古幽情，自有其冷肅厚重的一面，不管是「悲憤著書」或「怨毒著書」，不管是司馬遷或魯迅，所謂藏之名山，「俟後世聖人君子」，追究起來，豈不正是爲了蕭條異代不同時，那少數心有戚戚焉的讀書人。此時接踵而至的第三樂章，格局豪邁，氣象萬千，合該是千古文化傷心人的一番滄桑與感慨矣。（改寫自楊澤〈古書比包包耐人玩味〉）

1. 依據上文，何者是作者「頓悟」之事？【統 107】
   (A) 舊書不厭百回讀
   (B) 盡信書，不如無書
   (C) 雖讀盈寸，無礙擁書數仞
   (D) 讀書切戒在慌忙，涵泳工夫興味長

2. 依據上文，何者符合作者對收藏書籍的看法？【統 107】
(A) 屬於生活舒適優渥者的享樂
(B) 如把玩骨董古玩般偏重實體
(C) 能熟悉版本裝幀已算是入門
(D) 了解背景掌故堪稱登堂入室

3. 依據上文，何者是由第二樂章轉至第三樂章的關鍵？【統 107】
(A) 接觸古籍，典藏珍本　(B) 深讀其書，想其爲人
(C) 遍覽藏書，不分古今　(D) 讀書積學，嘗試著述

題組四閱讀理解密碼表

核心概念	作者說明藏書的看法
作者看法	1. 買書不讀亦無妨 2. 藏書有三階段 (1) 重視書籍外表（窺門牆），(2) 從讀書得到了解背景掌故的趣味（登堂入室），(3) 體會作者的滄桑與感慨
難句句意	「但第二樂章寓重於輕，除了引領讀者發發思古幽情，自有其冷肅厚重的一面，不管是『悲憤著書』或『怨毒著書』，不管是司馬遷或魯迅，所謂藏之名山，『俟後世聖人君子』，追究起來，豈不正是爲了蕭條異代不同時，那少數心有戚戚焉的讀書人」一段，依全文文意，似乎應移爲第三樂章的內容

題組四解題說明表

題號	答案	試題重點	解題說明
1	C	推論看法	根據作者看法 1 的說明，可判斷 (C) 較正確
2	D	推論看法	根據作者看法 2-2 的說明，可判斷 (D) 較正確
3	B	推論看法	根據作者看法 2-3 的說明，可判斷 (B) 較正確

題組五

西元十七世紀初，鬱金香在荷蘭庭園已成爲頂級寵兒。當時雖然部分鬱金香感染了 mosaic 病毒，但因病毒不會致命，反而會讓花瓣出現對比強烈的條紋或火燄般的紋路，因此，荷蘭人對鬱金香的熱愛不僅絲毫未減，更想擁有染病的花朵。染病的鬱金香球莖價格於是扶搖直上，引發了「鬱金香狂熱」。

花商們先是預測來年流行的色款，然後大量囤貨，坐待價格上揚。鬱金香球莖的價格飆得越高，視之爲明智投資的人就越多，他們甚至不惜拿珠寶、土地來換球莖。貴族與販夫走卒都相信：世界各地的買家將湧入荷蘭，競出天價搶購鬱金香。有些原本對此抱持懷疑的人，看見親戚朋友個個一夕致富，無不懊惱後悔。這股熱潮從 1634 年持續到 1637 年，甚至出現了助長投機的金融工具——以鬱金香球莖市價的 20 % 購買「買進選擇權」。例如一顆市價 100 元的鬱金香球莖，買方可用 20 元買一個「權利」；若球莖漲到 200 元時，買方決定執行當初以 100 元買進的權利，同時又以 200 元賣出，便等於用 20 元賺到 80 元（上漲前後的價差 100 元－權利費用 20 元＝ 80 元），資金瞬間翻爲四倍，這比直接購買球莖只能賺一倍好太多了。

據說有一名水手，誤把名貴的鬱金香球莖當成「洋蔥」給吃了——它的身價足以養全船的人吃一年！球莖的主人控告這名水手，讓他被關了好幾個月！

難以想像的飛漲，總會有人居高思危，著手獲利了結；之後，其他投資者信心鬆動，也跟著賣出。1637 年 1 月，鬱金香球莖還暴漲二十倍，但到了 2 月，球莖的價格卻一瀉千里，甚至不如一顆洋蔥！（改寫自墨基爾著，楊美齡、林麗冠譯，《漫步華爾街》，〈鬱金香狂熱〉）

1. 金融市場常言：「行情總在絕望中誕生，在半信半疑中成長，在憧憬中茁壯，在充滿希望中破滅」。上文敘述的鬱金香價格漲跌經過，沒有上述行情演變的哪一個階段？【統 98】
(A) 在絕望中誕生　(B) 在半信半疑中成長
(C) 在憧憬中茁壯　(D) 在充滿希望中破滅
2. 下列關於「鬱金香狂熱」的敘述，何者正確？【統 98】
(A) 由於民間大量栽種，供過於求的結果導致鬱金香價格暴
(B) 鬱金香因感染病毒而產量銳減，物以稀爲貴的結果致使價格不斷飆
(C) 購買「買進選擇權」因資金門檻低，可吸引更多群衆投入市場以小搏大
(D) 荷蘭花商因能培育各種色款的鬱金香，故能吸引世界各地買家到荷蘭搶購
3.「鬱金香狂熱」堪稱是歷史上著名的「金融泡沫」事件之一。請依據上文推測，下列何者是「金融泡沫」未戳破之前會有的現象？【統 98】
(A) 商品價格不斷下跌　(B) 投機炒作氣息濃厚
(C) 民衆投資心態保守　(D) 恐慌抛售投資標的

題組五閱讀理解密碼表

核心概念	鬱金香狂熱始末
重點細節	價格漲跌過程：預測色款囤積→價格上揚→獲利出場→價格崩盤
事件原因	1. 搶購原因：鬱金香球莖感染病毒，成為奇貨可居的花種 2. 選擇權盛行原因：因為投資小而利益大，在行情上漲時會吸引更多投機客進場

題組五解題說明表

題號	答案	試題重點	解題說明
1	A	推論看法	根據鬱金香漲跌過程的說明，可判斷 (A) 較正確
2	C	區辨內容	根據搶購原因及選擇權盛行原因的說明，可判斷 (C) 較正確
3	B	推論看法	根據鬱金香漲跌過程的說明，可判斷 (B) 較正確

二、推論型

推論型題組評量您能否在閱讀選文中，先推論文本空欄處的恰當詞、句，再與其他閱讀能力結合。此類型試題過去只需判斷適切詞、句即可，但 107 試題有了新的變化，改爲推論文中論述的支持例證，請您多留意這個趨勢（參見題組五）。練習這個單元時，您務必了解選文的重點細節、作者看法、難句句意及選擇適切詞、句的理由說明。如仍有迷惑，可參考閱讀理解密碼表及解題說明表的提醒。如果您想進一步了解此類試題的試題特質及編寫要點，您可以參考下列試題編寫密碼表的說明。

試題編寫密碼表

評量指標	試題內容	試題能力	試題難度	試題題數
推論適切詞句＋其他指標	詞、句的使用，何者較恰適 其他閱讀的相關提問是否正確	綜合	困難	1 組／2-3 題

題組一

能言者未必能行，能行者未必能言。觀李、杜二公，崎嶇板蕩之際，語語王霸，褒貶得失。忠孝之心，驚動千古。騷雅之妙，雙振當時。兼眾善於無今，集大成於往作。歷世之下，想見風塵。惜乎長轡未騁，奇才並屈，竹帛少色，徒列空言，嗚呼哀哉！昔謂杜之□□，李之□□，神聖之際，二公造焉。觀於海者難爲水，遊李、杜之門者難爲詩。斯言信哉。（辛文房《唐才子傳》）

1. 文中□□，依次填入的字詞，最恰當的選項是：【指 102】
   (A) 典重／飄逸　(B) 婉約／豪放
   (C) 輕豔／奇詭　(D) 儒緩／清新

2. 下列關於文意的解釋，正確的選項是：【指 102】
   (A) 作者認爲李、杜既是「能言」者，又擁有「能行」的機遇
   (B)「騷雅之妙」意指李、杜的作品，全屬〈離騷〉典雅風格
   (C)「竹帛少色」意指李、杜名垂青史，其他詩人則相形失色
   (D)「觀於海者難爲水」意指李、杜詩作傑出，他人難以超越

核心概念	作者對李、杜詩的評價
作者看法	1. 因爲詩文盛名與建功立業常不能兩全，所以李、杜享詩文盛名卻不能建功立業 2. 李、杜詩的成就後人難以超越
難句句意	1.「騷雅之妙」：「騷」指《離騷》，「雅」指《詩經》。指李、杜詩深得傳統韻文之妙 2.「竹帛少色」：指李杜不能任官，使唐代歷史失色 3.「觀於海者難爲水」：比喻閱讀李、杜作品後，就覺得他人作品不足爲奇 4. 杜甫曾評論李白詩是「白也詩無敵，飄然思不群。清新庾開府，俊逸鮑參軍」，可呼應「李之飄逸」的評價

題號	答案	試題重點	解題說明
1	A	推論看法—適切詞句	根據文化知識，杜詩爲寫實風格，李詩爲浪漫風格，可判斷 (A) 較恰當
2	D	詮釋涵義	根據作者看法 1 及難句句意的說明，可判斷 (D) 較正確

題組二

認識糖尿病的人，一定都知道胰島素的重要。這個激素幫助細胞儲存醣類和脂肪以提供能量。當身體不能產生足夠的胰島素（第一型糖尿病）或者對它有異常反應（第二型糖尿病），就會發展成許多循環系統和心臟方面的疾病。但最近的研究顯示，胰島素對大腦也很重要—— 胰島素異常和神經退化性疾病有關，如阿茲海默症（Alzheimer's Disease）。

長久以來，科學家相信只有胰臟會製造胰島素，而中樞神經系統完全沒有參與。到了 1980 年代中期，幾個研究團隊在大腦發現了胰島素。顯然這個激素不僅可以通過血腦障壁，大腦本身也能少量分泌。

接下來，科學家又發現胰島素對於學習和記憶很重要。例如：受試者在注射或吸入胰島素之後，對於回憶故事情節和其他記憶能力馬上增強了；而擅長空間記憶測試的大鼠比起慣於靜止的大鼠，腦部也含有較多的胰島素。

這些觀察結果讓美國布朗大學的神經病理學家蒙特（Suzanne de la Monte）和同事聯想到：大腦的胰島素是否和阿茲海默症有關？因爲阿茲海默症會造成嚴重的記憶喪失。他們比較了健康者和阿茲海默症患者腦中胰島素的含量，發現和學習以及記憶有關的神經區域中，健康者的胰島素平均含量高了四倍。

根據這個結果，蒙特認爲：「阿茲海默症患者也可能有一般糖尿病的問題」，她甚至把阿茲海默症當成是「第三型糖尿病」。因爲有血腦障壁的連通，大腦胰島素的含量，其實也反映了身體其他部位的含量，故 2002 年一份關於糖尿病患者的研究報告更進一步指出：＿＿＿＿＿，這些患者的記憶與學習問題也比較多。（改寫自 Melinda Wenner 著，林雅玲譯，〈大腦也會得糖尿病〉）

1. 依據上文，自 1980 年代中期至神經病理學家蒙特這段期間，關於胰島素的科學研究進程是：【學 98】

甲、發現大腦會分泌胰島素

乙、發現糖尿病導因於胰島素分泌異常

丙、發現阿茲海默症患者的大腦胰島素含量低

丁、發現記憶力好壞與大腦胰島素分泌多寡有關

(A) 甲→乙→丁　　(B) 甲→丁→丙

(C) 乙→甲→丁　　(D) 乙→甲→丙

2. 在 1980 年代中期以降的科學研究基礎上，文末所述 2002 年關於糖尿病患者的研究報告，基於「大腦胰島素的含量，其實也反映了身體其他部位的含量」，獲得的結論（即文末＿＿＿＿＿內）最可能是：【學 98】

(A) 糖尿病患者的症狀，可以透過胰島素注射獲得改善

(B) 糖尿病患者的症狀，無法透過胰島素注射獲得改善

(C) 糖尿病患者罹患阿茲海默症的機率，比一般人來得低

(D) 糖尿病患者罹患阿茲海默症的機率，比一般人來得高

題組二閱讀理解密碼表

核心概念	胰島素的新發現
重點細節	胰島素研發歷程 1. 過去成果：胰臟分泌胰島素，缺乏胰島素是第一型糖尿病，胰島素異常是第二型糖尿病 2. 1980 年新發現：大腦會分泌胰島素→胰島素對於學習和記憶很重要→蒙特發現阿茲海默症患者腦中胰島素的含量偏低
看法理由	蒙特把阿茲海默症當成是「第三型糖尿病」的原因：因爲大腦胰島素的含量，會反映身體其他部位的含量，所以缺乏胰島素的糖尿病患者，罹患阿茲海默症的機率，也比一般人來得高

題組二解題說明表

題號	答案	試題重點	解題說明
1	B	區辨內容	根據研發歷程 2 的說明，可判斷 (B) 較正確
2	D	推論看法一適切詞句	根據看法理由的說明，可判斷 (D) 較恰當

題組三

不止一次有人以「博士」呼我，有的是口惠，有的竟見諸筆墨。此種善意的逾格提拔，受者是窘不堪言的。……立予糾正，顯得矯情，聽其自然，又有愧於心，說不定還給人以「無恥近乎勇」的口實，爲禍爲福，無待言矣。……

我生平第一次受類此擡（教育部國語辭典作抬）舉的洗禮，是在十八、九年以前，剛當上助教不滿幾個月。夫助教者，實在是學生生活的延長。……就當此時，一位父執輩路過邊城，少不得要略盡地主之誼，這一來可引來數秒鐘的無地自容。因爲，不數日，一封道謝的信來了，信封上赫然有某某教授道啓字樣。天下事那裡有天知，地知，你知，我知那樣便宜之事。那位司閽老者，平時並不把每一封信都送到每人這裡，這天卻予我以殊遇。「喏，這是你的！」說時，眼睛緊盯住我，大有要我俯首認罪之意。我想他心中一定大嘆□□□□。好傢伙，才幾個月，就□□□□若是！司閽老者當然不是具有幽默感之人，否則他大可在「教授」之旁，作一眉批：「始於何時？」（節錄自吳魯芹〈博士和博士銜〉）

1. 上文□□□□內的詞語，依序最適合填入的選項是：【學 103】
   (A) 人心不古／招搖撞騙　(B) 人心不古／好爲人師
   (C) 不學無術／招搖撞騙　(D) 不學無術／好爲人師
2. 下列敘述，符合上文文意的選項是：【學 103】
   (A) 被學校破格拔擢授予博士，讓作者心裡始終懷著不安與矛盾
   (B) 作者認爲稱謂宜與實際相符，故對被冠以虛銜常感到不自在
   (C) 作者視浮名爲身外之物，故對他人奉承的尊稱並不放在心上
   (D) 司閽老者不假辭色的批評，令作者爲自己的虛榮心深感慚愧

題組三閱讀理解密碼表

核心概念	作者以切身經驗，說明自己對名實不符之稱呼的困窘
重點細節	作者困窘經驗 1. 作者非博士，卻被稱呼博士 2. 作者非教授，信件卻被尊稱教授，因而受到司閽老者眼光緊盯的待遇

題組三解題說明表

題號	答案	試題重點	解題說明
1	A	推論看法—適切詞句	空格一：因作者是助教且在學校服務，所以非不學無術，可判斷「人心不古」較佳 空格二：因老者似乎想讓作者俯首認罪，所以「招搖撞騙」比「好為人師」更恰當 根據以上說明，可判斷 (A) 較恰當
2	B	區辨內容	根據核心概念、困窘經驗的說明，可判斷 (B) 較正確

題組四

世界上的屋子全有門，而不開窗的屋子我們還看得到。這指示出：＿＿＿＿＿。門是住屋子者的需要，窗多少是一種奢侈，屋子的本意，只像鳥窠獸窟，準備人回來過夜的，把門關上，算是保護。但是牆上開了窗子，收入光明和空氣，使我們白天不必到戶外去，關了門也可生活。屋子在人生裡因此增添了意義，不只是避風雨、過夜的地方，並且有了陳設，掛著書畫，是我們從早到晚思想、工作、娛樂、演出人生悲喜劇的場子。門是人的進出口，窗可以說是天的進出口。屋子本是人造了爲躲避自然的脅害，而向四垛牆、一個屋頂裡，窗引誘了一角天進來，馴服了它，給人利用，好比我們籠絡野馬，變爲家畜一樣。從此我們在屋子裡就能和自然接觸，不必去找光明，換空氣，光明和空氣會來找到我們。所以，人對於自然的勝利，窗也是一個。不過，這種勝利，有如女人對於男子的勝利，表面上看來好像是讓步——人開了窗讓風和日光進來占領，誰知道來占領這個地方的就給這個地方占領去了！（錢鍾書〈窗〉）

1. 依作者之意，窗在屋子中最重要的功能爲何？【統 99】
   (A) 使屋子的外觀得到奢侈的裝飾
   (B) 抵禦危險入侵，維護住屋者的安全
   (C) 讓屋子在朝天空的方向有一個行動出入口
   (D) 使屋子從維持生存的所在，變成可生活的空間
2. 依據前後文意推敲，文中＿＿＿＿內最適合填入的句子爲何？【統 99】
   (A) 窗是富家豪宅的象徵
   (B) 門是富家豪宅的象徵
   (C) 窗比門代表更高的人類進化階段
   (D) 門比窗代表更高的人類進化階段

3. 作者云：人對於自然是「表面上看似讓步的勝利」，是從何處所獲得的推斷？【統 99】
(A) 住屋者雖然開了窗，仍無法占領風與日光
(B) 當風與日光想占領屋子，住屋者也無力抵擋
(C) 風與日光看似占領屋子，其實是被住屋者所享有
(D) 風與日光看似被人們享有，其實從不屬於任何人

題組四閱讀理解密碼表

核心概念	作者讚美窗使屋子增添意義
作者看法	1. 門具生活實用性，窗具生活豐富性 2. 門是人的進出口，窗是自然天光的進出口 3. 窗的表面是人讓步自然，其實是人享用自然的勝利
難句句意	「誰知道來占領這個地方的就給這個地方占領去了」：想來占領這個地方的（自然），（反而）就讓這個地方占領去了（反而被屋子的主人拿來享受）

題組四解題說明表

題號	答案	試題重點	解題說明
1	D	推論看法	根據作者看法的說明，可判斷 (D) 較正確
2	C	推論看法－適切詞句	因爲屋子皆有門，而不一定有窗，加上「窗多少是一種奢侈」，指的是人可以在屋子生活，而不是炫耀奢豪，所以作者強調的是「窗是進化的結果」，可判斷 (C) 較恰當
3	C	推論看法	根據作者看法 3 及難句句意的說明，可判斷 (C) 較正確

題組五

用「螟蛉子」代指「養子」，包含一段古人探索昆蟲世界的歷程。

從《詩經．小宛》：「螟蛉有子，蜾蠃負之」可以看出，上古時代人們已經觀察到蜾蠃有捕捉其他昆蟲幼蟲的習性。但捕捉幼蟲做什麼用，先秦文獻並無說明。漢代學者試圖解釋這個現象，揚雄《法言》記載：「螟蛉之子殪而逢蜾蠃，祝之曰：『類我！類我！』久則肖之矣。」意謂蜾蠃對捕來的幼小螟蛉念咒，時間長了，螟蛉就變成了蜾蠃。後世對於揚雄的說法，有人認同，也有人表示懷疑。南朝著名道士、醫家陶弘景根據自己的觀察，在《本草經集注》寫道：「其（土蜂）生子如粟米大，置中，乃捕取草上青蜘蛛十餘枚，滿中，仍塞口，以待其子大爲糧也。……《詩》云：『螟蛉有子，蜾蠃負之』。言細腰之物無雌，皆取青蟲教祝，便變成己子，斯爲謬矣。」他認爲，把細腰蜂捕捉青蟲說成是爲了把青蟲教化成自己的後代，根本違背生物事實。

陶弘景的看法後來得到更多證實，例如＿＿＿＿＿＿。一千四百多年後，法國昆蟲學家法布爾在所著《昆蟲記》中，詳盡描述細腰蜂的生殖行爲：牠總是將卵產在蜂房裡所儲備的蜘蛛身上，卵呈白色，圓柱形，有點背曲。卵在蜘蛛身上的附著點位置都差不多，一般是蜘蛛腹部底端，偏向一側。新生幼蟲咬的第一口，就是卵的頭部那端所附著的地方，因此，牠剛開始啃咬的，都是汁液最豐富、最鮮嫩的肚子。這種暴飲暴食的生活，會持續八到十天。然後幼蟲開始結造蛹室。他的研究成果證明陶弘景等人的發現非常科學。（改寫自戴吾三《解開成語中的科學密碼》）【注：1. 螟蛉：古代或稱「桑蟲」，爲鱗翅目昆蟲的青色細小幼蟲。2. 蜾蠃：古代或稱「蒲盧」、「土蜂」，今屬膜翅目細腰蜂科。蠃，ㄌㄨㄛˇ。】

1. 依據上文，「螟蛉有子，蜾蠃負之」的眞實生態現象最可能是：【指 107】

(A) 蜾蠃奪螟蛉之巢以育子　(B) 蜾蠃是螟蛉之子的宿主

(C) 蜾蠃代替螟蛉餵養幼蟲　(D) 蜾蠃捕捉螟蛉以餵幼蟲

2. 關於陶弘景對細腰蜂觀察的敘述，最適當的是：【指 107】

(A) 經過實證後轉爲支持揚雄之見

(B) 蒐集實證以補充《詩經》所述

(C) 以《詩經》所述駁斥揚雄之見

(D) 依揚雄之見糾正《詩經》所述

3. 上文______內若要擇用下列方框裡的論述，則對①、②、③、④的判斷，最適當的是：【指 107】

①韓保昇《蜀本草》：「螟蛉，桑蟲也。蜾蠃，蒲盧也。言蒲盧負桑蟲以成其子也，亦負他蟲封之，數日則成蜂飛去。今有人候其封穴，壞而看之，見有卵如粟，在死蟲之上。」 ②蘇頌《圖經本草》：「物類變化，固不可度。蚱蟬生於轉丸、衣魚生於瓜子之類，非一。桑蟲、蜘蛛之變爲蜂，不爲異也。如陶所說卵如粟者，未必非祝蟲而成之也。」 ③寇宗奭《本草衍義》：「嘗折（土蜂）窠視之，果有子如半粟米大，色白而微黃。所負青菜蟲，卻在子下。」 ④李時珍《本草綱目》：「今屢破其（土蜂）房，見子與他蟲同處，或子已去而蟲存空殼，或蟲成蛹而子尚小。蓋蟲終不壞，至其成蛹，子乃食之而出也。」

(A) ①、②適用；③、④不適用

(B) ①、③適用；②、④不適用

(C) ①、③、④適用；②不適用

(D) ②、③、④適用；①不適用

題組五閱讀理解密碼表

核心概念	釐清「螟蛉有子，蜾蠃負之」的生態現象
重點細節	1. 現象誤會 (1)《詩經》看法：「螟蛉有子，蜾蠃負之」：古人以爲蜾蠃（蜂）幫螟蛉（蟲）餵食幼蟲，所以「螟蛉子」爲「養子」代稱。此誤會是因將蟲上的蜂卵誤爲蟲卵 (2) 揚雄看法：蜾蠃（蜂）捕捉並教化螟蛉子（蟲），使它們變成蜾蠃 (3) 蘇頌看法：蟲有可能變成蜂 2. 現象釐清 (1) 陶弘景看法：發現蜂捕捉蟲做爲幼蜂食物，並非把蟲養育成蜂，所以他重新詮釋《詩經》，也反對揚雄說法 (2) 韓保昇看法：證實蜂準備蟲當幼蜂糧食 (3) 寇宗奭看法：證實在蜂巢中有幼蜂與蟲 (4) 李時珍看法：證實在蜂巢中幼蜂會吃掉蟲 (5) 法布爾看法：證實細腰蜂以蜘蛛餵食幼蜂
同義詞詞義	1. 蜾蠃：即細腰蜂（陶弘景稱細腰之物），或稱蒲盧（韓保昇）、土蜂（陶弘景、寇宗奭、李時珍） 2. 螟蛉：或稱桑蟲（韓保昇），此可泛指小蟲，如他蟲（韓保昇、李時珍）、青蜘蛛（陶弘景）、青蟲（陶弘景）、青菜蟲（寇宗奭）、蜘蛛（法布爾）

題組五解題說明表

題號	答案	試題重點	解題說明
1	D	推論看法	根據現象釐清及同義詞詞義，判斷 (D) 較正確
2	B	歸因意涵	根據陶弘景看法的說明，可判斷 (B) 較正確
3	C	推論看法—適切詞句	根據蘇頌看法及現象釐清的說明，可判斷 (C) 較恰當

三、區辨型

區辨型題組評量您能否在閱讀的選文中，先正確區辨內容重點或細節是否正確，再與其他閱讀能力結合。107 三種大考的題組部分，皆無此類試題，主要是此類題組所評量的內容過於龐雜，常包含核心概念、重點細節、原因、看法、適切詞句、難句句意，較適合改成素養型閱讀試題，所以區辨型試題未來單獨出現的機會較小。練習這個單元時，您務必了解選文的核心概念、內容重點、難句句意等。如仍有迷惑，可參考閱讀理解密碼表及解題說明表的提醒。如果您想進一步了解此類試題的試題特質及編寫要點，您可以參考下列試題編寫密碼表的說明。

試題編寫密碼表

評量指標	試題內容	試題能力	試題難度	試題題數
區辨內容＋其他指標	內容重點與細節是否正確 其他閱讀的相關提問是否正確	綜合	容易	0

題組一

人情狙詐，無過於京師。余□買羅小華墨十六鋌，漆匣黯敝，眞舊物也。試之，乃摶泥而染以黑色，其上白霜，亦盦於濕地所生。又丁卯鄉試，在小寓買燭，爇之不燃，乃泥質而冪以羊脂。又燈下有唱賣爐鴨者，從兄萬周買之。乃盡食其肉，而完其全骨，內傅以泥，外糊以紙，染爲炙煿之色，塗以油，□兩掌頭頸爲眞。又奴子趙平以二千錢買得皮靴，甚自喜。一日驟雨，著以出，徒跣而歸，□鞹則烏油高麗紙揉作皺紋，底則糊黏敗絮，緣之以布。（紀昀《閱微草堂筆記 · 姑妄聽之》）【注：1. 盦：覆蓋。2. 爇：燒。3. 鞹：靴筒。】

1. 依據文意，選出依序最適合填入□內的選項：【學 104】
   (A) 初／果／蓋　(B) 初／惟／殆
   (C) 嘗／果／殆　(D) 嘗／惟／蓋
2. 下列與文中「黑心商品」相關的敘述，正確的選項是：【學 104】
   (A) 賣家藉舊盒及白霜將墨僞成古物
   (B) 買主吃完鴨肉才發現鴨骨爲泥製
   (C) 商人先藉眞品取信以利銷售贗品
   (D) 購買者皆因一時貪圖廉價而受騙

題組一閱讀理解密碼表

核心概念	京師多詐僞之事（黑心商品）
重點細節	詐僞事例 1. 墨條：商人以裝舊盒、養霉霜的方式，將黑泥假墨包裝成古物 2. 蠟燭：商人用羊脂塗泥條做成假蠟燭 3. 烤鴨：商人用吃剩的鴨骨架，填泥、糊紙、染色，做成假烤鴨 4. 皮靴：商人用紙張、爛棉絮、布料做成假皮靴
事件原因	詐僞得逞原因：技術高明，以假亂眞

題組一解題說明表

題號	答案	試題重點	解題說明
1	D	推論看法—適切詞句	空格一：表示過去經驗，所以「嘗」（曾經）比「初」適合 空格二：強調竟然只有兩掌、頭頸爲眞，有吃驚的語氣，所以「惟」比「果」適合 空格三：說明鞋破毀的正確事實，所以「蓋」（發語詞）比「殆」（大概）適合 根據以上說明，可判斷 (D) 較恰當
2	A	區辨內容	根據詐僞事例、得逞原因的說明，可判斷 (A) 較正確

題組二

昌他亡西周，之東周，盡輸西周之情於東周。東周大喜，西周大怒。馮且曰：「臣能殺之。」君予金三十斤。馮且使人操金與書，間遺昌他書曰：「告昌他，事可成，勉成之；不可成，亟亡來亡來。事久且泄，自令身死。」因使人告東周之候曰：「今夕有姦人當入者矣。」候得而獻東周，東周立殺昌他。（《戰國策‧東周策》）【注：1. 候：斥候，探子。】

1. 下列各組「」內的文字，前後意義相同的選項是：【學 103】
   (A) 昌他亡西周，「之」東周／嚮「之」來，非有取於升斗之祿
   (B) 馮且使人操金「與」書／噫！微斯人，吾誰「與」歸
   (C) 事久「且」泄，自令身死／今疾「且」成，已非三月不能瘳
   (D)「因」使人告東周之候曰／「因」人之力而敝之，不仁
2. 依據文意，選出敘述正確的選項：【學 103】
   (A) 馮且收買昌他為西周間諜，遭東周查獲而遇害
   (B) 馮且命昌他策反東周斥候，反令昌他被捕遇害
   (C) 馮且誣陷昌他收賄通敵，昌他逃至東周而遭戮
   (D) 馮且故布疑陣，使昌他被東周誤為間諜而遭戮

題組二閱讀理解密碼表

核心概念	說明昌他被殺始末
重點細節	馮且計謀：派人帶著鉅款與書信前往昌他住處，信中暗示昌他是西周間諜→派人警告東周探子留意出入人員→東周探子抓到西周的送信者→東周中計殺掉昌他
事件原因	因爲昌他帶著西周機密訊息轉投東周，所以馮且幫西周設計除掉昌他

題組二解題說明表

題號	答案	試題重點	解題說明
1	C	詮釋涵義	(C) 將要，副詞／將要，副詞，詞語涵義相同 (A) 往，動詞／無意義，助詞，(B) 和，關聯詞／效法，動詞。「歸」、「與」爲同義複詞，此處可當效法之意，(D) 於是，關聯詞／憑藉，動詞。以上前後詞語涵義不同
2	D	區辨內容	根據重點細節及事件原因的說明，可判斷 (D) 較正確

題組三

其後，京兆尹將飾官署，余往過焉。委群材，會眾工。或執斧斤，或執刀鋸，皆環立嚮之。梓人左持引（長尺），右執杖（木杖），而中處焉。量棟宇之任，視木之能舉，揮其杖曰：「斧！」彼執斧者奔而右。顧而指曰：「鋸！」彼執鋸者趨而左。俄而，斤者斲，刀者削，皆視其色，俟其言，莫敢自斷者。其不勝任者，怒而退之，亦莫敢慍焉。畫宮於堵，盈尺而曲盡其制，計其毫釐而構大廈，無進退焉。既成，書於上棟曰：「某年某月某日某建。」則其姓字也，凡執用之工不在列。余圜視大駭，然後知其術之工大矣。（柳宗元〈梓人傳〉）

1. 依據上文，「梓人」的主要職責爲何？【指 97】

甲、運斤執斧　　乙、指揮工匠　　丙、設計藍圖

丁、貯藏建材　　戊、匾額題辭

(A) 甲丁　(B) 乙丙　(C) 甲丙丁　(D) 乙丙戊

2. 下列關於「」內文句的詮釋，正確的選項是：【指 97】

(A)「委群材，會衆工」意謂梓人精於計算物料和工資，以求降低成本

(B)「皆視其色，俟其言，莫敢自斷者」意謂梓人善於察言觀色，不敢獨斷

(C)「畫宮於堵，盈尺而曲盡其制」意謂梓人所繪設計圖雖小，但精密詳備

(D)「計其毫釐而構大廈，無進退焉」意謂梓人監督嚴格，不容工匠絲毫偷懶

題組三閱讀理解密碼表

核心概念	讚嘆梓人（工頭）統籌指揮工事的能力
重點細節	1. 梓人職責 (1) 指揮工匠工作：量棟宇之任，……皆視其色，俟其言，莫敢自斷者 (2) 規劃設計藍圖：畫宮於堵，盈尺而曲盡其制 2. 梓人責任感：屋宇上棟刻上姓名，表示負責
難句句意	1.「委群材，會眾工」：指工頭安排施工材料的擺放位置，召集所有需要的工匠 2.「皆視其色，俟其言，莫敢自斷者」：指工匠皆聽從工頭指揮，不敢胡亂動手 3.「畫宮於堵，盈尺而曲盡其制」：指工頭在小面牆上畫好整棟房子完整的設計圖 4.「計其毫釐而構大廈，無進退焉」：指工頭依照設計圖尺寸比例建造房子，毫無誤差

題組三解題說明表

題號	答案	試題重點	解題說明
1	B	區辨內容	根據重點細節 1 的說明，可判斷 (B) 較正確
2	C	詮釋涵義	根據難句句意的說明，可判斷 (C) 較正確

題組四

美洲早期的大疫疾中，天花是最嚴重的一種。天花通常經由空氣傳染，流行之地，必定奪命無數。舊世界的人帶著他們的病菌來到新世界，首當其衝的是大安地列斯群島的阿拉瓦克族。美洲早期的歷史學者奧維耶多，估計1492年哥倫布初抵聖多明哥（今大安地列斯群島島國多明尼加首都）時，此地的印第安人約有百萬左右。他寫道：「這些百萬之眾，到如今也就是1548年之際，他們的後代，相信已經不足五百名了。」

新世界被發現之際，由歐赴美的航程歷時數週，若某個海員在登船出發那天染上天花，等船抵達聖多明哥，他不是已經死了，就是已經擺脫病毒。但若有人在航行中途感染天花，且能倖存登岸，他皮疹上所結的痂還是有病毒，不小心將落痂包進一綑布裡，天花就可能被一路帶進新世界。1518年底或1519年初，聖多明哥印第安人出現疫情，經認定是天花，這場疫疾只感染了少許西班牙人，印第安人卻災情慘重。天花在聖多明哥出現後不到幾天，旋即傳到波多黎各，很快地，大安地列斯眾島上的阿拉瓦克人紛紛死去，他們爲西班牙征服者進襲新世界的大陸區，提供了生物武器。1520年到1521年間，天花在阿茲特克帝國首都特諾茲提朗城肆虐，使原本遭阿茲特克人驅逐的西班牙軍人科爾蒂斯及其部屬有機會反攻——圍城持續75晝夜，直到城內餓死、病死，被迫投降。（改寫自 Alfred W. Crosby《哥倫布大交換》）

1. 依據上文，下列關於美洲天花疫情的敘述，何者正確？【統 99】
(A) 美洲原沒有天花病毒，係因歐洲人進入，美洲人才感染天花
(B) 美洲天花病毒因與歐洲天花病毒結合而變異，造成慘重疫情
(C) 天花病毒原本傳染力不強，但會因戰爭造成死傷而快速蔓延
(D) 天花病毒是歐洲人蓄意製作，用來對付美洲印第安人的戰劑
2. 依據上文，下列關於美洲原住民遭逢西班牙人的敘述，何者正確？【統 99】
(A) 阿拉瓦克人因遭西班牙人屠殺而幾乎滅絕
(B) 阿拉瓦克人會製造生物武器對付西班牙人
(C) 阿茲特克因天花流行失去戰力而被西班牙人所滅
(D) 阿茲特克曾因西班牙軍隊感染天花而戰勝西班牙
3. 依據上文推斷，《哥倫布大交換》應是從何種角度來觀察美洲的歷史？【統 99】
(A) 氣候變化　(B) 生物遷徙　(C) 武器發展　(D) 舟船製造

核心概念	美洲的天花疫情與影響
重點細節	1. 天花疫情 (1) 美洲沒有天花病毒，天花病毒是歐洲人帶來的 (2) 天花疫情使美洲人傷亡慘重 (3) 天花疫情來自於病毒的空氣傳染，並非歐洲人的陰謀 2. 美洲原住民與西班牙 (1) 阿拉瓦克人因西班牙人帶來天花病毒傷亡慘重 (2) 阿茲特克人曾戰勝西班牙人，但因感染天花最後投降西班牙

題號	答案	試題重點	解題說明
1	A	區辨內容	根據天花疫情的說明，可判斷 (A) 較正確
2	C	區辨內容	根據美洲原住民與西班牙的說明，可判斷 (C) 較正確
3	B	推論看法	根據核心概念的說明，可判斷 (B) 較正確

題組五

說到白居易的眼病，首先聯想到的是近視。近視主要由晶狀體變形引起，患有近視的人看遠處時，平行光線通過眼球屈光系統的折射後，不能在視網膜上形成清晰的成像，因此無法看清。然而白居易到了中老年時才罹患眼病，所以近視的可能性大可排除。於是又有人提出白居易很可能得了老年性白內障，凡是各種原因，如老化、遺傳、外傷、輻射、免疫與代謝異常等，都能引起眼睛晶狀體代謝紊亂，導致晶狀體蛋白質變性而發生混濁，此時光線被混濁的晶狀體阻擾，無法準確有效地投射在視網膜上而導致視物模糊，然而這個說法也有點武斷。因爲除了眼昏（視力下降）之外，白居易還不時會出現所謂的「飛蚊症」——一種獨特的眼花現象，一般是由玻璃體變性所引起，隨著老化或病變，玻璃體或液化，或蛋白沈澱，或積血，而產生一些混濁物，投射在視網膜上便見黑點飛舞如飛蚊，故而名之。

從現代醫學來判斷，白居易很可能是玻璃體有了異常；然而，光只是玻璃體發生病變，還不足以解釋白居易的全部病狀，因爲他還有眼痛，間有眼澀和頭暈的現象。眼痛合併眼昏，筆者細想有一種病可以解釋，那就是青光眼。更準確一點說，應該是原發性急性閉角型青光眼。這是指由於房角閉塞引起眼內壓力急劇升高的一類青光眼，早期症狀是眼壓上升損及視網膜的藍色感光錐形細胞，光線因而在視網膜上呈現青碧色的視覺現象，所以稱爲「青光眼」。青光眼會導致眼內壓力異常升高，進而過度壓迫位於玻璃體後面的視網膜血管，引起血管阻塞，甚至出血，這些血液便聚積在玻璃體中，使屈光間質混濁，妨礙光線到達視網膜，病人便會發生所謂的「飛蚊症」。

從病因角度來看，白居易會得青光眼，雖然以眼睛解剖結構異常爲主要因素，但長時間近距離工作、用眼疲勞、用腦過度、照明光線不足，也是誘發因素。此外，白居易喜歡喝酒，也是加重視力障礙的重要因素。現代醫學證實，經常酗酒會造成慢性酒精中毒，而產生視神經炎、視神經萎縮、玻璃體混濁、視網膜炎、視力減退等症狀；也會使血管擴張，導致眼壓升高，而加重青光眼的病情。（改寫自譚健鍬《歷史課本沒寫出的隱情》）

1. 依上文，關於近視、白內障、飛蚊症、青光眼等眼病的敘述，下列選項何者錯誤？【統 104】
   (A) 近視和白內障的形成因素都與晶狀體本身出現了毛病有關
   (B) 白內障和飛蚊症的形成因素僅與視網膜本身產生病變有關
   (C) 青光眼和因青光眼所造成的飛蚊症都與眼內壓力升高有關
   (D) 青光眼和白內障都與光線無法在視網膜上正常的投射有關
2. 依上文，關於白居易眼病的敘述，下列選項何者正確？【統 104】
   (A) 作者從白居易會眼昏的角度判斷他得了青光眼
   (B) 作者從白居易會眼痛判斷他的晶狀體出了問題
   (C) 作者認爲白居易的飛蚊症可能是玻璃體中有積血所致
   (D) 作者認爲白居易的青光眼全部導因於眼睛結構的異常
3. 下列詩句，何者最可能說明該詩作者已患有青光眼？【統 104】
   (A) 面黑眼昏頭雪白，老應無可更增加
   (B) 目昏思寢即安眠，足軟妨行便坐禪
   (C) 眼澀夜先臥，頭慵朝未梳。有時扶杖出，盡日閉門居
   (D) 兩目今先暗，中年似老翁。看朱漸成碧，羞日不禁風

題組五閱讀理解密碼表

核心概念	推論白居易應罹患青光眼
重點細節	眼睛構造順序：水晶體→玻璃體→視網膜
作者看法	白居易眼痛合併眼昏，推測先患有青光眼，後因眼壓高，導致水晶體混濁，而造成飛蚊症
事件原因	白居易眼疾原因：以眼睛解剖結構異常爲主要因素，但長時間近距離工作、用眼疲勞、用腦過度、照明光線不足、喜歡喝酒也是誘發因素
同義詞詞義	「晶狀體」即水晶體，「玻璃體」則爲晶狀體後方的透明膠狀物質 眼睛構造可參考《良醫健康網 ‧ 常常睡前滑手機，會造成針眼、飛蚊症、老花眼嗎？》、《當代眼鏡雜誌 ‧ 證照講堂——靈魂之窗的入口——角膜》二文中的構造圖

眼疾說明表

項目	近視	白內障	飛蚊症	青光眼
眼壓				房角閉塞導致急遽升高
水晶體	變形導致折射異常	代謝混亂導致混濁阻光		
玻璃體			老化病變導致混濁物	
視網膜	不能清楚成像	不能清楚成像	混濁物反射導致黑點	藍色感光細胞損傷，視覺呈現青碧色

題組五解題說明表

題號	答案	試題重點	解題說明
1	B	區辨內容	根據眼疾說明表的說明，可判斷 (B) 較正確
2	C	區辨內容	根據作者看法、事件原因的說明，可判斷 (C) 較正確
3	D	推論看法	根據眼疾說明表的說明，可判斷 (D) 較正確 此題本書已修改題幹，故與統測網站公布的參考答案不同

現在我學會了

- ☐ 分析國文考科的試題重點及評量指標
- ☐ 分析、比較國文考科的試題架構
- ☐ 分析、比較國文考科的試題難易度
- ☐ 提升閱讀的詮釋、舉例、摘要能力
- ☐ 提升閱讀的推論、比較、解釋、區辨、歸因能力
- ☐ 提升閱讀的綜合能力——各類短文
- ☐ 提升閱讀的綜合能力——韻文、小說
- ☐ 提升閱讀的深層素養
- ☐ 提升語文應用能力
- ☐ 提升文化知識的再認能力與深層素養
- ☐ 成為國文考科的得分高手

柒 題組型閱讀——韻文、小說

做完題組型短文類的閱讀試題後，您是否已經掌握到題組型閱讀試題的綜合技巧，也增進了閱讀的各項能力？如果覺得還不夠純熟也沒關係，您可以利用本章繼續練習。本章的學習重點是練習韻文類與小說類的二種試題類型。它的閱讀理解步驟還是**摘要核心概念→整理內容重點→梳理難句句意→分析句子意象意涵**。請您再次以充滿信心的篤定，從容進入本章的練習。

讀完本章您將學會

- ☑ 提升閱讀綜合能力——歸因型
- ☑ 提升閱讀綜合能力——綜合型

四、歸因型

歸因型題組評量您能否在閱讀韻文中，先建構歸因意象意涵的分析、比較能力，再與其他閱讀能力結合。練習這個單元時，務必了解韻文的核心概念、意象意涵、難句句意及兩篇韻文有關上述重點的比較。如仍有迷惑，可參考閱讀理解密碼表及解題說明表的提醒。如果您想進一步了解此類試題的試題特質及編寫要點，您可以參考下列試題編寫密碼表的說明。

評量指標	試題內容	試題能力	試題難度	試題題數
歸因意涵＋其他指標	意象意涵的說明是否正確 其他閱讀的相關提問是否正確	綜合	容易	1 組／2 題

題組一

你如果／如果你對我說過／一句一句／眞純的話／我早晨醒來／我便記得它

年少的歲月／簡單的事／如果你說了／一句一句／淺淺深深／雲飛雪落的話

關切是問／而有時／關切／是／不問

倘或一無消息／如沈船後靜靜的／海面，其實也是／靜靜的記得

倘或在夏季之末／秋季之初／寫過一兩次／隱晦的字／影射那偶然／像是偶然的／落雨——也是記得

1. 依上引詩歌的詩意判斷，下列敘述正確的選項是：【學 94】
   (A) 詩人藉反覆「記得」，訴說自然無常、世事多變的感傷
   (B) 詩人藉反覆「記得」，描寫由少至今沈浮起落的哀怨記憶
   (C) 詩人藉「記得」的不斷強調，表達對一段情緣的深刻懷念
   (D) 詩人藉「記得」的不斷強調，流露對年少輕狂時耽溺孽緣的懊悔

2. 下列歌詞的詞意，與上引詩中詩人內心深處的情感最爲近似的選項是：【學 94】
   (A) 你不曾眞的離去／你始終在我心裡／我對你仍有愛意／我對自己無能爲力
   (B) 兩個人一輩子不分離／你問我好在那裡／不是你不期待永恆的戀曲／你說最美的愛情叫做回憶
   (C) 記得要忘記／忘記／我提醒自己／你已經是人海中的一個背影／長長時光／我應該要有新的回憶
   (D) 親愛的你／我知道你會哭泣／面對回憶／我們還擁有過去／不要問我爲什麼／我們承認吧／我們的愛情已遠離

題組一閱讀理解密碼表

核心概念	作者抒發對過去一段深刻戀情的眷戀，也可以隱含作者對戀人日漸冷淡的無奈
意象意涵	1. 藉由「記得」的反覆說明，暗喻作者對逝去的戀情仍充滿眷戀 2. 藉由對方「眞純的話」、「雲飛雪落的話」、「關切是不問」（不問的關切）、「隱晦的字」等意象的鋪排順序，暗示對方的感情逐漸冷淡 3. 藉由首句「如果」的假設語氣，暗示過去「眞純的話」已經變質

題組一解題說明表

題號	答案	試題重點	解題說明
1	C	歸因意涵	根據意象意涵的說明，可判斷 (C) 較正確
2	A	推論看法	根據核心概念的說明，可判斷 (A) 較正確

題組二

俺曾見金陵玉殿鶯啼曉，秦淮水榭花開早，誰知道容易冰消！眼看他起朱樓，眼看他宴賓客，眼看他樓塌了！這青苔碧瓦堆，俺曾睡風流覺，將五十年興亡看飽。那烏衣巷不姓王，莫愁湖鬼夜哭，鳳凰臺棲梟鳥。殘山夢最眞，舊境丟難掉，不信這輿圖換稿！謅一套〈哀江南〉，放悲聲唱到老。（孔尚任《桃花扇．餘韻．哀江南》）

1. 關於上文的主旨，敘述正確的選項是：【指 102】
   (A) 天下興亡，匹夫有責，誓圖光復山河
   (B) 天道循環，無往不復，不必悲傷痛哭
   (C) 作舊地之遊，悔風流之事，興奮勵之志
   (D) 話興衰之感，抒亡國之痛，訴故國之思
2. 關於上文的文句，詮釋正確的選項是：【指 102】
   (A) 俺曾睡風流覺：我曾在此快活玩樂，喻自在如昔，足堪安慰
   (B) 鳳凰臺棲梟鳥：惡鳥棲於鳳凰臺上，喻哲人已遠，觸景傷懷
   (C) 殘山夢最眞：雖只有殘山剩水，風景卻如夢如幻，眞是美麗
   (D) 不信這輿圖換稿：難以相信故國河山，竟輕易落入他人之手

題組二閱讀理解密碼表

核心概念	作者抒發對國家（明朝）覆亡的哀痛
意象意涵	1. 作者堆疊「曾見金陵玉殿鶯啼曉，秦淮水榭花開早，誰知道容易冰消」、「眼看他起朱樓，眼看他宴賓客，眼看他樓塌了」、「那烏衣巷不姓王，莫愁湖鬼夜哭，鳳凰臺棲梟鳥」等意象，暗示亡國 2. 作者用「謅一套〈哀江南〉，放悲聲唱到老」，暗示亡國的悲痛 3.「烏衣巷」、「莫愁湖」、「鳳凰臺」皆比喻前朝（明朝），「不姓王」、「鬼」、「梟鳥」皆比喻今朝（清朝）
難句句意	1.「俺曾睡風流覺」：曾經在此逍遙快活，感慨往日樂情不再 2.「鳳凰臺棲梟鳥」：惡鳥棲息於鳳凰臺，表現改朝換代的悲憤 3.「殘山夢最眞」：山河殘破是現實卻恍如做夢，表現難以接受亡國事實的心情 4.「不信這輿圖換稿」：不敢相信地圖就此改變，感慨國家輕易覆亡

題組二解題說明表

題號	答案	試題重點	解題說明
1	D	摘要主旨	根據核心概念的說明，可判斷 (D) 較正確
2	D	詮釋涵義	根意象意涵及難句句意的說明，可判斷 (D) 較正確

題組三

煙絡橫林，山沉遠照，邐迤黃昏鐘鼓。燭映簾櫳，蛩催機杼，共苦清秋風露。不眠思婦，齊應和，幾聲砧杵。驚動天涯倦宦，駸駸歲華行暮。

當年酒狂自負，謂東君，以春相付。流浪征驂北道，客檣南浦。幽恨無人晤語，賴明月曾知舊遊處。好伴雲來，還將夢去。（賀鑄〈天香〉）【注：1. 蛩：ㄑㄩㄥˊ，蟋蟀。2. 駸駸：ㄑㄧㄣ ㄑㄧㄣ，急速。3. 驂：ㄘㄢ，駕車時在兩側的馬，此處指車馬。】

1. 關於本闋詞的敘述，正確的是：【學 107】
 (A) 通篇傳達孤老無依、大限將至的悲涼
 (B) 上片描寫秋夜清冷蕭索和羈旅獨居的悲愁
 (C) 下片慨歎己身生涯坎坷，自責愧對妻兒子女
 (D) 以蛩聲、鐘鼓聲、砧杵聲寄寓對家事、國事、天下事的關懷

2. 關於本闋詞的理解，不恰當的是：【學 107】
 (A)「煙絡橫林，山沉遠照，邐迤黃昏鐘鼓」爲詞人遠眺所見所聞
 (B)「燭映簾櫳，蛩催機杼，共苦清秋風露」描繪詞人與思婦共感淒風寒露之苦
 (C)「流浪征驂北道，客檣南浦」對比「當年酒狂自負」，營造失落之感
 (D)「明月」象徵國君，「幽恨無人晤語」表達作者懷才不遇的感傷

題組三閱讀理解密碼表

核心概念	作者在勞碌奔波的宦途中（上片），抒發對昔日故鄉美好人事的眷戀（下片）
意象意涵	1.「流浪征驂北道，客檣南浦」對比「當年酒狂自負」，營造失落之感 2.「幽恨無人晤語」暗喻作者對南來北往不斷遷徙（懷才不遇）的感傷 3.「明月」暗喻只有明月能照見昔日的美好 4. 以蛩聲、鐘鼓聲、砧杵聲營造荒涼寂寥的氛圍
難句句意	1.「煙絡橫林，山沉遠照，邐迤黃昏鐘鼓」：遠處山林雲霧瀰漫、夕陽沉落，隱約傳來寺廟的鐘鼓聲 2.「燭映簾櫳，蛩催機杼，共苦清秋風露」：燭火、蟲叫聲、機杼機，都沾染婦人邊搗衣邊牽掛遠方丈夫的愁苦 3.「當年酒狂自負，謂東君，以春相付」：年輕時自信滿滿，認為未來前途一片美好 4.「好伴雲來，還將夢去」：讓明月帶著昔日美好進入我的夢鄉

題組三解題說明表

題號	答案	試題重點	解題說明
1	B	歸因意涵	根據核心概念及意象意涵的說明，可判斷 (B) 較正確
2	D	歸因意涵	根據意象意涵及難句句意的說明，可判斷 (D) 較正確

題組四

甲、尋得桃源好避秦，桃紅又見一年春。花飛莫遣隨流水，怕有漁郎來問津。（謝枋得〈慶全庵桃花〉）

謝枋得，宋末元初人。1276 年率兵抗元，無援而敗。南宋滅亡後，隱居於福建，元朝曾數度徵聘，始終堅辭不應。1289 年，遭福建省參政強制送往京師，乃絕食五日而死。

乙、海山春色等閒來，朵朵還如人面開。千載避秦眞此地，問君何必武陵回。（徐孚遠〈桃花〉）

徐孚遠，明末清初人。明朝亡後，曾參與抗清之舉。1661 年隨鄭成功入臺，不久徙居廈門。1663 年，清軍攻陷廈門，徐孚遠擬攜眷返家鄉江蘇未果，滯留廣東，1665 年病故。

1. 下列關於謝、徐二人詩中「桃花源」的敘述，正確的選項是：【指106】
   (A) 謝枋得希望所居的「桃花源」不受外界打擾
   (B) 徐孚遠認爲「桃花源」之地不適合安居久留
   (C) 二人都因傾慕陶淵明而四處尋訪「桃花源」
   (D) 二人皆自認已找到陶淵明的「桃花源」遺址
2. 若謝詩作於福建，徐詩作於臺灣，下列敘述正確的選項是：【指106】
   (A) 徐詩「問君何必武陵回」的「武陵」，是暗指臺灣
   (B) 謝詩「怕有漁郎來問津」的「漁郎」，是暗指作者自己
   (C) 二詩運用「避秦」典故時，皆將原本避亂之地引申爲不受異族統治之地
   (D) 二詩的「花飛莫遣隨流水」、「朵朵還如人面開」，皆流露避世而居的喜悅

題組四閱讀理解密碼表

項目	謝詩	徐詩
核心概念	表達隱居山林，不願出仕元朝的心志	表達樂意常居臺灣的心意
意象意涵	「桃花源」、「避秦」暗指不願受元朝打擾	「桃花源」、「避秦」暗指不願受清朝打擾
	「漁郎」暗指元朝	「武陵」暗指清朝
	「花飛莫遣隨流水」希望自己的居處不要被發現	「朵朵還如人面開」表達居住於臺灣的自在美好

題組四解題說明表

題號	答案	試題重點	解題說明
1	A	比較異同	根據核心概念的說明、比較，可判斷 (A) 較正確
2	C	比較異同	根據意象意涵的說明、比較，可判斷 (C) 較正確

題組五

甲、試看，編織秋的晨與夜／像芒草的葉籜／編織那左與右，製一雙趕路的鞋子／看哪，那穿看晨與夜的，趕路的雁來了／我猜想，那雁的記憶／多是寒了的，與暑了的追迫（鄭愁予〈編秋草〉）

乙、晨起動征鐸，客行悲故鄉。雞聲茅店月，人跡板橋霜。槲葉落山路，枳花明驛牆。因思杜陵夢，鳧雁滿回塘。（溫庭筠〈商山早行〉）【注：1. 芒草的葉籜：芒草的莖上包覆的部分，韌性強，常用來編織。】

1. 甲、乙二詩共同述及的內容爲何？【統 107】
   (A) 江山如故　(B) 旅途奔波
   (C) 世態炎涼　(D) 黃粱一夢

2. 下列關於甲、乙詩句的解釋，何者最符合詩意？【統 107】
   (A) 甲詩「多是寒了的，與暑了的追迫」意謂回憶冰消瓦解
   (B) 乙詩「雞聲茅店月，人跡板橋霜」暗指旅人清晨趕路
   (C) 甲詩的「葉籜」和乙詩的「落葉」皆比喻腸枯思竭
   (D) 甲、乙二詩的「雁」，詩人皆以之自比籠中之鳥

題組五閱讀理解密碼表

項目	甲詩	乙詩
核心概念	藉大雁趕路，抒發勞碌奔波之苦，隱喻反戰思想（抗日時國軍只能穿草鞋）	於勞碌宦途中，抒發思鄉之情
意象意涵	藉「趕路的雁」暗喻作戰趕路之苦（人鳥同苦）	藉「鳧雁滿回塘」暗示鴨雁正快樂返鄉，自己卻勞碌奔波，離鄉而行（鳥樂人苦）
難句句意	「編織秋的晨與夜／像芒草的葉擰／編織那左與右，製一雙趕路的鞋子」：人在秋天日夜編織趕路的草鞋	1.「雞聲茅店月，人跡板橋霜」：人在秋日清晨動身趕路的寂寥 2.「槲葉落山路，枳花明驛牆」：皆指春天景象。槲葉冬枯不落，至春長新芽，枯葉始落；枳花在春天開花
	「多是寒了的，與暑了的追迫」：大雁迫於寒暑交替，不斷辛苦遷徙	「鳧雁滿回塘」：長安水塘擠滿野鴨和大雁。此處的野鴨、大雁可能是春天返回棲息地的途中，在長安稍做停留休息

題組五解題說明表

題號	答案	試題重點	解題說明
1	B	摘要主旨	根據核心概念的說明，可判斷 (B) 較正確
2	B	比較異同	根據意象意涵及難句句意的說明、比較，可判斷 (B) 較正確

五、綜合型

綜合型題組評量您能否在閱讀小說中，建構各類閱讀能力。練習這個單元時，您要特別留意小說的核心概念、重點細節、寫作手法、意象意涵。如仍有迷惑，可參考閱讀理解密碼表及解題說明表的提醒。如果您想進一步了解此類試題的試題特質及編寫要點，您可以參考下列試題編寫密碼表的說明。

試題編寫密碼表

評量指標	試題內容	試題能力	試題難度	試題題數
綜合指標	各種閱讀的相關提問是否正確	綜合	容易	1 組／2 題

題組一

那一夜，大雨如注。老人冒雨從外面回來，進入臥房，在燈亮起來的剎那，他發現沙發上坐著一個青年，手執左輪槍，正對準著他。「不許聲張！給我錢和你的汽車鑰匙！」老人一眼認出那把手槍是他自己的。他從容地關上門，傍著茶几坐了下來。「好大的雨，淋得我直打哆嗦，先讓我喝杯咖啡再商量吧！」「你敢耍花招！」「我不敢，我只是想暖暖身，你也來一杯吧。」老人倒了兩杯熱呼呼的咖啡。在喝的同時，他指著對方一身灰色的囚衣說：「哦，你是逃犯呀！好小子，我也在監牢裡待了三十年呢！」「想不到你這傢伙竟然也—— 」接著一陣冷笑。突然，外面一部汽車駛近。兩雙皮靴響上臺階，在門口停住。青年一躍而起，拿槍抵住老人腦袋：「開門你就別想活！」「外面是誰？」「是我們，趙英和李金，報告典獄長，109 號新來的囚犯越獄逃跑。」「知道了，你們守住通道口，不許隨便離開！」「是，長官。」兩雙皮靴響下臺階。汽車在雨中遠去。「你瞧，我沒騙你吧！我也在監牢裡待了三十年。」老人趁勢奪下青年手中的槍：「孩子，你從來沒玩過手槍吧！我這把手槍已經二十年不上子彈了。」然後他把另一杯咖啡遞給對方。「喝掉它吧，乖乖地回到監獄去，我不會讓他們爲難你的。」青年捧起杯子，艱難地嚥盡最後一口咖啡。他朝門走去時，老人塞給他一把雨傘，拍拍他的肩：「孩子，我明天一早去看你。」（改寫自 Cabinson Borges 作、丁樹南譯〈雨夜〉）

1. 依據上文，敘述不正確的選項是：【指 101】

(A) 青年是逃犯，老人是典獄長

(B) 青年不知道這把手槍根本未裝子彈

(C) 老人不讓趙英和李金入內強迫青年就範，是害怕青年開槍

(D) 老人從青年手中奪下手槍並勸其自動返獄，展現老人的愛心

2. 關於上文主旨的敘述，最適當的選項是：【指 101】

(A) 生活充滿危機　　(B) 感化勝於強制

(C) 犯罪必須預防　　(D) 妥協代替對立

題組一閱讀理解密碼表

核心概念	典獄長（老人）對逃犯（青年）以溫柔的勸導代替冷硬的處罰
重點細節	逃犯越獄→逃犯誤闖典獄長住處→逃犯拿空槍威脅典獄長→下屬報告典獄長有人越獄→典獄長勸逃犯返回監獄
寫作手法	1. 利用逃犯對典獄長態度的變化，製造緊張與懸疑，讓讀者驚奇連連 (1)「不許聲張！給我錢和你的汽車鑰匙」：逃犯使老人身陷危機 (2)「想不到你這傢伙竟然也——接著一陣冷笑」：逃犯誤以為老人過去也是重刑犯 (3)「報告典獄長，109 號新來的囚犯越獄逃跑」：逃犯了解原來老人竟是典獄長 (4)「孩子，你從來沒玩過手槍吧！我這把手槍已經二十年不上子彈了」：逃犯了解自己的處境 (5)「喝掉它吧，乖乖地回到監獄去，我不會讓他們為難你的」：逃犯感受老人的寬容 2. 小說一開始就提示「老人一眼認出那把手槍是他自己的」，便於鋪陳老人的從容及寬容

題組一解題說明表

題號	答案	試題重點	解題說明
1	C	區辨內容	根據寫作手法的說明，可判斷 (C) 較正確
2	B	摘要主旨	根據核心概念的說明，可判斷 (B) 較正確

題組二

從前，在巴格達，有個商人派他僕人去市場採購貨物。然而過了片刻，僕人便回來，一臉發白，全身顫抖說：「主人，剛剛在市場，人群中，我被一個女人推了一把。我轉身一看，推我的竟是死神！她直盯著我，並且擺出一個威脅的手勢！現在，把你的馬借我，我要離開這城市，躲過我的命運。我要去撒馬拉。在那裡，死神就不會找到我。」

商人便將馬借他。僕人騎上，立即用馬刺夾緊馬腹，以最快的速度縱馬奔馳而去。後來，這商人也去市場，看見死神站在人群裡，他便走過去，對她說：「今早，你看到我僕人時，爲什麼要對他作出威脅的手勢？」「那不是威脅的手勢！」死神答道：「那只是個吃驚的表示。我只不過看他那時人還在巴格達，大爲吃驚。因爲，我預定今晚要在撒馬拉和他碰面。」（毛姆〈撒馬拉之約(Appointment in Samarra)〉，顏靄珠譯）

1. 依據上文，作者描述僕人對死神手勢的理解，其用意是：【學102】
   (A) 表現人類的生死無常禍福相倚
   (B) 反諷僕人的逃避命運弄巧成拙
   (C) 強調死神的如影隨形無所不在
   (D) 證明主僕的和諧相處共度難關
2. 依據文意，最適合說明僕人心理狀態的選項是：【學102】
   (A) 心猿意馬　(B) 心蕩神馳　(C) 杯弓蛇影　(D) 捕風捉影

題組二閱讀理解密碼表

核心概念	諷刺世人常如僕人般杯弓蛇影，弄巧成拙
重點細節	僕人碰見死神→僕人逃往撒馬拉→商人碰到死神→死神說明僕人原本就應死在撒馬拉
寫作手法	1. 利用手勢解讀的歧異，暗諷僕人杯弓蛇影 2. 利用僕人的結局，暗諷僕人弄巧成拙

題組二解題說明表

題號	答案	試題重點	解題說明
1	B	歸因意涵	根據寫作手法的說明，可判斷 (B) 較正確
2	C	推論看法	根據核心概念的說明，可判斷 (C) 較正確

題組三

羿在垃圾堆邊懶懶地下了馬，家將們便接過繮繩和鞭子去。他剛要跨進大門，低頭看看掛在腰間的滿壺的簇新的箭和網裡的三隻烏老鴉和一隻射碎了的小麻雀，心裡就非常躊躕。但到底硬著頭皮，大踏步走進去了，箭在壺裡豁朗豁朗地響著。剛到內院，他便見嫦娥在圓窗裡探了一探頭。他知道她眼睛快，一定早瞧見那幾隻烏鴉的了，不覺一嚇，腳步登時也一停——但只得往裡走。使女們都迎出來，給他卸了弓箭，解下網兜。他彷彿覺得她們都在苦笑。「太太……」他擦過手臉，走進內房去，一面叫。嫦娥正在看著圓窗外的暮天，慢慢回過頭來，似理不理地向他看了一眼，沒有答應。這種情形，羿倒久已習慣的了，至少已有一年多。他仍舊走近去，坐在對面的鋪著脫毛的舊豹皮的木榻上，搔著頭皮，支支吾吾地說——「今天的運氣仍舊不見佳，還是只有烏鴉……」「哼！」嫦娥將柳眉一揚，忽然站起來，風似地往外走，嘴裡咕嚕著，「又是烏鴉的炸醬麵！又是烏鴉的炸醬麵！你去問問去，誰家是一年到頭只吃烏鴉肉的炸醬麵的？」（魯迅〈奔月〉）

1. 文中羿與嫦娥言語失和的原因，最可能的選項是：【學 105】
 (A) 羿不務正業，只知狩獵遊樂而不照顧嫦娥
 (B) 羿的狩獵成果，無法滿足嫦娥的生活所需
 (C) 嫦娥不想再過僕傭簇擁的生活，羿卻不然
 (D) 嫦娥掌握家中大權，把羿當成僕傭來使喚
2. 下列關於文中描寫的敘述，不恰當的選項是：【學 105】
 (A) 嫦娥「風似地往外走」，意在強調嫦娥的輕盈敏捷
 (B)「羿在垃圾堆邊懶懶地下了馬」，暗喻羿的困頓處境
 (C) 木榻「鋪著脫毛的舊豹皮」，暗指羿被現實生活不斷消磨
 (D)「她們（使女）都在苦笑」，其實是羿個人內心感受的投射

題組三閱讀理解密碼表

核心概念	嫦娥與后羿夫妻失和，肇因嫦娥不滿意后羿的狩獵成果，生活品質差
重點細節	后羿狩獵失敗回家→嫦娥表達不滿
寫作手法	人物的心理描寫具體生動 1.「他便見嫦娥在圓窗裡探了一探頭。……但只得往裡走」：具體描寫緊張 2.「搔著頭皮，支支吾吾地說」：具體描寫不安
意象意涵	1.「羿在垃圾堆邊懶懶地下了馬」：凸顯后羿喪失自信又常被妻子數落，以致不想狩獵又必須狩獵的困境 2.「掛在腰間的滿壺的簇新的箭和網裡的三隻烏老鴉和一隻射碎了的小麻雀」：表現武器新，射箭力道猛，但運氣差 3.「他彷彿彷彿覺得她們都在苦笑」：表現后羿因爲內心苦澀，所以覺得侍女也在苦笑 4.「坐在對面的鋪著脫毛的舊豹皮的木榻上」：顯示以前可以打到豹，現在卻只能打到小鳥，往日光環逐漸消磨 5.「嫦娥將柳眉一揚，忽然站起來，風似地往外走」：表現嫦娥極度不悅，不想聽后羿解釋

題組三解題說明表

題號	答案	試題重點	解題說明
1	B	解釋因果	根據核心概念的說明，可判斷 (B) 較正確
2	A	歸因意涵	根據意象意涵的說明，可判斷 (A) 較正確

題組四

王汾濱言：其鄉有養八哥者，教以語言，甚狎習，出遊必與之俱，相將數年矣。一日，將過絳州，去家尚遠，而資斧已罄。其人愁苦無策。鳥云：「何不售我？送我王邸，當得善價，不愁歸路無貲也。」其人云：「我安忍！」鳥言：「不妨。主人得價疾行，待我城西二十里大樹下。」其人從之。攜至城，相問答，觀者漸眾。有中貴見之，聞諸王。王召入，欲買之。其人曰：「小人相依爲命，不願賣。」王問鳥：「汝願住否？」答言：「願住。」王喜。鳥又言：「給價十金，勿多予。」王益喜，立畀十金。其人故作懊恨狀而出。王與鳥語，應對便捷。呼肉啖之。食已，鳥曰：「臣要浴。」王命金盆貯水，開籠令浴。浴已，飛簷間，梳翎抖羽，尚與王喋喋不休。頃之，羽燥，翩躚而起。操晉聲曰：「臣去呀！」顧盼已失所在。王及內侍，仰面咨嗟，急覓其人，則已渺矣。後有往秦中者，見其人攜鳥在西安市上。（蒲松齡《聊齋誌異・鴝鵒》）

【注：1. 畀：交給。】

1. 關於本篇故事內容，敘述正確的選項是：【學 103】

(A) 八哥的主人因缺旅費，打算出售八哥

(B) 八哥擬另謀棲身之處，設局誆騙主人

(C) 八哥與主人合謀，利用賣身詐取錢財

(D) 八哥與主人得手後，在西安故技重施

2. 下列關於故事的解釋，錯誤的選項是：【學 103】

(A) 主人將八哥「攜至城，相問答」，係爲製造奇觀引人注意

(B) 八哥對王言「給價十金，勿多予」，有助於取得王的信任

(C) 主人「故作懊恨狀」，目的是爲了讓八哥相信他萬分不捨

(D) 八哥「尚與王喋喋不休」，係爲讓王疏於防備，以便逃走

核心概念	讚美八哥善於應變的機智，並以八哥忠於主人，諷喻世上貪慕富貴、變節求榮者
重點細節	主人與八哥出遊→出遊時盤纏用盡→八哥獻計賣身詐財，主人配合演出→八哥被賣給王侯→八哥逃出王府→八哥回到主人身邊。
意象意涵	行為目的 1. 主人將八哥「攜至城，相問答」：主人與八哥表演奇觀，吸引貴人注意，進而推薦王侯購買 2. 八哥對王言「給價十金，勿多予」：八哥故意對主人表現無情，以獲得王侯信任 3 主人「故作懊恨狀」：主人故意表現對八哥的痛心，強化王侯對八哥的信任 4 八哥「尚與王喋喋不休」：讓王侯疏於防備，並爭取羽毛乾燥時間，以便逃走

題組四解題說明表

題號	答案	試題重點	解題說明
1	C	區辨內容	根據重點細節的說明，可判斷 (C) 較正確
2	C	解釋因果	根據意象意涵的說明，可判斷 (C) 較正確

題組五

一老儒訓蒙鄉塾，塾側有積柴，狐所居也。鄉人莫敢犯，而學徒頑劣，乃時穢污之。一日，老儒往會葬，約明日返。諸兒因累几爲臺，塗朱墨演劇。老儒突返，各撻之流血，恨恨復去。眾以爲諸兒大者十一、二，小者七、八歲耳，皆怪師太嚴。次日，老儒返，云昨實未歸，乃知狐報怨也。有欲訟諸土神者，有議除積柴者，有欲往詬詈者。中一人曰：「諸兒實無禮，撻不爲過，但太毒耳。吾聞勝妖當以德，以力相角，終無勝理。冤冤相報，吾慮禍不止此也。」眾乃已。此人可謂平心，亦可謂遠慮矣。（紀昀《閱微草堂筆記 · 狐化老儒》）

1. 下列文句的解釋，正確的選項是：【指 105】
   (A)「乃時穢污之」指學童無理取鬧，常出惡言污辱老儒
   (B)「塗朱墨演劇」指學童趁老師不在時，粉墨登場演戲
   (C)「有欲往詬詈者」指有人責怪老儒太嚴厲，想前去痛罵他
   (D)「諸兒實無禮，撻不爲過」指學童過於無禮，笞打也沒用
2. 下列說明，最符合上文主旨的選項是：【指 105】
   (A) 對於頑劣的學童，適當的處罰仍有其必要性
   (B) 老儒以巧計教育學童不可頑劣，不愧爲良師
   (C) 人狐相爭恐生禍害，因此以力爭勝並非良方
   (D) 狐的行爲看似報怨，實乃對世人之教育方式

題組五閱讀理解密碼表

核心概念	讚美鄉某人的識見不流於意氣用事
重點細節	學童常汙穢狐精住處→老師外出學生胡鬧→狐精假扮老師痛打學生→鄉人生氣想討回公道→鄉某人勸阻不要冤冤相報
難句句意	1.「乃時穢污之」：指學童常把狐精住處弄得非常髒亂 2.「塗朱墨演劇」：指學童趁老師外出時，演戲胡鬧 3.「有欲往詬詈者」：指有人主張去狐精住處，責罵狐精 4.「諸兒實無禮，撻不為過」：指學童常冒犯狐精，無禮在先，理應受到處罰 5.「此人可謂平心，亦可謂遠慮矣」：指鄉某人能公平看待狐精責打學童的事件，又能提醒大家留意以暴制暴反而會對學童不利

題組五解題說明表

題號	答案	試題重點	解題說明
1	B	詮釋涵義	根據難句句意的說明，可判斷 (B) 較正確
2	C	摘要主旨	根據核心概念的說明，可判斷 (C) 較正確

現在我學會了

- □ 分析國文考科的試題重點及評量指標
- □ 分析、比較國文考科的試題架構
- □ 分析、比較國文考科的試題難易度
- □ 提升閱讀的詮釋、舉例、摘要能力
- □ 提升閱讀的推論、比較、解釋、區辨、歸因能力
- □ 提升閱讀的綜合能力──各類短文
- □ 提升閱讀的綜合能力──韻文、小說
- □ 提升閱讀的深層素養
- □ 提升語文應用能力
- □ 提升文化知識的再認能力與深層素養
- □ 成為國文考科的得分高手

素養型閱讀

做完單題型與題組型閱讀試題後，您已能掌握閱讀能力的技巧，現在您將進入培養閱讀能力的最後階段，練習完成素養型閱讀的試題。素養型試題著重評量學生能否能將閱讀能力應用於生活情境（指試題提供的閱讀情境）之中。這類試題的題型約分二類，一類是教材聯結，著重考生能否將課本教材與試題選文結合並加以應用。一類是多元文本，著重考生能否將多元文本整合並加以應用。由於試題研發需長時間測試，所以上述的兩類素養題型並非於 107 年突然出現，而是經過長時間的嘗試與改良，終於在 107 大考的試題中表現的更加精緻與多樣。而這兩類試題未來也將成為閱讀題組的主流，可能會佔一半以上的比例，請務必多加練習。

這類試題因形式變化大，且文字閱讀量多，試題又多為四至五題，所以您容易對試題望而生畏。然而如前所言，閱讀題組的試題永遠是難度最低的試題，而題組評量的試題越多，越容易聚焦於單一重點，這樣您的答題會更容易些。所以您千萬別被試題的假像所惑，放棄最後的努力。只要您善用閱讀理解步驟，**摘要核心概念→整理內容重點→梳理難句句意→分析句子意象意涵**，再加上一點應試技巧——**先瀏覽題幹的試題重點，再從閱讀選文快速找出答案**，您就能輕鬆得分。請相信自己的能力，並充滿信心的進入本章的練習。

讀完本章您將學會

☑ 提升閱讀深層素養——聯結型

☑ 提升閱讀深層素養——比較型

一、聯結型

聯結型試題評量您能否在閱讀選文中，正確建構與生活情境結合並加以應用的能力。此類試題的題型有三種，分別爲基本型、語法型及論文型。

基本型試題，統測 100 年便已出現（參見題組一）。此類型試題都是先閱讀一篇白話短文，然後在題組的最後一題，根據該文內容，請考生判斷選項提供的教材，何者符合。這樣的試題從 100 年起，便常出現在大考試題的題組中（參見題組一、二、三）。到了 106 年，此類試題呈現較多元的變化，例如教材聯結，可以有相互比較的變化（參見題組四），也可以閱讀選文爲圖表，而教材聯結只是一點文化知識的聯結（參見題組五）。

語法型試題，106 年才出現，它是將傳統單題的舉例概念——語法試題，變得更複雜些。傳統舉例語法試題多爲題幹說明一個語法概念，考生判斷哪些選項符合。而素養型試題則是提供一篇談某些語法知識的短文，再根據該文說明，請考生判斷選項的教材詮釋何者正確（參見題組六）。

論文型試題，107 才出現，它是選擇與教材相關的學者論文做爲閱讀選文，所以此類的教材聯結不再是題組中只佔一題的配角，而是題組的主角（參見題組七），且試題常增加爲四至五題。

未來屬於教材聯結的素養試題，傳統的基本型仍會保留，但學測與指考也會有語法型及論文型試題（統測這兩類題型較不會出現）。由於素養試題著重生活應用，所以未來的試題會傾向以靈活變化爲特色，您在練習時，應善加觀察，以便體會其精妙。

練習這個單元時，您要了解短文的核心概念、看法（作者或他人）、重點細節、難句句意並判斷如何與教材聯結。如果你對文本閱讀仍有迷惑，可參考閱讀理解密碼表及解題說明表的提醒。以下爲此類試題的編寫密碼。

試題編寫密碼表

評量指標	試題內容	試題能力	試題難度	試題題數
教材聯結＋其他指標	教材的聯結何者正確 其他閱讀的相關提問是否正確	綜合	容易	2-3 組／6-9 題

題組一

西漢跪坐俑

在沒有椅子那樣的高型坐具、室內生活以地面爲中心的「跪坐時代」，兩膝著地、臀部壓在腳後跟上的「跪坐」是正統坐姿，在正式場合採用其他坐姿，就會被認爲失禮。而爲了表示敬意或歉意，跪坐的人伸腰、臀部離開後腳跟，就形成「跪」；若伏背前俯，則形成「拜」；這兩種禮儀都從跪坐自然發展，就像現代人坐在椅子上欠身致意一樣，是以坐姿爲基礎的禮儀。

跪時若挺直腰桿，大腿與地面呈90度直角，則形成「跽」；「跽，長跪也」。當樊噲闖入鴻門宴，項羽是這樣的：「按劍而跽」，曰：「客何爲者？」原本跪坐的項羽採用長跪，一則表達主人的敬意；但萬一樊噲是恐怖分子，長跪也爲站立起身預做準備。

椅子隨佛教僧侶傳入中國後，直到唐代中期才流行起來。在椅子上垂足而坐，背部有所倚靠，這種舒適感使跪坐相形見絀，漸漸在勇於接受外來文化、富裕足以享樂的唐朝掀起坐姿革命。敦煌445窟壁畫《樂舞圖》繪於唐朝中期，圖中凡坐在高型坐具上的人都是垂足坐；繪於南唐李後主時的《韓熙載夜宴圖》，畫中已經沒有人跪坐了。

椅子在北宋時取得正統坐具的地位。人們雖然放棄跪坐，但因跪坐而形成的禮儀卻被保留。在跪坐時代，雖然位卑者向位尊者行跪禮，但位尊者是跪坐，也是兩膝著地，雙方可說近似平等。然而當人們坐在椅子上，兩膝著地變成一種非常規的姿態，便使位卑者向位尊者行跪禮產生巨大的不平等。臣民日復一日向君主行著卑賤的禮儀，自尊心不斷被摧毀，也越發奴顏卑膝起來。（改寫自澹臺卓爾《椅子改變中國》）

1. 下列敘述，何者符合上文所提出的觀點？【統 100】

(A) 椅子改變了古代中國的傳統坐姿，從而加深君權至上的觀念

(B) 跪禮成於「跪坐時代」，足見君主專制思想在中國源遠流長

(C)「跪坐時代」君臣關係是平等的，因而產生可貴的民本思想

(D) 隨椅子傳入中國的佛教禮儀，改變因跪坐而形成的傳統儀節

2. 上文述及《樂舞圖》和《韓熙載夜宴圖》，目的是爲了說明：【統 100】

(A) 椅子出現於古代中國，首見於唐代

(B) 唐代椅子尚未普及，跪坐仍是主流坐姿

(C) 唐代中期以後，垂足坐在椅子上成爲主流坐姿

(D) 唐代平時多採跪坐，宴會則喜歡垂足坐在椅子上

3. 依據上文所敘述的坐姿演變，下列文句的「坐」，按句中人物所處時代推斷，坐姿屬於「跪坐」的是：【統 100】

甲、子路、曾晳、冉有、公西華侍「坐」

乙、項王即日因留沛公與飲，項王、項伯東嚮「坐」

丙、劉老老入了「坐」，拿起箸來，沉甸甸的不伏手

丁、魯肅領周瑜言語，逕來舟中相探孔明，孔明接入小舟對「坐」

戊、三個來到酒店裡，宋江上首「坐」了；武松倚哨棒，下席坐了

(A) 甲乙丙　(B) 甲乙丁　(C) 乙丁戊　(D) 丙丁戊

題組一閱讀理解密碼表

核心概念	介紹中國坐姿的演變
重點細節	坐姿演變 1. 唐朝之前採跪坐，並演化出跪、拜、跽等姿勢 2.《樂舞圖》、《韓熙載夜宴圖》說明唐代中期改爲垂足而坐的盛況
作者看法	垂足而坐後，傳統跪姿變成是國君對臣下自尊心的摧殘

題組一解題說明表

題號	答案	試題重點	解題說明
1	A	區辨內容	根據作者看法的說明，可判斷 (A) 較正確
2	C	歸因意涵	根據坐姿演變的說明，可判斷 (C) 較正確
3	B	教材聯結—舉例概念	根據坐姿演變及下列各選項的說明，可判斷 (B) 較正確 甲、先秦孔子弟子事蹟，乙、秦漢之際楚漢相爭事蹟，丁、三國時代事件。以上爲唐代以前

題組二

著名建築家梁思成在香山途中，發現杏子口山溝南北兩崖上的三座小小佛龕，幾塊青石板經歷了七百多年風霜，石雕的南宋風神依稀可辨，說是「雖然很小，卻頂著一種超然的莊嚴，鑲在碧澄澄的天空裡，給辛苦的行人一種神秘的快感和美感。」建築家有這樣的領會，梁思成名之爲「建築意」。

「意」，不太容易言傳，等於品味、癖好之微妙，總是孕含一點「趣」的神韻，屬於純主觀的愛惡，玄虛不可方物，如聲色之醉人，幾乎不能理喻。袁宏道所謂「世人所難得者唯趣。趣如山上之色、水中之味、花中之光、女中之態，雖善說者不能下一語，惟會心者知之」。這是對的。但是，袁中郎笑人慕趣之名，求趣之似，辨說書畫、涉獵古董以爲清，寄意玄虛、脫跡塵俗以爲遠，說這些都是趣之皮毛，未免犯了知識勢利的弊病。夫趣，得之自然者深，得之學問者淺，一心追求高級文化之神情旨趣，恐怕變得有身如桎，有心如棘，入理愈深，去趣愈遠。這一層，蘇珊・桑達看得比較通透，她標舉俗中求雅的享樂主義也是「高品味」，「有品味有修養的人從此得以開懷，不必日夜爲杞憂所累。」琴棋書畫的最高境界講究能收能放，與此同理。

品味跟精神境界當然分不開，可惜庸俗商業社會中把人的道德操守和文化修養都化成「交換價值」，視之如同「成品」，只認標籤不認內涵，品味從此去「品」何止千里！懂得看破功利社會怪現象而發出會心微笑的人，才能洞識「現代品味」的眞諦，才可以在交換價值市場上立足且自得其趣。在這樣精緻的按鈕時代裡，沒有這一點品味的人注定寂寞。（改寫自董橋〈說品味〉）

1. 依據文意，選出敘述正確的選項：【學 104】
   (A) 梁思成所謂「建築意」，是指建築文物因歷經歲月風霜而呈現的斑駁痕跡
   (B) 蘇珊 ‧ 桑達提出「高品味」，意在諷刺現代人往往付出高價追求庸俗享樂
   (C) 掌握道德操守和文化修養之間的「交換價值」，才能在現代社會自得其趣
   (D) 能超越功利角度享受美感經驗，方能在精緻的按鈕時代裡培養「現代品味」
2. 下列敘述，與文中論「趣」觀點最相符的選項是：【學 104】
   (A) 鄭愁予〈錯誤〉：「東風不來，三月的柳絮不飛」擅寫自然景物，是「夫趣，得之自然者深」的表現
   (B) 徐志摩〈再別康橋〉：「在康河的柔波裡，我甘心做一條水草」，表達濃烈的主觀愛好，屬於「趣之皮毛」
   (C) 袁宏道〈晚遊六橋待月記〉認爲「月景尤不可言」，乃因月景之美「孕含一點『趣』的神韻」，「惟會心者知之」
   (D)《世說新語》中「白雪紛紛何所似」、「撒鹽空中差可擬」的二句問答，雙方皆欲以此明辨事理，因而「去趣愈遠」

題組二閱讀理解密碼表

核心概念	說明品味的意涵：品味是一種生活之趣，屬於純主觀的愛惡，玄虛不可方物
作者看法	1. 品味例子：梁思成以南宋石雕爲趣，袁宏道以山色爲趣 2. 品味俗雅不拘，能收能放爲上，所以贊同蘇珊 · 桑達的看法，不贊同袁宏道的看法 3. 現代品味貴於超越商品價值，堅持人的道德操守和文化修養（美感經驗）並自得其樂
難句句意	「精緻的按鈕時代裡」：暗指只要出高價就能獲得某些藝術品的競標行爲，不能表示得標者有特別的品味，只是顯示他更有錢而已

題組二解題說明表

題號	答案	試題重點	解題說明
1	D	區辨內容	根據作者看法的說明，可判斷 (D) 較正確
2	C	教材聯結—舉例概念	根據核心概念的說明，可判斷 (C) 較正確

題組三

在發現澳洲之前，舊世界的人相信所有的天鵝都是白的——這個想法其實沒有錯，因爲它和實證現象完全吻合。但只要一隻黑天鵝，便足以讓一個基於白天鵝被看到千萬次所形成的認知失效。

出乎意料的黑天鵝事件，説明了人們從觀察或經驗所學到的事物往往有其侷限。人們無力預測黑天鵝事件，也顯示了人們無從預測歷史發展。但黑天鵝事件發生後，人們又會設法賦予它合理的解釋，好讓它成爲是可預測的。因此，許多學説總在黑天鵝事件後出現。

雖然令人難以置信的黑天鵝事件經常衝擊現有的局勢，但我們如果願意反知識操作，或許可以從中僥倖獲利。事實上，在某些領域——例如科學發現和創業投資，來自未知事件的報酬非常大。發明家和企業家往往注意雞毛蒜皮的小事，並在機會出現時認出機會。（改寫自 Nassim Nicholas Taleb《黑天鵝效應 · 前言》）

1. 下列敘述，符合作者看法的是：【學 107】

(A) 黑天鵝事件向來離奇，人類的經驗難以理解

(B) 留意細微徵兆，有助於防範黑天鵝事件發生

(C) 投資致富的關鍵，便是懂得避開黑天鵝事件

(D) 科學研究若出現黑天鵝事件，可能翻轉知識

2. 下列作品中人物始料未及之事，最接近黑天鵝事件的是：【學 107】

(A)《三國演義》：曹操沒料到，赤壁在冬天會吹東南風

(B)《儒林外史》：胡屠戶沒料到，女婿范進能鄉試中舉

(C)〈燭之武退秦師〉：鄭伯沒料到，鄭國能倖免於秦晉聯軍

(D)〈馮諼客孟嘗君〉：孟嘗君沒料到，薛地百姓會夾道相迎

題組三閱讀理解密碼表

核心概念	說明黑天鵝事件：生活中出現悖逆常情的特別事件
作者看法	1. 黑天鵝事件，說明人們的知識有侷限性 2. 黑天鵝事件發生後，人們會提出學說，賦予它合理的解釋 3. 如果能留意小徵兆並突破知識的侷限，可能會產生科學發現或創業投資利潤
難句句意	「發明家和企業家往往注意雞毛蒜皮的小事，並在機會出現時認出機會，所以往往能獲得極大的報酬」：當黑天鵝出現時，一般人受限天鵝皆白的認知，便誤以為黑天鵝只是一般雁鴨，沒有什麼特別，因而喪失發現黑天鵝的機會。但發明家和企業家卻能進一步做仔細的觀察與分析，所以他們成為發現黑天鵝的人，並因此得到發現黑天鵝的極大報酬

題組三解題說明表

題號	答案	試題重點	解題說明
1	D	推論看法	根據作者看法 3 不易判斷 (D) 為正答，但根據作者看法 2、3，可判斷 (A)、(B)、(C) 不正確
2	A	教材聯結—舉例概念	根據核心概念的說明，及 (B)、(C)、(D) 之事都不是經驗必然之事，可判斷 (A) 較正確

題組四

兗州張氏期余看菊，去城五里，余至其園，盡其所爲園者而折旋之，又盡其所不盡爲園者而周旋之，絕不見一菊，異之。移時，主人導至一蒼莽空地，有葦廠三間，肅余入，遍觀之，不敢以菊言，眞菊海也。廠三面，砌壇三層，以菊之高下高下之。花大如瓷甌，無不球，無不甲，無不金銀荷花瓣，色鮮艷，異凡本，而翠葉層層，無一葉早脫者。此是天道，是土力，是人工，缺一不可焉。（張岱〈菊海〉）

1. 依據上文，關於張府賞菊處所的敘述，何者正確？【統 107】
   (A) 佔地廣達五里，包含葦廠三間
   (B) 入園之後幾經打探，始見葦廠
   (C) 葦廠有圍牆三層，牆以石磚砌成
   (D) 配合壇分三層，菊株按高低擺放

2. 依據上文，作者至張府賞菊時初覺「異之」，主要是因爲：【統 107】
   (A) 吾廬籬下菊，秋來未著花　(B) 東籬有佳菊，恨無知音賞
   (C) 遍尋不知蹤，覓時何處覓　(D) 行到水窮處，但聞人語響

3. 上文與下面方框袁宏道〈晚遊六橋待月記〉都敘寫了「花海」。關於兩文畫底線處的解讀，何者錯誤？【統 107】

余時爲桃花所戀，竟不忍去湖上。由斷橋至蘇堤一帶，綠煙紅霧，彌漫二十餘里。歌吹爲風，粉汗爲雨，羅紈之盛，多於堤畔之草，艷冶極矣。

   (A) 張文：描述菊花的形貌色彩
   (B) 袁文：呈現遊人的綺麗風情
   (C) 張文：展示近距觀賞的畫面
   (D) 袁文：運用擬物爲人的手法

項目	張文	袁文
核心概念	敘述賞菊的特殊經驗	描寫桃花花海及遊人出遊盛況
重點細節	1. 奇特：至菊園而不見一菊。此使用懸疑的寫作技巧 2. 壯觀：眞菊海也 3. 神妙：花形大、球狀、瓣多而完整、色艷、無翠葉脫落。以上採近觀視角 4. 擺放地點與方式：葦廠三間，三面牆皆砌壇三層，按菊莖長、短放置	1. 夢幻：桃花花海如煙似霧 2. 豔冶：形容仕女出遊盛況，人之歌吹如風，人之粉汗如雨爲譬喻 以上皆採遠觀視角

題組四解題說明表

題號	答案	試題重點	解題說明
1	D	區辨內容	根據張文擺放地點與方式的說明，可判斷 (D) 較正確
2	C	解釋因果	根據張文重點細節 1 的說明，可判斷 (C) 較正確
3	D	教材聯結一比較異同	根據張文、袁文核心概念、重點細節的說明、比較，可判斷 (D) 較正確

題組五

甲、西方文化常見的領袖

	《南方四賤客》的阿ㄆㄧㄚˇ	性格偏激，但能運用譎智機巧，出奇制勝。	在華人文化較受質疑
	《星艦迷航記》的寇克船長	富冒險精神，用駭客手法破解通關陷阱。	
	《哈利波特》的哈利波特	會視狀況打破規則，常靠幸運和機敏破解難題。	

乙、西方文化常見的副手

	《南方四賤客》的凱子	有較高的道德標準，靠邏輯解決問題。	在華人文化較受肯定
	《星艦迷航記》的史巴克大副	穩健忠實，不冒進，認爲規矩不應違反。	
	《哈利波特》的妙麗	學科成績優秀，靠知識與理性解決問題。	

1. 下列推論，何者最符合上表的訊息？【統 107】
   (A) 甲型人物嚴守「惟仁惟孝，義勇奉公，以發揚種性」的信念
   (B) 乙型人物常給人「爲機變之巧者，無所用恥焉」的印象
   (C) 西方文化的領袖較缺乏華人文化普遍接受的性格特質
   (D) 西方文化強調領袖獨尊，華人文化重視副手輔佐

2. 某位老師從《西遊記》找出「孫悟空、沙僧」做爲「概略形象上最接近甲、乙兩型」的一組人物，並提供下列①、②、③、④引導同學深入探究。依據選項表上端的提問，哪個選項是最恰當的研判？【統 107】

①孫悟空從水簾洞返回，想先洗浴，豬八戒不解，孫悟空說：「這幾日弄得身上有些妖精氣了。師父是個愛乾淨的，恐怕嫌我。」

②唐僧想讓人復生，孫悟空乾脆找太上老君：「既然曉得老孫的手段，快把金丹拿出來，與我四六分分，還是你的造化哩！不然，就送你個皮笊籬，一撈個罄盡！」

③唐僧被捉，孫悟空、豬八戒提議散伙，沙僧說：「今日到此，一旦俱休，說出這等各尋頭路的話來，可不違了菩薩的善果，壞了自己的德行。」

④唐僧思鄉，孫悟空勸他勿憂，沙僧也對抱怨路遠的豬八戒說：「莫胡談！只管跟著大哥走，只把工夫捱他，終須有個到之之日。」

	能支持「孫悟空屬於甲型人物」嗎？		能支持「沙僧屬於乙型人物」嗎？	
	①孫悟空說	②孫悟空說	③沙僧說	④沙僧說
(A)	V	X	V	X
(B)	V	V	X	V
(C)	X	V	V	V
(D)	X	V	X	V

題組五閱讀理解密碼表

項目	重點	甲型人物	乙型人物
作者看法	人物任務	領袖	副手
	人物特質	創造性思維，道德感輕	理性思維，道德感重
	華人價值觀	質疑	肯定

題組五解題說明表

題號	答案	試題重點	解題說明
1	C	教材聯結—推論看法	根據作者看法的說明，可判斷 (C) 較正確
2	C	教材聯結—推論看法	①③④理性思維、道德感重，②創造性思維強 根據以上說明，可判斷 (C) 較正確

題組六

「其」可作「其中之」講，如：「孔融幼時，與諸兄食梨，取『其』小者。」「其」的這種用法可說是從「他的」之義變化出來，但也未嘗不可仍作「那個」講。「其」的這兩種意義本來密切相連，「他的」就等於「那個……的」。我們因爲白話裡用的詞不同，就生出分別，古人大概感覺只有一個作爲指稱之用的「其」。「其」還有一種用法，表示語氣。這和指稱用法毫無關係，應該是兩個不同的詞，只是寫成同一形式罷了。「其」表示的語氣，或爲測度，和「殆」差不多，如：「始作俑者『其』無後乎？」或爲勸勉，如：「爾『其』無忘乃父之志！」這個「其」和白話的「可」相當。（改寫自呂叔湘《文言虛字》）

1. 依據上文，符合作者看法的選項是：【指 106】
   (A)「殆」、「可」、「其」三者作爲語氣詞，意義可相通
   (B) 表示語氣的「其」，是從作爲「其中之」的「其」變化而來
   (C)「其」作「他的」講和作「那個」講，是爲了白話理解之便
   (D) 古文中「其」作爲語氣只有一種用法，在白話才有測度和勸勉的區別

2. 依據上文，下列文句中「其」的說明，正確的選項是：【指 106】
   (A) 微管仲，吾「其」被髮左衽矣：測度語氣，「殆」之意
   (B) 天下其有不亂，國家「其」有不亡者乎：勸勉語氣，「可」之意
   (C) 餘人各復延至「其」家，皆出酒食：指稱用法，「其中之」之意
   (D) 蘭槐之根是爲芷，「其」漸之滫，君子不近：指稱用法，「那個」之意

題組六閱讀理解密碼表

核心概念	古文中「其」字的用法
作者看法	1. 當指稱詞，有「他的」，「其中」或「那個」二種涵義，但此分別是呼應白話文，古文涵義皆同 2. 當語氣詞，有測度語氣大概（殆），勸勉語氣應該（可）二種涵義

題組六解題說明表

題號	答案	試題重點	解題說明
1	C	推論看法	根據作者看法的說明，可判斷 (C) 較正確
2	A	教材聯結—詮釋涵義	根據下列各選項的說明，可判斷 (A) 較正確 (B) 測度語氣，有「殆」之意 (C) 指稱用法，「他的」之意 (D) 連接用法，表示假設，「如果」之意。「其漸之滫」的指稱詞是「之」

題組七

陶醉於田園的陶潛，是否曾爲他決定隱居後悔過？是否有時候也想過另外一種生活？清代以降的批評家已開始質疑陶潛作爲一個隱士的「單純性」——詩人龔自珍就把陶潛當成有經世抱負的豪傑之士，可與三國時代的諸葛亮相比擬：「陶潛酷似臥龍豪，萬古潯陽松菊高。莫信詩人竟平淡，二分梁甫一分騷。」很顯然，龔自珍並沒有把陶潛當作一個平淡的人。對龔氏及其同時代的人而言，陶潛代表了一個典型的知識分子，有出仕的凌雲之志卻扼腕而棄之——因爲生不逢時。

其實早在唐代，詩人杜甫便已經對陶潛作爲一個恬然自樂的隱士形象提出質疑。杜甫在其〈遣興〉一詩中說：「陶潛避俗翁，未必能達道。觀其著詩集，頗亦恨枯槁。」學者李華認爲杜甫所要傳遞的訊息是：「陶淵明雖然避俗，卻也未能免俗。何以知之？因爲從陶潛詩集來看，其中很有恨自己一生枯槁之意。」李華將杜甫詩中的「枯槁」解作「窮困潦倒」是很有理由的，因爲陶潛〈飲酒〉第十一首用了同一個詞來形容孔子得意門生顏回的窘迫：「顏生稱爲仁，榮公言有道。屢空不獲年，長飢至於老。雖留後世名，一生亦枯槁……」。我們自然可以聯想到當杜甫試圖揭開清貧隱士陶潛的面具時，實際上也是自我示現。浦起龍在評解杜甫〈遣興〉時，便指出：「嘲淵明，自嘲也。假一淵明爲本身象贊」。由此，也就解釋了爲什麼杜甫詩作中一再提到陶潛。而實際上，杜甫正是第一個將陶潛提升到文學經典地位的人。

然而在過去的數世紀內，批評家一直誤讀杜甫，或者可以說是對杜甫解讀陶潛的誤讀。由於批評家常將「枯槁」解作「風格上的平淡」，自然而然會認定杜甫以其〈遣興〉一詩來批評陶潛的詩風。這種誤解導致明代學者胡應麟在其《詩藪》中以爲「子美之不甚喜陶詩，而恨其枯槁也」。後來朱光潛也沿襲了胡應麟的說法。這一有趣的誤讀實例證實了：經典化的作者總是處於不斷變化的流程中，是讀者反饋的產物。（改寫自孫康宜〈揭開陶潛的面具〉）

【注：1. 梁甫：即〈梁甫吟〉，史載諸葛亮好爲此詩。】

1. 下列敘述，符合文中龔自珍對陶潛看法的是：【學 107】
   (A) 陶潛一生固窮守節，爲傳統知識分子的典型
   (B) 陶潛與屈原、諸葛亮相同，均懷有濟世之志
   (C) 陶潛才德堪比諸葛亮，竟自甘於平淡，令人惋惜
   (D) 陶詩風格平淡，實受〈梁甫吟〉、〈離騷〉影響

2. 作者認爲歷來批評家對杜甫〈遣興〉一詩，所產生的誤讀是：【學 107】
   (A) 以爲杜甫嘲諷陶潛猶未能達道
   (B) 以爲杜甫批評陶潛的詩風枯槁
   (C) 認爲杜甫質疑陶潛的隱士形象
   (D) 認爲杜甫藉陶潛自嘲窮困潦倒

3. 依據上文，作者所<u>不認同</u>的前人論述是：【學 107】
   (A) 杜甫對陶潛詩的詮釋　(B) 龔自珍對陶潛的評論
   (C) 浦起龍對杜詩的詮釋　(D) 胡應麟對杜甫的評論

4. 上文認為「經典化的作者，是讀者反饋的產物」，圖像也是讀者反饋的一種形式。甲、乙二圖皆以陶潛的歸隱生活為背景，下列敘述，<u>最無法</u>從圖中獲悉的是：【學 107】

【甲】　【乙】

(A) 甲圖藉「採菊東籬」、「見南山」表現陶潛的閒適
(B) 乙圖用飢餓難耐、流眼淚顛覆陶潛清貧自守的形象
(C) 甲圖描繪陶潛功成不居，乙圖則描繪陶潛樂極生悲
(D) 對陶潛形象的詮釋，甲圖重精神面，乙圖重物質面

題組七閱讀理解密碼表

核心概念	陶潛因遭逢亂世不得已而隱居，並非只甘於隱士生活
人物看法	1. 龔自珍看法：屈原、諸葛亮、陶潛均有凌雲（濟世）之志 2. 杜甫看法：陶潛常恨自己窮愁潦倒 3. 浦起龍看法：杜甫嘲陶潛是自嘲 4. 杜詩誤讀：將「枯槁」解作「風格上的平淡」而非處境的「窮愁潦倒」，例如胡應麟、朱光潛

甲、乙圖比較表

項目	甲圖	乙圖
陶潛特質	表現陶潛的閒適	顛覆陶潛清貧自守的形象
詮釋特質	重精神面	重物質面

題組七解題說明表

題號	答案	試題重點	解題說明
1	B	教材相關—推論看法	根據龔自珍看法的說明，可判斷 (B) 較正確
2	B	教材相關—推論看法	根據杜詩誤讀的說明，可判斷 (B) 較正確
3	D	教材相關—推論看法	根據核心概念及人物看法的說明，可判斷 (D) 較正確
4	C	教材相關—比較異同	根據甲、乙圖比較表的說明，可判斷 (C) 較正確

二、比較型

比較型試題評量您能否在閱讀選材中，正確建構多元文本綜合理解並加以比較應用的能力。此類試題的題型有三種，分別爲教材型、主題型、圖表文型。

教材型試題，106 年開始出現，試題提供的閱讀選文有一篇是教材，有一篇是與該教材主題相關的短文（參見題組一）。

主題型試題，107 年才出現，試題提供的閱讀選文爲兩篇主題相關的短文，但此二文與教材無關（參見題組二、三）。

圖表文型試題，107 年才出現，試題提供的閱讀選文爲兩、三篇主題相關的圖、文、表資料，內容與教材無關（參見題組四）。

比較型試題的變化主要在閱讀選材的組合，而試題常增加爲四至五題。未來這三種類型的試題皆可能同時出現在試題中，您在練習時，應善加觀察，以便體會其精妙。

107 三種大考的題組，比較型試題常多至三、四組，未來應該也會如此，所以它將是未來題組試題最常出現的形式。練習這個單元時，您務必了解兩、三種閱讀選材的核心概念、看法（作者或他人）、重點細節，並加以比較。如對閱讀選材重點仍有迷惑，可參考閱讀理解密碼表及解題說明表的提醒。如果您想進一步了解此類試題的試題特質及編寫要點，您可以參考下列試題編寫密碼表的說明。

評量指標	試題內容	試題能力	試題難度	試題題數
綜合比較＋其他指標	多元選材的比較判斷某選材的相關提問是否正確	綜合	中等	3-4 組／8-13 題

題組一

甲

蘇子曰：客亦知夫水與月乎？逝者如斯，而未嘗往也；盈虛者如彼，而卒莫消長也。蓋將自其變者而觀之，則天地曾不能以一瞬；自其不變者而觀之，則物與我皆無盡也，而又何羨乎？（蘇軾〈赤壁賦〉）

乙

黃州三年，蘇軾從大自然中獲得了更深的體悟。大江滔滔東流，明月缺而復圓，天地間一切現象看似不斷變化，但如以永恆的觀點來看萬物萬化，則江水何嘗流去，明月也無所謂消長。倘若江水、明月無盡，草木之春榮秋落無盡，則我們的生命亦豈有盡時？人，也是大自然的一份子，若人生不被強行分割成過去、現在、將來等片段，造成狹義的時間觀念，就不會被拘限在特定的時間框框裡。《莊子．大宗師》的一段話，正可做「自其不變者而之」的註解。莊子說：把船藏在山壑裡，把山藏在大水裡，自以爲藏得很牢固，但如果半夜來個大力士，將天下背起來跑掉，愚昧的人還不曾知道哩！物按大小做適當的儲藏，仍不免失落，要是能「藏天下於天下」，就根本無從發生「失落」這回事了。（改寫自李一冰《蘇東坡新傳》）

1. 下列關於甲、乙二文的敘述，何者正確？【統 106】
   (A) 甲文是乙文的創作基礎，甲文所顯現的儒、道衝突為乙文闡發的重點
   (B) 甲文的蘇子是蘇軾的化身，乙文中的蘇軾融合了史實與李一冰的闡釋
   (C) 甲文用蘇子與客對話來敘寫，乙文則用蘇軾閱讀《莊子》來開展故事
   (D) 甲文強調蘇子深陷人生無常的傷悲，乙文則凸顯蘇軾超越生死的智慧
2. 乙文認為：莊子「藏天下於天下」可做為甲文「自其不變者而觀之」的註解，應是基於：【統 106】
   (A) 蘇軾從「不變」體悟了「萬物與我為一」，其哲理與莊子贊同的「以不藏為藏」相近
   (B) 蘇軾從「不變」體悟了「萬物與我為一」，其哲理與莊子贊同的「用行而舍藏」相近
   (C) 蘇軾從「不變」體悟了「世事終有定數」，其哲理與莊子贊同的「以不藏為藏」相近
   (D) 蘇軾從「不變」體悟了「世事終有定數」，其哲理與莊子贊同的「用行而舍藏」相近
3. 乙文所說的「失落」，主要是由什麼原因所造成？【統 106】
   (A) 心有拘執　(B) 天下無道　(C) 藏才隱智　(D) 物我無盡

題組一閱讀理解密碼表

項目	甲文	乙文
作者	蘇軾	李一冰
作者看法	萬物皆有變（短暫）與不變（永恆）的特質（具道家思想）	1. 變與不變能並存是因消弭時間的限制（作者對蘇子之言的詮釋） 2. 藏與不藏能並存是因消弭空間的限制（作者對莊子大宗師的詮釋） 3. 藏天下於天下因消弭時空限制，所以不會有失落
看法特質	蘇子曰＝蘇軾看法	對蘇軾的敘述＝李一冰對宋朝蘇軾的詮釋

題組一解題說明表

題號	答案	試題重點	解題說明
1	B	綜合比較異同	根據看法特質的說明，可判斷 (B) 較正確
2	A	綜合解釋因果	乙文認為莊子「藏天下於天下」是「以不藏為藏」，故可做為甲文以「不變為變」的註解。因為「不變為變」著重弭平物我時間的差別，與「不藏為藏」著重弭平萬物儲藏空間的差別，想法相近。「用行舍藏」為孔子思想。根據以上說明，可判斷 (A) 較正確
3	A	解釋因果	根據乙文作者看法 3 的說明，可判斷 (A) 較正確

題組二

甲

利未亞州東北厄日多國產魚，名喇加多，約三丈餘。長尾，堅鱗甲，刀箭不能入。足有利爪，鋸牙滿口，性甚獰惡。色黃，口無舌，唯用上齶食物。入水食魚，登陸每吐涎于地，人畜踐之即仆，因就食之。見人遠則哭，近則噬。冬月則不食物，睡時嘗張口吐氣。（南懷仁《坤輿圖說》）【注：1. 利未亞州：非洲。2. 厄日多：埃及。3. 喇加多：鱷魚。】

乙

莎士比亞的戲劇說：「那公爵如淌著眼淚的鱷魚，把善心的路人騙到嘴裡。」鱷魚眼睛所分泌的液體，有科學家曾經認爲應是用來排出身體多餘的鹽分。許多生活在海裡的爬行動物，因爲腎功能不如海生哺乳動物，故以鹽腺來恆定喝入海水後的體內離子。例如海龜的鹽腺位於淚腺中，海龜看似流眼淚，其實是讓鹽分藉此排出。海鬣蜥的鹽腺位在鼻腺中，牠們會從鼻孔排出結晶狀的鹽分。海蛇的鹽腺則在後舌下腺中。總之，鹽腺的位置是個別演化的，但功能相似。

目前已無生活於海中的鱷魚，但有些鱷魚仍棲息於河口或淺海。科學家後來發現，牠們的舌頭表面會流出清澈的液體，進而懷疑這才是鹽腺的分泌物。經過蒐集分析，果然其含鹽量比眼睛分泌物來得高。例如亞洲的鹹水鱷與美洲的美洲鱷，鹽腺都位在舌下腺中，牠們舌頭表面的孔洞會分泌出高鹽分的液體。至於同一屬的淡水表親，如澳洲淡水鱷，也有結構相同的舌下鹽腺，但效能就略遜一籌；同一科的西非狹吻鱷和西非矮鱷，情況也大致類似。但生活於淡水地區的短吻鱷科鱷魚，例如美洲短吻鱷和眼鏡凱門鱷，舌頭的孔洞都極小，前者的排鹽效率奇差，後者則完全不會排出鹽分。

鱷魚通常在陸地待了一段時間後，位於瞬膜的哈氏腺便會分泌鹹液潤滑眼睛。瞬膜是一層透明的眼瞼，除了滋潤眼睛外，當鱷魚潛入水中，閉上瞬膜，既能保護眼睛，又能看清水下情況。另有實驗發現，有些鱷魚會邊進食邊流淚，甚至眼睛冒出泡沫，推測可能是咬合時壓迫鼻竇的生理反應。（改寫自國家地理雜誌中文網）

1. 下列關於甲文敘寫「喇加多」的分析，錯誤的是：【學 107】
   (A) 先談外形，再寫習性；習性再分「獵食」、「避敵」兩線敘寫
   (B) 以「利爪」、「鋸牙」襯托「獰惡」，以「刀箭不能入」強化「堅鱗甲」特徵
   (C) 以「入水」、「登陸」的活動範圍，描述其生活特性，也寫獵食對象甚廣
   (D) 藉「吐涎于地」和「遠則哭，近則噬」二事揭露其獵食技倆
2. 甲文「人畜踐之即仆」的鱷魚涎液，若依乙文的看法，最可能的分泌來源是：【學 107】
   (A) 哈氏腺　(B) 舌下腺　(C) 淚腺　(D) 鼻腺
3. 甲文謂鱷魚「見人遠則哭」，若依乙文的看法，其主要原因應是：【學 107】
   (A) 引誘獵物　(B) 排除鹽分
   (C) 哀傷憐憫　(D) 潤滑眼睛
4. 乙文第二段列舉數種鱷魚，最主要是爲了說明：【學 107】
   (A) 不同棲息地的鱷魚，鹽腺的效能也隨之有別
   (B) 不同種類的鱷魚，鹽腺所在的位置也不相同
   (C) 鱷魚鹽腺的位置，會隨棲地鹽分多寡而改變
   (D) 鱷魚鹽腺的退化，係經過長時間的演化歷程

題組二閱讀理解密碼表

項目	甲文	乙文
核心概念	介紹喇加多	說明鱷魚流淚的原因
重點細節	1. 敘述順序：產地→外形→習性 2. 外形： (1) 猙獰——足有利爪，鋸牙滿口 (2) 堅硬——堅鱗甲 3. 習性： (1) 獵食技巧——吐涎于地，人畜踐之即仆、見人遠則哭，近則噬 (2) 活動範圍——入水、登陸	1. 假設一：鱷魚流淚是爲了排出鹽分 2. 理由：因爲淚水不含鹽分，舌下腺分泌的口水含鹽分，所以假設一不正確 3. 例子：各類鱷魚唾液鹽分的含量情況 4. 假設二：鱷魚流淚是爲了滋潤眼睛 5. 理由：因爲鱷魚在陸地待了一段時間後，位於瞬膜的哈氏腺會分泌鹹液潤滑眼睛，所以假設二正確

題組二解題說明表

題號	答案	試題重點	解題說明
1	A	區辨內容	根據甲文重點細節的說明，可判斷 (A) 不正確
2	B	綜合推論看法	根據甲文重點細節 3 及乙文重點細節 2 的說明，可判斷 (B) 較正確
3	D	綜合解釋因果	根據甲文重點細節 3 及乙文重點細節 5 的說明，可判斷 (D) 較正確
4	A	歸因意涵	根據乙文重點細節 3 的說明，可判斷 (A) 較正確

題組三

甲

田常欲作亂於齊，憚高、國、鮑、晏，故移其兵，欲以伐魯。孔子聞之，謂門弟子曰：「夫魯，墳墓所處，父母之國，國危如此，二三子何爲莫出？」子路請出，孔子止之。子張、子石請行，孔子弗許。子貢請行，孔子許之。遂行，至齊，說田常曰：「君之伐魯過矣。夫魯，難伐之國，其城薄以卑，其地狹以泄，其君愚而不仁，大臣僞而無用，其士民又惡甲兵之事，此不可與戰。君不如伐吳。夫吳，城高以厚，地廣以深，甲堅以新，士選以飽，重器精兵盡在其中，又使明大夫守之，此易伐也。」田常忿然作色曰：「子之所難，人之所易；子之所易，人之所難；而以教常，何也？」子貢曰：「臣聞之，憂在內者攻強，憂在外者攻弱。今君憂在內。吾聞君三封而三不成者，大臣有不聽者也。今君破魯以廣齊，戰勝以驕主，破國以尊臣，而君之功不與焉，則交日疏於主。是君上驕主心，下恣群臣，求以成大事，難矣。夫上驕則恣，臣驕則爭，是君上與主有郤，下與大臣交爭也。如此，則君之立於齊危矣。故曰不如伐吳。伐吳不勝，民人外死，大臣內空，是君上無強臣之敵，下無民人之過，孤主制齊者唯君也。」田常曰：「善。」（《史記．仲尼弟子列傳》）

乙

《史記》曰：「齊伐魯，孔子聞之，曰：『魯，墳墓之國。國危如此，二三子何爲莫出？』子貢因行，說齊以伐吳，說吳以救魯，復說越，復說晉，五國由是交兵。或強，或破，或亂，或霸，卒以存魯。」觀其言，跡其事，儀、秦、軫、代，無以異也。嗟乎！孔子曰：「＿＿＿＿」，己以墳墓之國而欲全之，則齊、吳之人豈無是心哉？奈何使之亂歟？吾所以知傳者之妄。（王安石〈子貢論〉）【注：1. 儀秦軫代：張儀、蘇秦、陳軫、蘇代，戰國知名說客。】

1. 甲文中，田常聽完子貢的陳述「忿然作色」，是因為子貢：【指107】

(A) 斥責齊國不仁不義　(B) 諷刺田常短視狹隘

(C) 論調荒謬悖於常理　(D) 分析戰情淺薄空泛

2. 甲文中，「戰勝以驕主，破國以尊臣」的意思是：【指 107】

(A) 田常戰功彪炳，故國君引以為傲，群臣亦相推尊

(B) 田常開疆闢土，令國君自覺驕豪、大臣更加尊貴

(C) 倘若田常恃功而驕，雖一時尊榮但終致身敗國亡

(D) 倘若田常欲掌大權，當建功沙場以傲視國君群臣

3. 甲文中，田常願意接受子貢的建議，乃因伐吳能讓他：【指 107】

(A) 擺脫強臣掣肘　(B) 擺脫齊君脅迫

(C) 獲得百姓擁戴　(D) 獲得魯國支援

4. 乙文____內最適合填入的是：【指 107】

(A) 不在其位，不謀其政　(B) 己所不欲，勿施於人

(C) 用之則行，舍之則藏　(D) 道之以德，齊之以禮

5. 綜合甲、乙二文，王安石質疑甲文對子貢作為的描述，主要基於子貢：【指 107】

(A) 以利為餌，誘使田常接受建議

(B) 降志辱身，為達目的貶抑魯國

(C) 以鄰為壑，不符孔子儒學精神

(D) 能言善道，刻意離間齊國君臣

題組三閱讀理解密碼表

項目	甲文	乙文
核心概念	子貢應孔子要求前往遊說田常伐吳	孔子不可能同意子貢遊說田常伐吳
人物看法	1. 孔子同意子貢遊說田常伐吳 2. 子貢遊說田常伐吳比伐魯有利	
看法理由	1. 田常先因爲子貢建議不合常情而生氣，後因爲子貢解釋而同意 2. 子貢告訴田常，因爲伐吳難成功，權臣會折損實力，所以田常可以專權齊國 3. 子貢告訴田常，因爲伐魯易成功，會使國君驕傲，權臣趁機壯大，所以田常無利可圖	作者認爲子貢的遊說造成五國交兵，不符合「已所不欲，勿施於人」的精神，所以孔子不可能同意子貢前往游說

題組三解題說明表

題號	答案	試題重點	解題說明
1	C	解釋因果	根據甲文看法理由 1 的說明，判斷 (C) 較正確
2	B	詮釋涵義	根據甲文看法理由 3 的說明，判斷 (B) 較正確
3	A	解釋因果	根據甲文看法理由 2 的說明，判斷 (A) 較正確
4	B	推論看法	根據乙文看法理由的說明，判斷 (B) 較正確
5	C	綜合解釋因果	根據乙文看法理由的說明，判斷 (C) 較正確

題組四

甲	2017 第四屆移民工文學獎得獎名單
首獎	塞車：在菲律賓生活的乘客們（菲律賓）
評審獎	一碗紅彈珠裡的思念（印尼）
優選	郵差和寄給媽媽的信（印尼）
	珠和龍舟（印尼）
	代步機（印尼）
青少年評審推薦獎	來自鐵柵欄後的思念信（印尼）
	紅色（印尼）
	窮人的呼聲（菲律賓）
高雄特別獎	雨的氣味（越南）

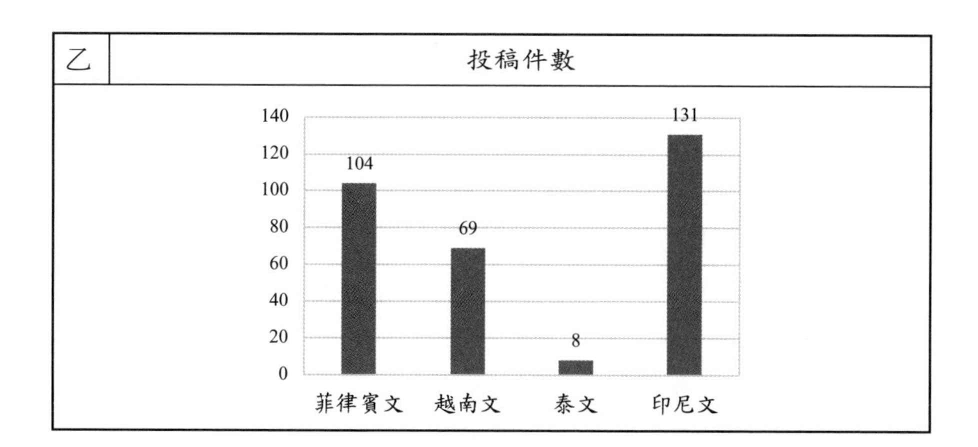

丙

珠說得對，不必對未來感到迷惘。我知道我在臺灣所賺的錢，不能保證我家人的未來會好好的，但就如珠所說的，若有上帝的照顧，我還擔心什麼呢？

雇主對我做的決定感到驚訝，但我向他們保證，一定會找到比我更好的代替者。他們最終同意我的決定，這個月便是我工作的最後一個月。

「這是我們最後一年看龍舟賽了。」我呼喚珠。「以後一定會很想念的。」

「我們可以以遊客身分再回臺灣看啊！」珠說。「不要啦！」我搖頭。

「珠，知道到達妳國家最便宜的交通工具是什麼嗎？」

「是什麼？」珠問。「龍舟呀！」

「哈哈……好吧，我們搭龍舟回去。」珠以大笑回答我的玩笑。

我想跟珠說一句在讀國小時就聽過的諺語，但我打消這念頭。我想，如果不是珠也知道那諺語的道理，她一定會繼續留在臺灣。事實上，她選擇回國，對未來仍然存在著許多問號，但「＿＿＿＿＿」，我相信，她一定也跟我有相同的體會。（改寫自 Safitrie Sadik 著，鐘妙燕譯〈珠和龍舟〉）

1. 若依據甲表、乙圖進行下列推論，則對①、②、③最適當的判斷是：【指 107】

①主辦單位按四種文字投稿件數占總件數的比例，確定最終得獎名額。

②就「篇名」來看，獲獎的作者大多透過具體物象展開敘寫。

③四種文字投稿件數多寡，反映菲、越、泰、印尼在臺移工人數的多寡。

(A) ①正確；②正確；③錯誤

(B) ①錯誤；②正確；③無法判斷

(C) ①錯誤；②無法判斷；③正確

(D) ①無法判斷；②正確；③錯誤

2. 若丙文中的「我」即作者本人，依據甲表和丙文，下列解說最適當的是：【指 107】

(A) 作者相信天無絕人之路，於是中止在臺灣的工作返回印尼

(B) 珠想邀請作者到她家鄉遊玩，讓作者倍感異國友誼的可貴

(C) 珠提議「我們搭龍舟回去」，委婉表達無力買機票的心酸

(D) 爲了不讓珠覺得爲難，作者決定打消解說某句名諺的念頭

3. 若丙文「____」內即「我」在「讀國小時就聽過的諺語」，依據文意，這句諺語最可能是：【指 107】

(A) 香蕉不會兩度結果

(B) 若怕潮水浸，莫在海邊住

(C) 同歡笑的朋友衆多，同哭泣的朋友難逢

(D) 他鄉下金雨，家鄉下石雨，仍是家鄉好

題組四閱讀理解密碼表

項目	甲表	乙圖	丙文
重點細節	1. 提供得獎選文篇目與作者國籍 2. 根據篇目可知作者多採藉物抒情的寫作方式。如〈塞車〉、〈一碗紅彈珠〉、〈郵差和信〉等 3. 印尼移工的書寫水準較好	1. 投稿多來至印尼等四國 2. 印尼移工投稿件數最多	1.「我」與珠皆接準備離開臺灣回印尼發展 2. 對於選擇回國，珠比「我」樂觀 3. 兩人皆願回國面對不可知的未來

題組四解題說明表

題號	答案	試題重點	解題說明
1	B	綜合推論看法	根據甲表及乙圖重點細節的說明，可判斷 (B) 較正確
2	A	綜合區辨內容	根據丙文重點細節 1 的說明，可判斷 (A) 較正確
3	D	推論看法一適切詞句	根據丙文重點細節 3 的說明，可判斷兩人皆有故鄉比他鄉好的體會，所以 (D) 較正確

現在我學會了

- ☐ 分析國文考科的試題重點及評量指標
- ☐ 分析、比較國文考科的試題架構
- ☐ 分析、比較國文考科的試題難易度
- ☐ 提升閱讀的詮釋、舉例、摘要能力
- ☐ 提升閱讀的推論、比較、解釋、區辨、歸因能力
- ☐ 提升閱讀的綜合能力——各類短文
- ☐ 提升閱讀的綜合能力——韻文、小說
- ☐ 提升閱讀的深層素養
- ☐ 提升語文應用能力
- ☐ 提升文化知識的再認能力與深層素養
- ☐ 成為國文考科的得分高手

輕鬆一下，再前進喔！

玖 語文表達

哇！好棒歐！做完了閱讀的所有試題，您已經完成五分之四以上的國文考科準備。您是否對自己更有信心了呢？現在我們要離開閱讀理解的單元，進入新的單元——語文表達。這個新單元的試題，雖然不必用閱讀理解密碼來處理，但字形、詞語、句子的使用仍會與閱讀理解的解釋因果與重點細節相關，所以我們也會在解題說明加以提醒。語文表達目前只有單題型試題，題型也非常固定，但是國文考科的趨勢是綜合混搭，所以未來語文表達也可能出現題組型試題，將字形、詞語、句子、標點做綜合應用。

語文表達目前最常見的類型是字形、讀音、恰當語詞、正確語詞、恰當句子，重組。語文表達各種類型的題數不多，但考生的答對率卻偏低。建議您做完題目後，再仔細閱讀我們的解題說明，用以釐清較模糊的概念。您準備好接受挑戰了嗎？

讀完本章您將學會

- ☑ 提升文字應用能力
- ☑ 提升詞語應用能力
- ☑ 提升句子應用能力
- ☑ 提升格式應用能力

一、實行文字

實行文字評量您能否在閱讀語境中，判斷正確讀音、字形的能力。練習這個單元時，您務必確實分辨每個選項讀音、字形的異同，並參考我們的解題說明及相關提醒。如果您想進一步了解此類試題的試題特質及編寫要點，您可以參考下列試題編寫密碼表的說明。

試題編寫密碼表

評量指標	試題內容	試題能力	試題難度	試題題數
實行文字	同音字字形是否正確 形近字讀音是否正確	基本	困難	1-2

（一）讀音

1. 下列「　」內的字，讀音正確的選項是：【學 106】

(A)「戛」然而止：ㄍㄚ　(B) 犬吠狼「嗥」：ㄒㄧㄠ

(C)「岬」灣海岸：ㄒㄧㄚˊ　(D) 平野廣「袤」：ㄇㄠˋ

2. 下列各組「」內的字，讀音相同的選項是：【學 105】

(A) 惺「忪」／弦聲錚「鏦」　(B)「酖」毒／夫子「哂」之

(C) 眼「瞼」／乘「蹇」驢來　(D)「掇」拾／夜「縋」而出

3. 下列「」內字音前後相同的是：【學 107】

(A)「簪」纓世族／浸潤之「譖」

(B) 若「垤」若穴／藩籬「桎」梏

(C) 財匱力「絀」／正身「黜」惡

(D)「檣」傾楫摧／稼「穡」之道

4. 下列各組「」內的字，讀音相同的選項是：【指 101】

(A) 令人發「噱」／「遽」然而逝

(B) 同心「戮」力／「蓼」菜成行

(C) 寒「蛩」鳴秋／「煢」居荒野

(D)「瓠」巴鼓瑟／簞「瓢」屢空

5. 下列各組「」內三個偏旁相同的字，讀音完全不同的選項是：【學 104】

(A)「忻」慕不已／「沂」水之濱／「斫」木為琴

(B)「滄」海遺珠／氣味「嗆」鼻／「戧」金彩盒

(C) 善擊「羯」鼓／斷碑殘「碣」／佛家「偈」言

(D) 多年「淬」煉／「啐」一口痰／窸「窣」作響

6. 奕軒和同學組隊參加「語文達人競賽」，決勝題抽到的題目是：「奴『婢』/ 痲『痹』/『裨』益，請先判斷『』內三字的讀音為完全相同、完全不同或二同一異，再選出與上述三字發音關係相同的一組答案」，正確答案的選項是：【學 102】
(A)「劬」勞 /「瞿」然 /「佝」僂
(B) 髮「絡」/ 馬「廄」/ 自「咎」
(C) 阿「諛」/ 舞「雩」/ 膏「腴」
(D) 造「詣」/ 福「祉」/ 抽「脂」

題號	答案	試題重點	解題說明
1	D	讀音正確	(A)「戛」音ㄐㄧㄚˊ，如「嘎」則音ㄍㄚ，(B)「嗥」音ㄏㄠˊ，(C)「岬」音ㄐㄧㄚˇ。以上讀音錯誤
2	C	前後讀音相同	(C)「瞼」音ㄐㄧㄢˇ /「蹇」音ㄐㄧㄢˇ。此前後讀音相同 (A)「忪」音ㄙㄨㄥ /「鏦」音ㄘㄨㄥ，(B)「酖」音ㄓㄣˋ /「哂」音ㄕㄣˇ，(D)「掇」音ㄉㄨㄛˊ /「縋」音ㄓㄨㄟˋ。以上前後讀音不相同
3	C	前後讀音相同	(C)「絀」音ㄔㄨˋ /「黜」音ㄔㄨˋ。此前後讀音相同 (A)「簪」音ㄗㄢ /「譖」音ㄗㄣˋ，(B)「垤」音ㄉㄧㄝˊ /「桎」音ㄓˋ，(D)「檣」音ㄑㄧㄤˊ /「穡」ㄙㄜˋ。以上前後讀音不相同

題號	答案	試題重點	解題說明
4	C	前後讀音相同	(C)「蛩」音ㄑㄩㄥˊ／「煢」音ㄑㄩㄥˊ。此前後讀音相同 (A)「噱」音ㄐㄩㄝˊ。如噱頭則「噱」，音ㄒㄩㄝ／「遽」音ㄐㄩˋ，(B)「戮」音ㄌㄨˋ／「蓼」音ㄌㄧㄠˇ。如蓼莪則「蓼」音ㄌㄨˋ，(D)「瓠」音ㄏㄨˋ／「瓢」音ㄆㄧㄠˊ。以上前後讀音不相同
5	A	讀音皆不同	(A)「忻」音ㄒㄧㄣ／「沂」音ㄧˊ／「斫」音ㄓㄨㄛˊ。此三字讀音皆不相同 (B)「滄」音ㄘㄤ／「嗆」音ㄑㄧㄤˋ／「戧」音ㄑㄧㄤˋ，(C)「羯」音ㄐㄧㄝˊ／「碣」音ㄐㄧㄝˊ／「偈」音ㄐㄧˋ，(D)「淬」音ㄘㄨㄟˋ／「啐」音ㄘㄨㄟˋ／「窣」音ㄙㄨˋ。以上有二字讀音相同
6	C	讀音皆相同	(C)「諛」音ㄩˊ／「雩」音ㄩˊ／「腴」音ㄩˊ。此三字讀音相同 (A)「劬」音ㄑㄩˊ／「瞿」音ㄐㄩˋ。如瞿塘峽則「瞿」音ㄑㄩˊ／「佝」音。ㄎㄡˋ。如傴僂的「傴」則音ㄩˇ，(B)「綹」音ㄌㄧㄡˇ／「廄」音ㄐㄧㄡˋ／「咎」音ㄐㄧㄡˋ，(D)「詣」音ㄧˋ／「祉」音ㄓˇ／「脂」音ㄓ。以上讀音不完全相同

（二）字形

1. 下列文句，何者用字完全正確？【統 107】

(A) 層層的葉子中間，零星地點綴著些白花，有嬝娜地開著的，有羞澀地打著朵兒的

(B) 我越過田梗，迎向聆著鐵皮水壺的母親，她坐在父親腳旁，撥攏離土猶青的雜草

(C) 胸中一時千頭萬續，五味雜沉，聽著金發伯那樣的笑聲，竟比哭聲更難令人承受

(D) 蟬對季節的感觸，寫成一首抒情詩，牠們胸挹之中，似乎有許多豪情悲狀的故事

2. 下列文句，用字完全正確的是：【學 107】

(A) 慢不經心的求學態度，將連帶降低學習成效

(B) 謾罵與善意批評本質有別，二者心態也不同

(C) 他的建築設計作品響譽國際，堪稱當代巨擘

(D) 伴隨一晌貪歡而來的，常是慘不忍堵的代價

3. 下列是某生抄錄的 2016 年藝文紀事，用字完全正確的選項是：【學 106】

(A)《暗戀桃花源》在睽違十年後，第五度在臺巡迴演出，堪稱戲劇界盛事

(B) 透過深度的社群經營，電視劇《一把青》善用行銷，逆勢諦造收視佳績

(C) 爲紀念莎士比亞逝世四百週年，倫敦環球劇場提供嶄新風貌的視覺餉宴

(D) 美國歌手巴布狄倫獲諾貝爾文學獎，反映當代「文學」定義已漸驅改變

4. 下列文句，完全沒有錯別字的選項是：【學 105】
(A) 這件事情牽涉層面很廣，我們最好不要插手，暫且作壁上觀
(B) 你們惡性競爭，最後可能讓他作收漁利，豈不是太不聰明
(C) 他完成攀登聖母峰壯舉，一時聲名大躁，不少節目競相邀約
(D) 這件藝品材質不佳，雕工粗躁，絕沒有店家所聲稱的價值

5. 下列文句，完全沒有錯別字的選項是：【學 102】
(A) 流浪多年，離鄉遊子迫不急待地想要歸返家園
(B) 凡事須依理而爲，委曲求全未必能維持團體和諧
(C) 工作應憑實力獲得敬重，絕不可肆無忌憚仗勢妄爲
(D) 比賽即將結束，衛冕者積分遙遙領先，顯然勝卷在握
(E) 颱風季節將到，防災單位莫不未雨籌謀，預作防範措施

6. 下列文句，完全沒有錯別字的選項是：【學 104】
(A) 韋德結婚後在鄉間買了一棟舊屋，重新整修裝潢，成爲幸福新居
(B) 強震中倖免於難的家妮，感謝幸運之神的眷顧，讓她可逃過一劫
(C) 曾有幾年，颱風接二連三地侵襲臺灣，導致作物歉收，農民苦不堪言
(D) 因爲惡疾纏身，他們的苦戀終究無法修成正果，徒留刻苦銘心的回憶
(E) 憑著堅強意志與不斷努力，書豪終於從沒沒無聞的候補球員變成球隊中堅

題號	答案	試題重點	解題說明
1	A	字形正確（解釋因果）	(B) 田「埂」（埂從土指田土，與菜梗的梗有別），「拎」著鐵皮水壺（拎音ㄌㄧㄥ，從手指用手提物，與聆聽的聆有別），(C) 千頭萬「緒」（緒指思緒紛亂，與接續的續有別），五味雜「陳」（陳指浮現，與浮沉的沉有別），(D) 胸「臆」（臆指胸膛，與挹注的挹、回憶的憶有別），豪情悲「壯」（壯指雄豪，與狀態的狀有別）。以上原字形錯誤
2	B	字形正確	(A)「漫」不經心（漫從水指散漫，與快慢的慢有別），(C)「享」譽國際（享指擁有，與聲響的響有別），(D) 慘不忍「睹」（睹從目指看見，與圍堵的堵、賭博的賭有別）。以上原字形錯誤
3	A	字形正確	(B)「締」造（締從糸，指織造完成，與諦聽的諦有別），(C) 視覺「饗」宴（饗指盛宴款待賓客，與與糧餉的餉、享受的享有別），(D) 漸「趨」改變（趨指朝某方向，與驅使的驅有別）。以上原字形錯誤
4	A	字形正確	(A)「作壁上觀」指站在一旁觀看他人交戰，所以「作」不可寫爲「坐」。此原字形正確(B)「坐」收漁利（坐指坐著，比喻輕易，與工作的作有別）(C) 聲名大「噪」（噪從口，指大聲叫喊，與躁動、暴躁的躁、燥熱的燥有別），(D) 雕工也很粗「糙」（糙音ㄘㄠ，指不精細，與躁動、暴躁的躁有別）。以上原字形錯誤

題號	答案	試題重點	解題說明
5	BC	字形正確	(A) 迫不「及」待（及指趕得上、顧及，與著急的急有別），(D) 勝「券」在握（券音ㄑㄩㄢ、，從刀指憑證，與考卷、一卷書的卷有別），(E) 未雨「綢繆」（綢繆指修補窩巢。比喻事先預備，防患未然。與籌謀良策的籌謀有別）。以上原字形錯誤
6	ABCE	字形正確	(D) 刻「骨」銘心（「刻骨」指經驗深刻，與刻苦耐勞的「刻苦」有別）。原字形錯誤

二、實行詞語

實行詞語評量您能否在閱讀語境中，判斷正確或恰當詞語的能力。練習這個單元時，您務必確實掌握句子的關鍵描述，做為判斷詞語的依據。如果對詞語的判斷仍有迷惑，請參考我們的解題說明及相關提醒。如果您想進一步了解此類試題的試題特質及編寫要點，您可以參考下列試題編寫密碼表的說明。

試題編寫密碼表

評量指標	試題內容	試題能力	試題難度	試題題數
實行詞語	成語、關聯詞的使用是否正確 選擇較恰當的詞語	進階	困難	2

（一）正確詞語

1. 下列文句中的「當下」，何者用法最恰當？【統 107】
   (A) 他接過三十年前的照片，當下悲喜交織，不知該說什麼
   (B) 餐廳受到流言影響，整個供餐時間當下，始終無人上門
   (C) 那些遊覽車陸陸續續在當下到站，將旅客分批送往機場
   (D) 爲期三個月的特展佳評如潮，參觀當下的民眾從未間斷
2. 下列文句「」內成語的運用，正確的選項是：【學 101】
   (A) 下課鐘聲一響，小朋友就如「新鶯出谷」般地衝出教室
   (B) 縱有「鬼斧神工」的本領，也無法改變人生無常的事實
   (C) 社區居民來自不同省分，說起話來「郢書燕說」，南腔北調
   (D) 閱讀古籍碰到「郭公夏五」的情況，須多方查考，力求正確
3. 下列文句「」內成語的運用，正確的選項是：【學 102】
   (A) 兩個投機份子「沆瀣一氣」，聯手犯下令人髮指的滔天罪行
   (B) 前輩苦心孤詣獲致的研究成果，足以作爲我們的「前車之鑑」
   (C) 他畢生致力於改善社會風氣，這種「矯俗干名」的作爲，深受世人肯定
   (D) 新聞畫面中，落網歹徒個個橫眉豎目、「頭角崢嶸」，讓人看了不寒而慄
4. 下列文句畫底線處的詞語，運用恰當的是：【學 107】
   (A) 獨特的室內空間規劃，必然能夠讓您的居室蓬蓽生輝
   (B) 這次推出的新產品不慍不火，銷售未能達到預期目標
   (C) 他的文章一氣呵成，文不加點，旁人難再有置喙餘地
   (D) 低價促銷策略奏效，讓賣場天天魚游沸鼎，收入可觀
   (E) 老張談吐幽默，往往讓同場聽者忍俊不禁，讚嘆不已

5. 下列文句畫底線處的詞語，運用正確的選項是：【學 105】
(A) 李博士的精采引言帶動與會者的熱烈討論，充分達到拋磚引玉的效果
(B) 被告殺害父母，且全無悔意，檢察官認爲他罪不容誅，主張求處死刑
(C) 現正值流感高峰期，民眾風聲鶴唳，非萬不得已，都避免到公共場所
(D) 陳伯伯和陳伯母鶼鰈情深，總是同進同出，形影相弔，眞是令人歆羨
(E) 當時警匪對峙，雙方皆子彈上膛，眼看槍戰一觸即發，情勢間不容髮

6. 下列文句畫底線處的詞語，運用恰當的選項是：【指 105】
(A) 這份文件纖芥不遺地記錄當天所有人的進出時間，從中必能找出線索
(B) 雖然案情一度陷入膠柱鼓瑟，但在偵探柯南的努力下，終於出現曙光
(C) 格雷操作雷射切割加工已游刃有餘，但仍不斷在精密技術上尋求突破
(D) 土壤液化潛勢區公布後，不少人安土重遷，打算搬遷到較安全的地區
(E) 服務人員因路上塞車而延誤時程，但客戶不以爲然，仍願意繼續等候

題號	答案	試題重點	解題說明
1	A	詞語使用正確	(B) 整個供餐時間當下，「當下」為贅詞，(C) 在當下到站，「在當下」為贅詞，(D) 參觀當下的民眾，「當下」為贅詞。以上「當下」使用錯誤應刪去
2	D	詞語使用正確－成語	(D)「郭公夏五」比喻脫漏的文字。此成語使用正確 (A)「新鶯出谷」形容人聲如黃鶯般清脆悅耳。此處形容衝出去的動作，不宜使用，(B)「鬼斧神工」形容技藝高明精巧。此處強調本領高強，不宜使用；可使用「翻江倒海」，(C)「郢書燕說」比喻穿鑿附會、扭曲原意。此處指各地方言口音，不宜使用。以上成語使用錯誤
3	A	詞語使用正確－成語	(A)「沆瀣一氣」，沆瀣皆為露氣，本指同是一物，可解作意氣相投。後多用於貶義，形容互相勾結。此成語使用正確 (B)「前車之鑑」指前車翻覆可為後車警戒，多比喻失敗經驗。此處讚美成功經驗，不宜使用，(C)「矯俗干名」指故意特立獨行，以獲得名聲，為貶義。此處讚美改善社會風氣的行為，不宜使用，(D)「頭角崢嶸」形容年輕有為，才華出眾，為褒義。此處形容相貌凶惡令人畏懼，偏於貶義，不宜使用。以上成語使用錯誤

題號	答案	試題重點	解題說明
4	CE	詞語使用正確—成語	(C)「文不加點」指文思敏捷，下筆成章，全篇沒有任何塗改，(E)「忍俊不禁」指忍不住笑出來。以上成語使用正確 (A)「蓬蓽生輝」指因對方到訪而使自己住處增光，爲自謙詞。此處形容他人室內裝潢的效果，不宜使用，(B)「不慍（ㄩㄣˋ）不火」指人態度從容。此處形容產品銷售情況不佳，不宜使用，(D)「魚游沸鼎」形容處境危險。此處形容賣場人潮熱絡，不宜使用；可使用「車水馬龍」。 以上成語使用錯誤
5	BCE	詞語使用正確—成語	(B)「罪不容誅」指罪大惡極，(C)「風聲鶴唳」指驚慌疑懼，(E)「間不容髮」指情勢危急。以上成語使用正確 (A)「拋磚引玉」指自己先發表不成熟的作品或意見，以引出別人的佳作或高論，爲自謙詞。此處形容他人精采言論的影響，不宜使用，(D)「形影相弔」指孤身一人無依無靠。此處形容夫妻二人感情融洽，不宜使用；可使用「形影不離」。以上成語使用錯誤
6	AC	詞語使用正確—成語	(A)「纖芥不遺」指做事仔細，(C)「游刃有餘」指做事能勝任愉快。以上成語使用正確 (B)「膠柱鼓瑟」指做事拘泥，不知變通。此處形容案情停滯，不宜使用；可用「膠著狀態」，(D)「安土重（ㄓㄨㄥˋ）遷」指安於鄉土，不願遷移。此句指居民「打算搬遷」，不宜使用，(E)「不以爲然」表示不認同對方意見。此句指客戶「願意繼續等候」，不宜使用；可用「不以爲意」。以上成語使用錯誤

（二）恰當詞語

1. 閱讀下文，最適合填入□□□□內的語詞依序是：【學 107】

葉石林《避暑錄話》中多精語。其論人才曰：「唐自懿、僖以後，人才日削，至於五代，謂之□□□□可也。然吾觀浮屠中乃有雲門、臨濟、德山、趙州數十輩人，卓然超世，是可與扶持天下，配古名臣。然後知其散而橫潰者，又有在此者也」云云。此論天下人才有定量，不出於此則出於彼，學問亦然。元明二代，於學術蓋無可言，至於詩文，亦不能出唐宋範圍，然書畫大家□□□□。國朝則學盛而藝衰。物莫能兩大，亦自然之勢也。（王國維《東山雜記》）

(A) 空國無人／沒沒無聞　　(B) 空國無人／接武而起

(C) 人才輩出／沒沒無聞　　(D) 人才輩出／接武而起

2. 下圖是名爲「愛情」的食譜，□□內應塡入的詞語依序爲何？【統 106】

愛　情

1. 用影劇和小說中的浪漫情節醃漬，至入味。
2. 放曖昧少許攪勻，如有必要，可加入□□。
3. 加入濃稠的□□，拌勻發酵。
4. 放進兩人份的鍋中，加入真誠、柔情，細火慢燉。
5. 若不慎放入□□和醋，無妨，可讓味道曲折有層次。
6. 灑下□□，加上定情信物，起鍋盛盤，快樂享用。

(A) 紅娘／思念／情敵／誓言　　(B) 紅娘／誓言／情敵／思念

(C) 情敵／思念／紅娘／誓言　　(D) 情敵／誓言／紅娘／思念

3. 閱讀下文，選出依序最適合填入□□□□內的選項：【學 104】

甲、船頭破浪高仰，滾白浪花如千軍萬馬在船前□□□□，港口長堤若一道黑線隱隱浮現浪緣。（廖鴻基〈鐵魚〉）

乙、駭浪撞擊小徑邊的礁岩，轟隆隆的海震聲，淹沒了父子奔跑的驚恐脈搏，驟雨狂下，浪沫□□□□，一切的一切，是颱風迅雷不及掩耳的，好似是從島嶼海底倏地拔蔥的不發一丁點的警示的感覺。（夏曼・藍波安《天空的眼睛》）

丙、媽媽去世後，他(爸爸)言語更少，近乎沉默，正似從洶湧的巨流河沖進了啞口海——臺灣極南端鵝鑾鼻燈塔左側，有小小一泓海灣，名爲啞口海，太平洋奔騰的波濤衝進此灣，彷彿□□□□，發不出怒濤的聲音。（齊邦媛《巨流河》）

(A) 灰飛煙滅／狂飛八方／江河日下
(B) 灰飛煙滅／起伏有致／銷聲匿跡
(C) 崩裂坍塌／起伏有致／江河日下
(D) 崩裂坍塌／狂飛八方／銷聲匿跡

4. 閱讀下文，依序選出最適合填入□□內的選項：【學 101】

甲、小個子繼續跑，我繼續追；激湍的河面□□著一線白光，很像是球，在另一端與我競速賽跑。（張啓疆〈消失的球〉）

乙、那段日子裡，每當我的思念□□得將要潰堤時，竟是書中許多句子和意象安慰我、幫助我平靜下來。（李黎〈星沉海底〉）

丙、此刻，我獨自一人，□□對望雨洗過的蒼翠山巒與牛奶般柔細的煙嵐，四顧茫茫，樹下哪裡還有花格子衣的人影？（陳義芝〈爲了下一次的重逢〉）

(A) 浮滾／洶湧／蕭索　(B) 映照／沖刷／悠然
(C) 浮滾／沖刷／蕭索　(D) 映照／洶湧／悠然

5. 閱讀下文，依序選出最適合填入□□內的選項：【學 102】

甲、山谷輕輕推開燠熱的晚雲與水氣，適時讓蟬聲鳥聲□□上來，次第溶化在迷幻的暮色。山裡的黃昏，竟不是想像中那樣寧靜。（陳芳明〈辭行山谷〉）

乙、山夜是靜的，螢光一只可謂纖麗，然而繁華盛到極處，流螢稠密已流不動了，住在山裡靜靜的冷光其實變得有聲，那流螢燈火通明照得過了頭，□□裡我開始期待潮平之後的沉幽。（凌拂〈流螢汛起〉）

丙、左邊是平緩柔和的海岸山脈，右邊則是鯉魚山爲襯底一路高聳下去的中央山脈。車子在平坦的台九線公路緩緩馳行，突然感覺自己像翱翔飛行的鷹，兩旁整齊的山脈宛然雙翼一般□□出一片寶石藍的天空。（王文進〈山脈，雙翼般舒張起來〉）

(A) 浮升／喧嘩／托舉　　(B) 飛騰／喧嘩／鼓動
(C) 浮升／明亮／鼓動　　(D) 飛騰／明亮／托舉

6. 閱讀下列新詩，最適合填入□內的詞依序是：【學 107】

甲、山稜劃開暗夜／□□洩漏下來（瓦歷斯 ‧ 諾幹〈拆信刀〉）

乙、路在前面／伸著／長長的舌頭／把一雙雙的腳／□了進去（向明〈七孔新笛〉）

丙、最後一隻高音階的 LA／還來不及出現／夕陽以吸塵器的速度／將這一切□□乾淨（顏艾琳〈夕陽前發生的事〉）

丁、我撐傘走過老樹下／已不見它那灰白蒼老的影子／年輕的翠綠承受細雨的彈珠／調皮的□□在傘上（陳秀喜〈復活〉）

(A) 誓言／舔／沖刷／丟擲　　(B) 誓言／捲／吞沒／流洩
(C) 祕密／舔／吞沒／丟擲　　(D) 祕密／捲／沖刷／流洩

題號	答案	試題重點	解題說明
1	B	恰當詞語（解釋因果）	空格一：因爲前面說人才日削，所以宜用「空國無人」 空格二：元明二朝因爲學術乏善可陳，所以書畫大家應有盛況，才能對比國朝（清朝）的學盛藝衰，並呼應物莫能兩大，所以宜用「接武而起」 根據以上說明，可判斷 (B) 較正確
2	A	恰當詞語	空格一：因情況曖昧不明朗，所以有時需「紅娘」而非「情敵」撮合 空格二：因兩人漸入佳境，所以開始有濃稠的「思念」但非「誓言」，讓愛情發酵滋長 空格三：因產生曲折，所以是「情敵」出現而生醋意 空格四：因有「定情信物」，所以是「誓言」 根據以上說明，可判斷 (A) 較正確
3	D	恰當詞語	空格一：因爲千軍萬馬，所以「崩裂坍塌」較能表現浪花碎裂的視覺與聽覺震撼 空格二：因爲父子奔跑的驚恐脈搏，所以「狂飛八方」較能表現浪沫駭人的氛圍 空格三：因爲發不出怒濤的聲音，所以「銷聲匿跡」較能表現海灣沒有浪濤的平靜 根據以上說明，可判斷 (D) 較正確

題號	答案	試題重點	解題說明
4	A	恰當詞語	空格一：因爲競速賽跑，所以「浮滾」較能表現光線的晃動感 空格二：因爲潰堤、需要平靜下來，所以「洶湧」較能表現思念的翻騰感 空格三：因爲四顧茫茫、不見人影，所以「蕭索」較能表現人事已非的孤獨感 根據以上說明，可判斷 (A) 較正確
5	A	恰當詞語	空格一：因爲輕輕推開，所以「浮升」較佳 空格二：因爲冷光變得有聲，而作者期待沉幽，所以「喧嘩」較佳 空格三：「托舉」較能表現景色的靜態感 根據以上說明，可判斷 (A) 較正確
6	C	恰當詞語	空格一：因爲是信的內容，所以「秘密」比「誓言」佳，誓言多爲當面所提 空格二：因爲是舌頭，所以「舔」比「捲」佳 空格三：因爲是吸塵器，所以「吞沒」比「沖刷」佳 空格四：因爲樹葉將雨珠彈到傘面，所以「丟擲」比「流洩」佳 根據以上說明，可判斷 (C) 較正確

三、實行句子

實行句子評量您能否在閱讀語境中，判斷恰當句子及句子重組的能力。判斷恰當句子是依據語境的文意重點，比較句子的恰適性。句子重組是依據語境的文意邏輯，判斷句子的排列順序。練習這個單元時，您務必先理解語境的文意重點與邏輯。重組選項常安排首句二擇一，您可先挑此二句，判斷何者較適合為首句，這樣較能快速找出正答。如果對句子判斷或句子重組仍有迷惑，可參考我們的解題說明及相關提醒。如果您想進一步了解此類試題的試題特質及編寫要點，您可以參考下列試題編寫密碼表的說明。

試題編寫密碼表

評量指標	試題內容	試題能力	試題難度	試題題數
實行句子	選擇較恰當的句子 選擇較恰當的句子順序	精熟	中等	1

（一）恰當句子

1. 閱讀下文，根據文意推斷敘述的重心，填入________內，可使全文完整而明確。【統 104】

經過幾年的努力，羅傑終於________。他先拉開木瓜樹植株種植的間距，以大自然屏障取代網室，避免相互染病。停止除草，讓土壤保濕，同時停止灌溉，木瓜樹爲了存活，只能拚命向下扎根，根系扎得比溫室種時更滿、更廣，讓根系大範圍吸收土裡的自然元素硼，「我用人海戰術，種兩百棵，存活五十棵也沒關係，以適者生存淘汰的方式，成功種出不必人工澆硼就能又香、又好吃的木瓜」。（改寫自黃世澤《有田有木自給自足》）

(A) 研究出木瓜樹存活率提高的方式
(B) 研究出木瓜樹不用藥的種植方法
(C) 探討出網室栽培的新式植栽方略
(D) 探討出病蟲自然消滅工法的方向

2. 閱讀下文，選出最適合填入____中的選項：【指 102】

齊桓公之時，晉客至，有司請禮，桓公曰「告仲父」者三。而優笑曰：「易哉爲君！一曰『仲父』，二曰『仲父』。」桓公曰：「吾聞______。吾得仲父已難矣，得仲父之後，何爲不易乎哉？」（《韓非子・難二》）【注：1. 仲父：指管仲。】

(A) 我無爲，而民自化
(B) 君人者勞於索人，佚於使人
(C) 爲政以德，譬如北辰，居其所而衆星共之
(D) 君尊則令行，官修則有常事，法制明則民畏刑

3. 下列爲馬致遠〈借馬〉，根據文意，____依序應是：【研 103】

「近來時買得匹蒲梢騎，____。逐宵上草料數十番，____。但有些穢污卻早忙刷洗，____。有那等無知輩，出言要借，對面難推」

甲、微有些辛勤便下騎

乙、氣命兒般看承愛惜

丙、餵飼得膘息胖肥

(A) 甲乙丙　(B) 甲丙乙　(C) 乙甲丙　(D) 乙丙甲

4. 依據詩的內容與情境，三詩____________內最適合填入的句子依序爲何？【統 105】

甲、龍鍾一老翁，徐步謁禪宮。欲問義心義，____________。山河天眼裡，世界法身中。莫怪銷炎熱，能生大地風。

乙、掛流三百丈，噴壑數十里。欻如飛電來，隱若白虹起。初驚河漢落，半灑雲天裡。仰觀勢轉雄，壯哉造化功。海風吹不斷，____________。

丙、蓬生非無根，漂蕩隨高風。天寒落萬里，不復歸本叢。客子念故宅，____________。悵望但烽火，戎車滿關東。生涯能幾何，常在羈旅中。

(A) 遙知空病空／江月照還空／三年門巷空

(B) 遙知空病空／三年門巷空／江月照還空

(C) 江月照還空／三年門巷空／遙知空病空

(D) 江月照還空／遙知空病空／三年門巷空

5. 閱讀以下金庸《射鵰英雄傳》文字，根據文意、情境，依序選出最適合填入____的選項：【學 101】

黃蓉道：「做這篇文章的范文正公，當年威震西夏，文才武略，可說得上並世無雙。」郭靖央她將范仲淹的事跡說了一些，聽她說到他幼年家貧、父親早死、母親改嫁種種苦況，富貴後儉樸異常，處處爲百姓著想，不禁油然起敬，在飯碗中滿滿斟了一碗酒，仰脖子一飲而盡，說道：「________，大英雄大豪傑固當如此胸懷！」（第 26 回）

黃蓉道：「當面撒謊！你有這許多女人陪你，還寂寞甚麼？」歐陽克張開摺扇，搧了兩搧，雙眼凝視著她，微笑吟道：____________。」黃蓉向他做個鬼臉，笑道：「我不用你討好，更加不用你思念。」（第 12 回）

甲、心曠神怡，寵辱偕忘

乙、先天下之憂而憂，後天下之樂而樂

丙、悠悠我心，豈無他人？唯君之故，沉吟至今

丁、日暮長江裏，相邀歸渡頭。落花如有意，來去逐船流

(A) 甲丙　(B) 甲丁　(C) 乙丙　(D) 乙丁

6. 下列兩段文字皆蘊含人生感懷，選出「________」內依序最適合填入的語句：【指 103】

甲、姆媽也逝世十餘年，而今陽明山上墓木已拱！兄弟姊妹更是各自成家，四方星散，恐怕再也無法團聚一處吧？往日舊情，徒增欷歔，轉覺所謂「______」行之之難。（林文月〈同在異鄉爲異客〉）

乙、我開始在顏眞卿的字中，看到戰亂中生命一絲不苟的端正，那種「______」的歷史的莊嚴，其實遠不是「造型美術」四個字能夠解答，而更是一種生命的實踐罷。（蔣勳〈我與書畫的緣分〉）

(A) 剪不斷、理還亂／知其不可而爲之
(B) 心爲形役，惆悵獨悲／申申如也，夭夭如也
(C) 縱浪大化、無復多慮／造次必於是，顛沛必於是
(D) 古今多少事，盡付笑談中／人不知而不慍，不亦君子乎

題號	答案	試題重點	解題說明
1	B	恰當句子（解釋因果）	畫線句子要能爲選文做結論 根據後文不用網室、不除草、不灌溉、不澆硼的說明可判斷 (B) 較佳，但 (B) 如改爲「研究出木瓜樹自然生態種植方法」則更佳
2	B	恰當句子	畫線句子要能概括「吾得仲父已難矣，得仲父之後，何爲不易乎哉」的重點 (B) 強調國君愼選人才，不過度指揮，較能概括句子重點
3	D	恰當句子	畫線三句要能說明「愛惜買來的馬，所以餵多，刷洗勤」的重點 畫線處一：因爲先總說愛馬，所以乙句較合適 畫線處二：因爲馬天天吃的飽，所以丙句較合適 畫線處三：因爲勤於刷洗，所以甲句較合適 根據以上說明，可判斷 (D) 較恰當

題號	答案	試題重點	解題說明
4	A	恰當句子	畫線三句要能符合「格律限制與文意合理」的重點 畫線處一：因爲「義心義」與「空病空」可對，所以「遙知空病空」較合適 畫線處二：因爲「海風」與「江月」可對，且主題描寫瀑布（掛流三百丈），所以「江月照還空」較合適 畫線處三：因爲「念故宅」、「常在羈旅中」，所以「三年門巷空」較合適 根據以上說明，可判斷 (A) 較恰當
5	C	恰當句子	畫線二句要能符合「讚美范仲淹爲百姓著想」及「歐陽克討好與思念黃蓉」的重點 解題說明 畫線處一：因爲要讚美范仲淹處處爲百姓著想，所以乙句較合適 畫線處二：因爲要拒絕歐陽克的討好與思念，所以丙句較合適 根據以上說明，可判斷 (C) 較恰當
6	C	恰當句子	畫線二句要能符合「看淡親情極爲困難」及「在戰亂中仍一絲不苟」的重點 畫線處一：因爲作者難忘親情，因此深覺「縱浪大化、無復多慮」行之爲難 畫線處二：因爲顏眞卿在戰亂中仍一絲不苟，符合「造次必於是，顚沛必於是」（造次、顚沛皆指生活不安定時） 根據以上說明，可判斷 (C) 較恰當

（二）句子重組

1. 下列是一段散文，依文意選出排列順序最恰當的選項：【學103】

千百年後凝視王羲之的〈蘭亭序〉，

甲、碰到紙上的纖維，順勢微微迴轉，

乙、單鞭蓄勢，繼續向左緩緩推出……

丙、太極雲手般向右下沉去，力道隱含未盡，

丁、仍然可以感受王羲之筆尖每一個纖細的動作，

戊、永和九年歲在癸丑，那永字的一點如凌空而來風聲，

光是那麼一點，可以領略的內涵，用十年時間去理解都不嫌多。

（侯吉諒〈紙上太極〉）

(A) 丁乙甲戊丙　　(B) 丁戊甲丙乙

(C) 戊乙甲丙丁　　(D) 戊丁乙丙甲

2. 下列是一段現代散文，請依文意選出排列順序最恰當的選項：【學105】

港灣旗鼓相當的兩座小丘在風暴肆虐時，

甲、伴隨船尾翻騰灰色浪沫，

乙、彷彿爲了取暖而互相移近一點，

丙、又把岬角對立的小丘推開了一些，

丁、雨雲稀散，燈塔發放霧粒的黃色光亮時，

戊、正好容納一艘巨大的黑色島嶼般的商船緩緩駛過，

是搧著神經質的尖長羽翼的小燕鷗群，跟在船後快速地飛掠水面。

（洪素麗〈苕之華〉）

(A) 乙丁丙戊甲　　(B) 乙戊甲丙丁

(C) 戊丁乙丙甲　　(D) 戊甲丙丁乙

3. 下列是一段現代散文，依據文意，甲、乙、丙、丁、戊排列順序最恰當的是：【學 107】

四面街角至少有幾百個人焦躁地等著過街，也有些人和我們一樣在等計程車。……每逢紅綠燈轉換時，一大波傘海會像激流般沖往對岸，不斷有人踩進了積水的坑洞而驚呼。

甲、能抓住車門的手

乙、留在路旁的是有增無減的等車的人

丙、一大群人擁上去

丁、眞是令人羨慕的幸運之手

戊、偶有一輛空車亮著頂燈在車陣中出現

那些人的臉上似乎有一種強勝弱敗的神色，很快融入車海。（齊邦媛〈失散〉）

(A) 乙戊甲丙丁　(B) 乙戊丙甲丁

(C) 戊丙甲丁乙　(D) 戊丙丁甲乙

4. 下列是一段評論〈擣衣〉詩的文字，依文意選出排列順序最恰當的選項：【學 102】

〈擣衣〉清而徹，有悲人者。此是

甲、內外相感，愁情結悲　乙、秋士悲於心

丙、然後哀怨生焉　丁、擣衣感於外

苟無感，何嗟何怨也！（蕭繹《金樓子．立言篇》）

(A) 乙丙丁甲　(B) 乙丁甲丙　(C) 丁甲乙丙　(D) 丁丙乙甲

5. 下列是一段古文，請依文意選出排列順序最恰當的選項：【指106】

古者諫無官，

甲、漢興以來，始置官

乙、使言之，其爲任亦重矣

丙、自公卿大夫，至於工商，無不得諫者

丁、居是官者，當志其大，舍其細，先其急，後其緩

戊、夫以天下之政，四海之眾，得失利病，萃於一官

專利國家，而不爲身謀。（司馬光〈諫院題名記〉）

(A) 甲乙丁戊丙　(B) 甲丁戊乙丙

(C) 丙甲戊乙丁　(D) 丙戊乙甲丁

6. 下列是一段古文，請依文意選出排列順序最恰當的選項：【學101】

《大學》之書，古之大學所以教人之法也。蓋自天降生民，

甲、然其氣質之稟或不能齊

乙、則天必命之以爲億兆之君師

丙、則既莫不與之以仁義禮智之性矣

丁、一有聰明睿智能盡其性者出於其間

戊、是以不能皆有以知其性之所有而全之也

使之治而教之，以復其性。（朱熹〈大學章句序〉）

(A) 甲戊丙乙丁　(B) 乙丁丙甲戊

(C) 丙甲戊丁乙　(D) 丁乙甲戊丙

解題說明表

題號	答案	試題重點	解題說明
1	B	句子重組（重點細節）	此段寫作者對「永字一點」的想像。就敘述順序言，先總說〈蘭亭序〉的文字魅力，再分述對「永字一點」的想像：先說筆碰到紙，再說筆勢右下左轉。根據以上說明，可判斷 (B) 較正確 重組類試題常安排首句爲二擇一，例如此題選項即爲丁、戊的選擇。建議可先判斷丁、戊中，丁句較適合做首句，再就 (A)、(B) 選項，判斷何者較正確。這樣就可以快速選出正答
2	A	句子重組	此段寫作者對兩座小丘的想像。就敘述順序言，先因風暴而靠近，再來因天清而推開；接著因推開，所以能迎來大船。根據以上說明，可判斷 (A) 較正確
3	B	句子重組	此段寫等車的情景。就敘述順序言，先說等計程車的人多，再說空車出現，大家擁上去，最後說只有一人能上車，讓大家羨慕。根據以上說明，可判斷 (B) 較正確
4	B	句子重組	此段寫哀情生發的過程。就敘述順序言，先有思人悲情，再見擣衣情景，接著兩者交織，最後產生哀情。根據以上說明，可判斷 (B) 較正確
5	C	句子重組	此段寫諫官的演變及作者的期許。就敘述順序言，先說古代諫官無專職，所以人人可諫；接著說漢代諫官已成專職，責任重大，所以作者認爲他要能掌握諫言重輕的先後順序。根據以上說明，可判斷 (C) 較正確

題號	答案	試題重點	解題說明
6	C	句子重組	此段寫《大學》成書的歷程。就敘述順序言，先說人皆有善性，但智愚有別，所以較難發揮善性；等到有智之士誕生，必能爲人君師，教導他人發揮善性。根據以上說明，可判斷 (C) 較正確 重組類試題也可能出現首句爲四擇一，例如此題選項即爲甲、乙、丙、丁的判斷。可先判斷四者中，乙、丙較適合做爲首句後，再依其內容判斷丙句爲首的順序較佳，即可快速選出正答

四、實行格式

實行格式評量您能否在閱讀語境中，正確判斷應用文格式及韻文格律的應用能力。應用文格式多爲書信、柬帖、題辭、對聯的格式運用，韻文格律則多爲對仗運用。這類試題考生感覺最困難，因爲格式用語太多，不易熟記。所幸這類試題未來出現的機會並不高。練習這個單元時，您務必熟記各種格式知識。如果您想進一步了解此類試題的試題特質及編寫要點，您可以參考下列試題編寫密碼表的說明。

試題編寫密碼表

評量指標	試題內容	試題能力	試題難度	試題題數
實行格式	選擇正確的格式及格律（對仗、對聯、題辭、書信）	基本	困難	0-1

1.「關城樹色催寒近」、「亂花漸欲迷人眼」、「滄海客歸珠迸淚」、「翠華想像空山裡」分別爲四首詩中對仗句的上句，選出其下句依序對應正確的選項：【指102】
(A) 玉殿虛無野寺中／章臺人去骨遺香／御苑砧聲向晚多／淺草纔能沒馬蹄
(B) 章臺人去骨遺香／玉殿虛無野寺中／淺草纔能沒馬蹄／御苑砧聲向晚多
(C) 淺草纔能沒馬蹄／御苑砧聲向晚多／玉殿虛無野寺中／章臺人去骨遺香
(D) 御苑砧聲向晚多／淺草纔能沒馬蹄／章臺人去骨遺香／玉殿虛無野寺中

2. 下圖是張之洞所撰的蘇軾故居對聯，上下聯各缺兩句，請依文意與對聯組成原則，選出甲、乙、丙、丁依序最適合填入的選項：【學102】

五年間謫宦栖遲，〔①〕，〔②〕
三蘇中天才獨絕，〔③〕，〔④〕

甲、較量惠州麥飯、儋耳蠻花
乙、若論東坡八詩、赤壁兩賦
丙、還是公遊戲文章
丁、哪得此清幽山水

	①	②	③	④
(A)	甲	丁	乙	丙
(B)	乙	丁	甲	丙
(C)	甲	丙	乙	丁
(D)	乙	丙	甲	丁

3. 依甲、乙二詩的祝賀內容，分別選用相應的題辭，最恰當的選項是：【學 104】

甲、三代冠裳應接武，百年琴瑟喜同幃。今朝福曜滿門燦，戲舞堂前著彩衣。

乙、榮遷指日向南行，福曜遙臨萬里程。民已馨香生佛事，公應此地不忘情。

(A) 天賜遐齡／大展鴻猷　　(B) 天賜遐齡／里仁爲美
(C) 昌大門楣／大展鴻猷　　(D) 昌大門楣／里仁爲美

4. 下列選項中的書信提稱語（知照敬詞），何者應用錯誤？【統 101】

(A) 某老師寫信給某道士：「某某法師法鑒」
(B) 男學生寫信給男老師：「某某夫子函丈」
(C) 老師寫信給已畢業的男學生：「某某賢棣英鑒」
(D) 祖父寫信給讀大學的孫子：「某某金孫大鑒」

5. 下列□□中的詞語，依序最適合填入的選項是：【學 101】

甲、近自海外旅遊歸來，特選購當地名產乙盒，敬希□□

乙、來訪未晤，因有要事相商，明早十時再趨拜，務請□□爲幸

丙、茲訂於元月十七日下午六時，敬備□□，恭候光臨

(A) 哂納／賜見／菲酌　　(B) 拜收／稍待／嘉禮
(C) 笑納／曲留／華筵　　(D) 惠存／恭候／賀儀

6. 下列是一則摘自報紙上的謝啓，根據謝啓的內容，□□依序應是：【指 102】

遺　澤　綿　延　　無　盡　感　恩

□□張公　諱光明府君

慟於民國一○○年六月五日壽終正寢

已擇日完成奉安

並於八月十九日假懷恩堂舉行追思紀念會

辱蒙　縣長與各級長官前輩至親好友親臨懷思

隆情厚誼　歿榮存感　節孝在身未克踵府叩謝

高誼雲情　謹申謝悃　伏祈

□□

大華

棘人　叩謝

大年

中　華　民　國　一　○　○　年　八　月　二　十　日

(A) 先妣／矜鑒　　(B) 先嚴／鈞鑒

(C) 先慈／鈞鑒　　(D) 先君／矜鑒

題號	答案	試題重點	解題說明
1	D	韻文格律一對仗	律詩的頷、頸聯（二、三聯）需對仗 對仗原則：上下句同位置的字詞，詞性需相同或類似，平仄需相反 上句一：「催寒近」與「向晚多」詞性同可對 上句二：「迷人眼」與「沒馬蹄」詞性同可對 上句三：「珠迸淚」與「骨遺香」詞性同可對 上句四：「空山裡」與「野寺中」詞性同可對 根據以上說明，可判斷 (D) 較正確
2	A	應用文格式一對聯	對聯原則 1. 上聯末字用仄聲，下聯末字用平聲 2. 上下聯同位置的字詞，詞性需相同或類似 3. 上、下聯文意通暢 根據上聯末字仄聲的原則，可判斷丁爲上聯末句，而其內容寫山水故上句應搭配甲，下聯據此應爲乙、丙。根據以上說明，可判斷 (A) 較正確
3	A	應用文格式一題辭	甲句：根據「百年琴瑟」、「彩衣娛親」皆有老年之意，推斷此詩應是爲高齡父母祝壽，故題辭可使用「天賜遐齡」（多用於爲男性長者祝壽） 乙句：根據「榮遷」、「萬里程」、「不忘此地情」，推斷此詩應是祝賀地方官員升遷，故題辭可使用「大展鴻猷」（用於祝賀商店開業，或他人未來能大展抱負） 根據以上說明，可判斷 (A) 較正確 「昌大門楣」多用於祝賀新居落成或應考及第 「里仁爲美」用於祝賀搬家

題號	答案	試題重點	解題說明
4	D	應用文格式－書信提稱語	(D)「大鑒」用於平輩。此處可改用「如晤」、「知悉」
5	A	應用文格式－柬帖用語	空格一：希望對方收下自己帶回的食物伴手禮，可用「哂納」、「笑納」 空格二：希望明早再來時對方能在家，可用「賜見」、「曲留」（委屈您留下） 空格三：邀請對方參加自己主辦的宴會，可用「菲酌」 根據以上說明，可判斷 (A) 較正確 「拜收」指跪拜收下 「惠存」多用於送人送人相片、書籍等紀念品時
6	D	應用文格式－婚喪喜慶的通知文帖用語	空格一：根據「壽終正寢」、「府君」，應指去世的父親，可使用「先嚴」、「先君」 空格二：居喪者的提稱語應使用「矜鑒」 根據以上說明，可判斷 (D) 較正確 「先妣」用於稱去世的母親

現在我學會了

- □ 分析國文考科的試題重點及評量指標
- □ 分析、比較國文考科的試題架構
- □ 分析、比較國文考科的試題難易度
- □ 提升閱讀的詮釋、舉例、摘要能力
- □ 提升閱讀的推論、比較、解釋、區辨、歸因能力
- □ 提升閱讀的綜合能力——各類短文
- □ 提升閱讀的綜合能力——韻文、小說
- □ 提升閱讀的深層素養
- □ 提升語文應用能力
- □ 提升文化知識的再認能力與深層素養
- □ 成為國文考科的得分高手

輕鬆一下，再前進喔！

拾 文化知識

做完語文表達的試題後，您只差一步就要到達終點了，您是否已隱約聽到兩旁觀眾的歡呼聲了。現在讓我們打起精神，進入最後的單元——文化知識。這個新單元的試題多數只考一至二題，題數非常少，所以您不必太擔心。

文化知識最常見的類型是**作家、作品、文學流變、格律比較及六書等文化知識的再認與推論**。試題題數不多，但考生的答對率卻較低。再認能力的試題有兩種，一種是基本型，羅列各類文化知識，請您判斷何者正確。一種是情境型，設計一個生活化的情境來包裝文化知識的判斷。推論能力的試題設計則屬於素養型，試題會先提供閱讀選文，請您結合其中的重點細節，進行文化知識的推論。素養型試題較易在學測、指考中出現，情境型試題則較易在統測出現。

文化知識的試題，雖然不必用閱讀理解密碼來處理，但會與閱讀理解的重點細節相關，所以我們會在解題說明加以提醒。文化知識的情境型與素養型試題變化較大，請認真練習我們所提供的試題範例，用以提前適應這類試題的設計變化。建議您做完題目後，再仔細閱讀我們的解題說明，用以釐清較模糊的概念。您準備好接受挑戰了嗎？

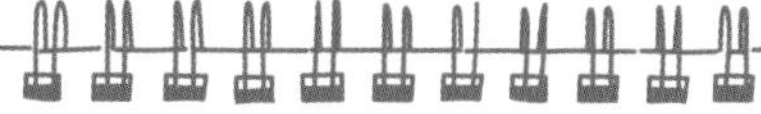

讀完本章您將學會

☑ 提升文化知識再認能力

☑ 提升文化知識深層素養

一、再認文化——基本型、情境型

再認文化評量您能否就試題有關作家、作品、文學流變、格律及六書的說明，與記憶中的知識相對照。單題型試題有兩類，一類爲基本型以評量基本文化知識的記憶爲主。一類爲情境型以生活情境爲包裝，但本質仍爲知識記憶的評量。練習這個單元時，您務必熟記相關的文化知識，並熟悉情境包裝的變化。如果您想進一步了解此類試題的試題特質及編寫要點，您可以參考下列試題編寫密碼表的說明。

試題編寫密碼表

評量指標	試題內容	試題能力	試題難度	試題題數
再認文化	文化知識的敘述是否正確 情境中的文化知識是否正確	基本／進階	困難	1

（一）基本型

1. 下列對文人或其著作的敘述，正確的選項是：【學 102】

(A) 顧炎武反對空疏之學，重性靈、貴獨創，開清代樸學之風

(B) 曹雪芹《紅樓夢》，未渲染史傳故事，是清代最出色的諷刺章回小說

(C) 郁永河《裨海紀遊》透過虛構人物的赴臺採硫，描繪臺灣的地形、氣候、原住民生活等

(D) 方苞以「學行繼程朱之後，文章在韓歐之間」與友好相期勉，文章嚴標義法，爲桐城派初祖

2. 下引文句之學派歸屬，排列順序正確的是：【學 107】

甲、古者以天下爲主，君爲客，凡君之所畢世而經營者，爲天下也；今也以君爲主，天下爲客，凡天下之無地而得安寧者，爲君也。是以其未得之也，屠毒天下之肝腦，離散天下之子女，以博我一人之產業，曾不慘然！

乙、凡將立國，制度不可不察也，治法不可不愼也，國務不可不謹也，事本不可不摶也。制度時，則國俗可化，而民從制。治法明，則官無邪。國務壹，則民應用。事本摶，則民喜農而樂戰。

丙、處大國不攻小國，處大家不篡小家，強者不劫弱，貴者不傲賤，多詐者不欺愚。此必上利於天，中利於鬼，下利於人。三利，無所不利，故舉天下美名加之，謂之聖王。

(A) 法家／道家／墨家　(B) 法家／儒家／道家

(C) 儒家／法家／墨家　(D) 儒家／墨家／道家

3. 臺灣近五十年來名作家輩出，其中不少作家吸收古典文學之美，融會貫通後，創造出個人獨特的風格。例如詩人＿甲＿將文化中國當作母親，表現濃厚的鄉愁，在現代詩、現代散文、文學批評及翻譯上也都有相當成就。而＿乙＿將古典詩詞的語彙和意象融入現代詩的情境當中，一首〈錯誤〉有著典雅細膩的浪漫情調，被人廣爲傳誦。至於女作家＿丙＿、＿丁＿均善用古典詞語寫出精緻動人的散文，前者多以懷舊憶往的題材爲主，在平凡無奇中涵蘊至理，充滿中國倫理色彩；後者寫作風格以多樣著稱，有時細膩溫柔，有時辛辣諷刺，並曾將古典故事改編爲現代戲劇。另外，＿戊＿熱愛中國傳統文化，又嫻熟西方現代主義，曾將崑曲〈牡丹亭〉融入小說〈遊園驚夢〉中。

上文＿＿中，依序最適合填入的選項是：【學 101】

(A) 甲、楊牧　(B) 乙、鄭愁予
(C) 丙、琦君　(D) 丁、張曉風
(E) 戊、白先勇

4. 下列對古典文學的體制或發展，敘述正確的是：【學 107】

(A)《詩經》分風、雅、頌三種文體，句子大致整齊，以四言爲主；《楚辭》多寫楚地風物，句子多參差不齊
(B) 五言古詩產生於漢代，句數不拘，亦不刻意求對仗，平仄、用韻皆較近體詩自由
(C) 古文經中唐韓愈、柳宗元大力提倡與實踐，風行一時，至晚唐、五代式微，復於北宋歐陽脩再興
(D) 晚明小品題材趨於生活化，反映文人特有的生命情調和審美趣味，歸有光、袁宏道爲代表作家
(E)《儒林外史》、《紅樓夢》、《聊齋誌異》皆爲章回小說，對八股取士的科舉制度均有所批判

5. 下列有關文化知識的敘述，正確的選項是：【學 101】
   (A)《資治通鑑》為司馬光所撰，以人物傳記為主，屬於「紀傳體」
   (B)〈項脊軒志〉的「志」即「記」，該篇重點在記錄書齋建造的原因及過程
   (C)〈左忠毅公軼事〉中的「軼事」又稱「逸事」，多屬史傳沒有記載且不為人知之事
   (D)《儒林外史》揭露儒林群相的醜態，是一部詳細記載中國科舉制度的重要史書
   (E)《臺灣通史》起自隋代，終於割讓，是研究臺灣歷史的重要典籍

題號	答案	試題重點	解題說明
1	D	古典作家生平或著作知識	(A) 顧炎武開清代樸學之風，反對空疏之學，但重性靈、貴獨創者爲晚明小品文特色 (B)《紅樓夢》多歸類爲世情小說，非諷刺小說 (C)《裨海紀遊》記錄郁永河親身採硫的經過，未虛構人物
2	C	諸子學派分類	甲、認爲古君利天下，今君利個人產業，遵古君貶今君，此爲儒家 乙、強調立國者須重視制度、法治，此爲法家 丙、強調大不攻小，聖王行事合乎天、鬼、人，此爲墨家 根據以上說明，可判斷 (C) 較正確
3	BCDE	現代作家寫作特色	(A) 選項甲將文化中國當作母親，作品常表現對文化中國的鄉愁的作家是余光中。楊牧雖也擅長詩、散文、翻譯和評論，但不以鄉愁中國爲重點
4	ABC	古典文學各種文類的特色	(D) 歸有光屬於明代中期古文家，而非晚明小品文作家 (E)《聊齋誌異》爲短篇小說，而非章回小說。《儒林外史》批判八股取士的科舉制度
5	CE	古典作品特色說明	(A)《資治通鑑》是編年體通史 (B)〈項脊軒志〉記錄書齋建造的原因及過程，但重點是藉書齋寫人事變化與讀書志向 (D)《儒林外史》諷刺讀書人醜態的小說，而非詳述中國科舉制度的史書

（二）情境型

1. 某款手機遊戲的寵物會爲主人寄回旅行途中的景點明信片。下圖是牠途經臺灣文學名人堂所寄回的明信片，請推斷甲、乙依序是哪兩位作家？【統 107】

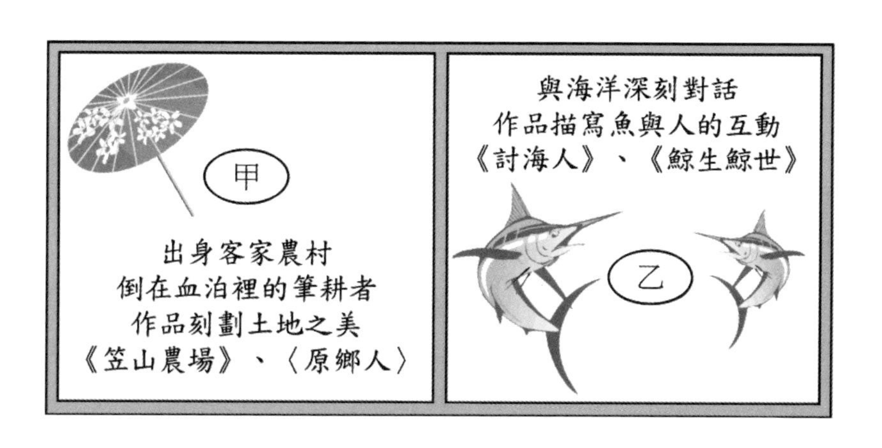

(A) 賴和／陳列　　(B) 賴和／廖鴻基
(C) 鍾理和／陳列　　(D) 鍾理和／廖鴻基

2. 某生爲「先秦諸子散文」繪製便於理解的圖形如下，選出敘述正確的選項：【學 103】

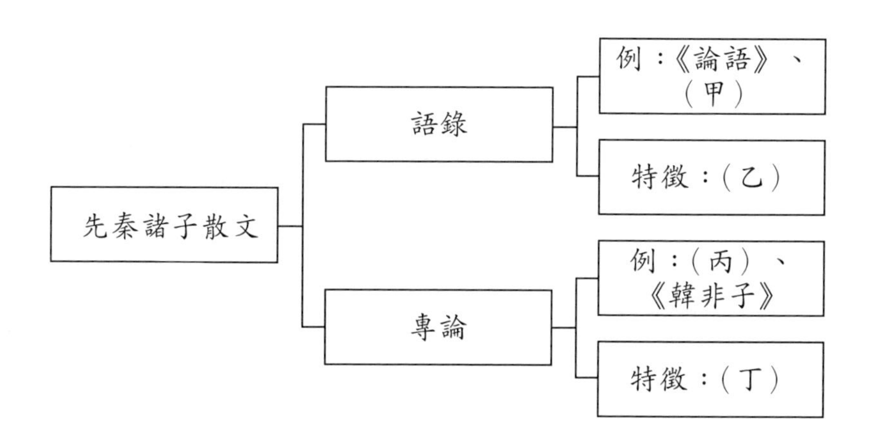

(A) 甲可填：《墨子》　(B) 乙可填：作者親撰與弟子對話內容
(C) 丙可填：《孟子》　(D) 丁可填：出現概括全篇主旨的篇題

3. 依據下列林西莉《漢字的故事》的說明，「果」、「采」二字的造字方式應屬於：【學 105】

「果」字的現代字形，看起來是由「田」和「木」組成，但如果看一看古老的字形，就會一目了然。甲骨文表現一棵樹，樹枝的頂端結著圓圓的果實。

我們在甲骨文的「采」字看到相同的樹，也看到了伸向果實的一隻手。

(A) 象形／指事　(B) 象形／會意
(C) 指事／會意　(D) 會意／象形

4. 某唐代詩人特展的宣傳看板有詩句如下，下列可作爲此詩人特展解說標題的選項是：【學 103】

被廷爭疏離君主／被戰爭逐出長安／蜀道這條玄宗倉皇出奔的路／你奔，就苦於上青天了／麗人行的低吟／悲陳陶的吶喊／哀江頭的吞聲／沒感動任何當局／你的詩只有酒壺聽懂

(A) 流放夜郎　(B) 天上謫仙人
(C) 成都浣花草堂　(D) 見證安史之亂
(E) 繼承新樂府運動

題號	答案	試題重點	解題說明
1	D	現代作家特色	賴和：爲臺灣日治時代鄉土文學作家，有「臺灣新文學之父」的稱號。小說成就最高，常以平民受到警察、士紳或官吏的壓迫爲小說情節，如〈一桿稱仔〉 陳列：擅長書寫自然生態散文，文中流露對臺灣自然環境的人道關懷，如〈玉山去來〉 根據以上說明，可判斷 (D) 較正確
2	D	諸子散文特色	(A)《墨子》爲專論非語錄體。甲可塡《孟子》 (B)「語錄」多由門下弟子及後學所著，非說話者親撰 (C)《孟子》屬於語錄體非專論。丙可塡《墨子》
3	B	六書原則	重點細節 果：根據「表現一棵樹，樹枝的頂端結著果實」的細節，可知字形屬於象形 采：根據「相同的樹，也看到了申向果實的一隻手」的細節，可知字形是「木」與「手」的合體，表現摘取之意，可知字形屬於會意 根據以上說明，可判斷 (B) 較正確
4	CD	杜甫知識	重點細節：根據作品〈麗人行〉及唐玄宗因安史之亂出奔四川的細節，可推知此詩人爲杜甫 (A)、(B) 爲李白的事跡與美譽 (E) 新樂府運動的提倡者爲中唐的白居易、元稹，時代晚於杜甫

二、推論文化——素養型

推論文化評量您能否掌握閱讀選文的重點，再結合相關的作家、作品、文學流變、格律等文化知識，進行推論。推論文化以文化知識爲基礎，但提供新的閱讀選文做爲答題線索，希望您能做進一步的推論，所以是評量您能否在生活情境（試題選文）中，活用文化知識的素養型試題。練習這個單元時，您務必熟記相關的文化知識，並理解閱讀選文的重點。如果您想進一步了解此類試題的試題特質及編寫要點，您可以參考下列試題編寫密碼表的說明。

評量指標	試題內容	試題能力	試題難度	試題題數
推論文化	理解閱讀選文重點並推論相關文化知識	精熟	困難	1

1. 參考下圖的一詩一詞，推斷某位古人在談論「詩詞有別」時，□內的想法依序應是：【統 106】

詩貴莊而詞不嫌□。
詩貴□□而詞不嫌□□。

詩	男兒所在即爲家，百鎰黃金一朵花。 借問春風何處好？綠楊深巷馬頭斜。
詞	試問於誰分最多，便隨人意轉橫波，縷金衣上小雙鵝。 醉後愛稱嬌姐姐，夜來留得好哥哥，不知情事久長麼？

(A) 佻／含蓄／流露　　(B) 佻／齊言／參差
(C) 雅／含蓄／流露　　(D) 雅／齊言／參差

解題說明表

題號	答案	試題重點	解題說明
1	A	詩詞特色	選文重點細節 詩：「借問春風何處好，綠陽深巷馬頭斜」，風格較端莊含蓄，字數七言 詞：「夜來留得好哥哥，不知情事久長麼」，風格較輕佻露骨，字數七言 根據以上說明，可判斷 (A) 較恰當

2. 框線內爲某一部《魏晉南北朝文學史》的目次，依目次選出對該書敘述正確的選項：【學 102】

第一章　建安風骨
第二章　兩晉詩壇
第三章　陶淵明別樹一幟的詩風
第四章　謝靈運與詩風的轉變
第五章　齊梁詩壇
第六章　庾信與南朝文風的北漸
第七章　南北朝駢文及散文
第八章　魏晉南北朝的賦、駢文與散文

(A) 按照朝代先後次序進行介紹
(B) 詳於詩歌而略於駢文、散文
(C) 對曹氏父子的詩風有所著墨
(D) 強調陶淵明對南朝詩壇的影響
(E) 指出庾信對北朝文風的影響

題號	答案	試題重點	解題說明
2	ABCE	魏晉南北朝文學特色	選文重點細節 1. 時代：建安、兩晉、南北朝。建安爲東漢末年年號，齊梁爲南朝中的二朝 2. 內容：前五章多談詩，後三章多談文與賦 3. 作家：建安文學常以曹氏父子爲首 (A)、(B)、(C)、(E) 符合目次重點的說明 (D) 形容陶淵明「別樹一幟」，可見書籍作者強調的是獨特性，而非影響力

3. 閱讀下列兩則資料，選出敘述正確的選項：【指 104】

甲、（李）延年善歌，爲新變聲。是時上方興天地諸祠，欲造樂，令司馬相如等作詩頌，延年輒承意弦歌所造詩，爲之新聲曲。（《漢書．佞幸傳》）

乙、宋翔鳳云：「宋元之間，詞與曲一也；以文寫之則爲詞，以聲度之則曲。」詞、曲皆有曲度，故謂之塡詞，又稱倚聲，並先有聲而後有詞，非若古樂府之始或徒歌，終由知音者爲之作曲，被諸管弦也。（龍榆生《中國韻文史》）

(A)「古樂府」即李延年「新聲曲」，乃「徒歌」之作

(B) 唐代白居易提倡的「新樂府」，體裁亦爲「先有聲而後有詞」

(C) 詞在宋代的寫作方式，大致爲「倚聲」，多按既有譜格塡上新詞

(D) 李延年「弦歌所造詩」，即「知音者爲之作曲，被諸管弦也」的表現

(E)「宋元之間，詞與曲一也」意謂宋詞、元曲的押韻和協律方式完全相同

題號	答案	試題重點	解題說明
3	CD	詞曲特色	選文重點細節 甲文：司馬相寫詩歌頌朝廷，李延年據文字而譜曲 乙文：詞曲皆有詞牌或曲牌，作家依詞、曲牌填寫文字，所以稱填詞或倚聲。古樂府先有歌，後按歌譜曲 (C) 符合乙文重點說明，(D) 符合甲文重點說明。不過 (D) 嚴格地說，李延年是爲詩（文字）譜曲，並非爲歌（旋律）譜曲，二者略有不同，但二者皆爲譜曲的表現。以上正答 (A) 李延年「新聲曲」按詞作曲，不是「古樂府」的徒歌 (B) 白居易提倡的「新樂府」捨棄音樂，純爲文字創作 (E)「詞與曲一也」是指二者皆爲倚聲填詞，而非指二者格律相同。以上錯誤

◎閱讀下文，回答 4、5 二題。

歷史人物遊戲説明書	
基本規則	①共有 99 張牌，牌號大者爲大（99 ＞ 98 ＞ 97 ＞ 96 ＞……＞ 2 ＞ 1）。 ②每一局，各家分到 11 張牌，最先將手中的牌出盡者爲冠軍。 ③局中各輪，下家皆須按上家的牌型出牌（每輪可出牌型如下）。手中無相同牌型可出者，該輪棄權；手中有相同牌型但不想出者，該輪也可棄權。 ④該輪勝出者（每輪決勝方式如下），取得下一輪的攻牌權。
每輪可出牌型	依照牌上詩句所吟詠的人物，可出以下牌型： 【出 1 張（X）】 【出 2 張（X＋Y）】：這 2 張牌所吟詠的人物，須是同一人。 【出 3 張（X ＋ Y ＋ Z）】：這 3 張牌所吟詠的人物，須是同一人。
每輪決勝方式	①各家按該輪牌型循序出牌，以出最大牌號的一家爲勝出。 ②若甲家所出的牌型，其他家皆棄權，則該輪由甲家勝出。
42	天亡非戰罪，末路困英雄。氣盡虞同死，司晨笑沛公。
43	世間快意寧有此，亭長還鄉作天子。 沛宮不樂復何爲，諸母父兄知舊事。
66	今日歌大風，明朝歌鴻鵠。爲語戚夫人，高皇是假哭。
98	七十衰翁兩鬢霜，西來一笑火咸陽。 平生奇計無他事，只勸鴻門殺漢王。
99	不修仁德合文明，天道如何擬力爭。 隔岸故鄉歸不得，十年空負拔山名。

4. 假設某局你的手中尚餘如上「42」、「43」、「66」、「98」、「99」五張牌卡，下列組合，符合「可出牌型」的是：【學 107】

(A)42 ＋ 99　　(B)66 ＋ 98

(C)42 ＋ 98 ＋ 99　　(D)43 ＋ 66 ＋ 98

5. 假設在本輪時，你的手中尚餘如上五張牌卡，上一家以【出 1 張】的牌型打出「55」這張牌，接著由你出牌。若你想取得此局冠軍，下列預想的出牌策略，符合「正確、快速、穩妥」條件的是：【學 107】

(A) ①本輪：先出 66，再出 98，再出 99，取得攻牌權；②末輪：出 42 ＋ 43

(B) ①本輪：出 99，取得攻牌權；②末輪：先出 42，再出 43，再出 66，再出 98

(C) ①本輪：出 98，取得攻牌權；②次輪：出 42 ＋ 99，取得攻牌權；③末輪：出 43 ＋ 66

(D) ①本輪：出 99，取得攻牌權；②次輪：出 43 ＋ 66 ＋ 98，取得攻牌權；③末輪：出 42

解題說明表

題號	答案	試題重點	解題說明
4	A	出牌組合	卡牌古典人物重點細節 42 號牌：根據「英雄末路」、「虞同死」（虞指虞姬），可知應是歌詠項羽 43 號牌：根據「亭長還鄉作天子」，可知應是歌詠漢高祖劉邦 66 號牌：根據「大風歌」、「戚夫人」、「高皇」，可知應是歌詠漢高祖劉邦 98 號牌：根據「只勸鴻門殺漢王」，可知應是歌詠項羽的謀士范增 99 號牌：根據「故鄉歸不得」、「力爭不修仁德」、「拔山名」，可知應是歌詠項羽 根據「每輪可出牌型」、卡牌歌詠對象，以上 5 張卡牌只能出 1 張牌或 2 張牌（42 ＋ 99 或 43 ＋ 66）的組合，無法出 3 張牌，可判斷 (A) 較符合
5	C	出牌組合	根據「每輪決勝方式」、卡牌歌詠對象，本輪出 98 必可得攻牌權（99 在手中），次輪以 42 ＋ 99 出牌易得攻牌權，如得攻牌權可順利出 43+66，可判斷 (C) 較符合

現在我學會了

- □ 分析國文考科的試題重點及評量指標
- □ 分析、比較國文考科的試題架構
- □ 分析、比較國文考科的試題難易度
- □ 提升閱讀的詮釋、舉例、摘要能力
- □ 提升閱讀的推論、比較、解釋、區辨、歸因能力
- □ 提升閱讀的綜合能力——各類短文
- □ 提升閱讀的綜合能力——韻文、小說
- □ 提升閱讀的深層素養
- □ 提升語文應用能力
- □ 提升文化知識的再認能力與深層素養
- □ 成為國文考科的得分高手

成為得分高手

拾壹、模擬試題

您準備好，接受挑戰了嗎？

拾壹 模擬試題

經過長久的努力，您終於完成閱讀理解、語文表達、文化知識共二百零五題的試題練習。我們相信您會因此對國文考科的試題有更清楚的了解現在您一定迫不及待想驗收自己成為得分高手的成果。我們為您準備了兩份模擬試題，它完全吻合國文考科試題編寫密碼的原則，所以您只要善用本書閱讀理解密碼及其他解題說明的提醒，就能夠輕鬆的證明自己是得分高手。想體驗飛上雲霄的驚喜嗎？那麼，請您趕快行動吧！

試題一

一、單選題（占 68 分）

1-10 爲單題

1. 下列各組「」內的字，何者讀音相同？
   (A) 自余爲「僇」人／人臣之「謬」思亂者，乃螳臂之拒走輪耳
   (B) 陶朱、猗頓之富，「躡」足行伍之間／貧賤則「懾」於飢寒
   (C)「鍥」而不舍，金石可鏤／會于會稽山陰之蘭亭，脩「禊」事
   (D) 桃花流水「窅」然去／門人燃燭來，則道士獨坐，而客「杳」
2. 下列文句，完全沒有錯別字的選項是：
   (A) 李大仁做事一向腳踏實地，不會文過拭非，將來應有令人拭目以待的成就
   (B) 自從工業革命以後，許多傳統的手工藝漸趨勢微，加速產業轉型勢在必行
   (C) 眼見對手步步進逼，太宇不甘示弱地予以反擊，昭示堅持奮戰到底的決心
   (D) 衆多親友的見證下，非凡與敏敏含情脈脈相視，立下視死不渝的愛情宣言
3. 閱讀下文，選出□內依序最適合填入的選項：

   小園草地裡的小蟲瑣瑣屑屑地在夜談。不知哪裡的蛙群齊心協力地□□，像聲浪給火煮得發沸。幾□螢火優游來去，不像飛行，像在厚密的空氣□□；月光不到的陰黑處，一點螢火忽明，像夏夜的一隻微綠的小眼睛。（錢鍾書《圍城》）

   (A) 幽鳴／片／漂浮　　(B) 幽鳴／星／逡巡
   (C) 乾號／星／漂浮　　(D) 乾號／片／逡巡

4. 下列文句，依文意選出排列順序最適當的選項：

「危微之幾，惟明君子而後能知之。故人心譬如槃水，

甲、微風過之　乙、正錯而勿動

丙、則足以見鬚眉而察理矣　丁、湛濁動乎下，清明亂於上

戊、則湛濁在下，而清明在上

則不可以得大形之正也。」（《荀子．解蔽》）

(A) 甲丁乙戊丙　(B) 甲戊丙乙丁

(C) 乙戊甲丁丙　(D) 乙戊丙甲丁

5. 閱讀下文，選出敘述正確的選項：

閱讀古文，尤其是先秦時期的古文，如果完全不依靠古代傳注的幫助，而想讀懂它，那幾乎是不可能的。由語言發展和社會變化造成的隔閡，不同程度地阻礙了後人對古書的理解。周秦時代的作品，西漢人讀起來就已感到困難。漢文帝時，訪求一個能講解《尚書》的，都很不容易。秦丞相李斯編的兒童識字課本〈倉頡篇〉，至漢宣帝時，竟使「俗師失其讀」。漢人閱讀古書，主要依靠師傅，爲了適應越來越多的人讀經的需要，就有人開始把前人傳授的古訓記錄下來，或加上自己對經文的理解，寫成專書。這就是最早的古書傳注。（鮑善淳《怎樣閱讀古文》）

(A) 周秦時《尚書》的傳注已亡佚殆盡，漢代僅能口耳相傳解說其義

(B)〈倉頡篇〉爲兒童解說六書的造字原則，在漢代須倚賴師傅才能閱讀

(C)《左傳》採紀傳體，可讓原採編年紀事的《春秋》經減少理解上的隔閡

(D) 後人的《詩經》傳注不僅保存前賢的訓解，也呈現作者個人對義理的體會

6. 閱讀下詩，推斷詩中鏡子「睡了一個大覺」的原因爲何？

照看外面空無一物／無晴，無雨／無男，無女／無聲，無色／無情，無義／鏡子坦開胸腹手腳，睡了一個大覺。（蕭蕭〈鏡子〉）

(A) 寬恕世間不公不義　　(B) 迴避人們矯情善變

(C) 超越物我差異對立　　(D) 害怕內心茫然空虛

7. 閱讀下文，選出最切合這段文字核心觀點的選項：

我一向認爲，生命存在的眞假無從辨明，也不重要。重要的是彼此之間，允許自我「留白」；讓每個人在相互瞪視之外，也可以孤獨地躲進一個任何他者所無法侵入的世界。那也是我們可以安全地生活一輩子的理由。假如每個人都是「窺夢人」，企圖窺探他人夢境、窺伺他人內心私密，讓「八卦」入主生活，我不知道誰能放心地過完這一生。（改寫自顏崑陽〈窺夢人〉）

(A) 假作眞時眞亦假，眞作假時假亦眞

(B) 生命存在的眞假，無從辨明也無須辨明

(C) 尊重彼此隱私，讓個體能有「留白」空間

(D) 充分防護自我隱私，不讓「八卦」入主生活

8. 關於執政者的施政原則，諸葛亮說：「治世以大德，不以小惠」。下列敘述，與此說法最接近的選項是：

(A) 邦有道，貧且賤焉，恥也；邦無道，富且貴焉，恥也

(B) 天下大悅而將歸己，視天下悅而歸己，猶草芥也，惟舜爲然

(C) 菲飲食，而致孝乎鬼神；惡衣服，而致美乎黻冕；卑宮室，而盡力乎溝洫

(D) 君子平其政，行辟人可也。焉得人人而濟之？故爲政者，每人而悅之，日亦不足矣

9. 閱讀下文，關於寶釵的回答，最可能是希望王夫人：

原是前兒他（金釧兒）把我一件東西弄壞了，我一時生氣，打了他幾下，攆了他下去。我只說氣他兩天，還叫他上來，誰知他這麼氣性大，就投井死了。豈不是我的罪過。

姨娘是慈善人，固然這麼想。據我看來，他並不是賭氣投井。多半他下去住著，或是在井跟前憨頑，失了腳掉下去的。他在上頭拘束慣了，這一出去，自然要到各處去頑頑逛逛，豈有這樣大氣的理！縱然有這樣大氣，也不過是個糊塗人，也不爲可惜。

(A) 追查金釧兒眞正的死因　(B) 勇於認錯以免良心不安
(C) 不要將金釧兒的死放在心上 (D) 不必爲金釧兒的意外而生氣

10. 下列甲、乙兩朵文字雲由兩本經典製成，書中使用次數越多的字，字體越大，則這兩本經典依序應是：

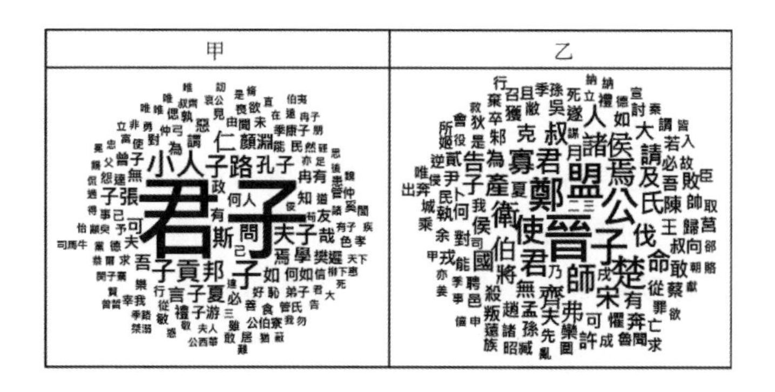

(A) 論語 / 左傳　(B) 論語 / 荀子
(C) 孟子 / 左傳　(D) 孟子 / 荀子

11-34 爲題組

◎閱讀下文，回答 11-12 題。

謠言揭露祕密，這一點不可多得，故而珍貴異常。然而這雖是謠言的價值來源之一，卻不能解釋謠言爲什麼流傳。黃金也因爲稀有而珍貴，但人們卻不是使之流通，而是將它儲存起來。黃金和謠言有一個根本的差異——謠言的可信度並非永遠不變，萬一某個謠言被公眾確認爲「謊言」，它便會壽終正寢，因此，謠言必須儘快使用，趁它尚有價值之際，從中獲取利益。事實上，當傳播者推心置腹地吐露隱情，與人分享祕密，他的形象便如同一位掌握了珍貴知識的人，在謠言的接收者眼中，散發出美妙的光輝。

儘管謠言總有其源頭，但推動謠言的力量還是在聽到謠言並且傳播謠言的人身上。謠言的說服力是隨著它接觸到的人越多而越加增強的。人們聽到謠言，常會從自己的角度來豐富謠言，甚至提供其他的論據來證實謠言。在這個「滾雪球」效應裡，人們把謠言變成自己的，在裡面投進自己的想像和幻覺。（改寫自〔法〕讓・諾埃爾・卡普費雷《謠言——世界最古老的傳媒》）

11. 依據上文，選出符合作者想法的選項：

(A) 謠言因揭人隱私而爲人所憎，故無法如黃金般保值
(B) 即使被證實爲虛構，謠言仍會如滾雪球般繼續傳播
(C) 謠言傳播者未必心懷惡意，大多只想藉此贏得注目
(D) 人們常透過謠言製造幻覺，藉以掩飾對眞相的恐懼

12. 下列甲、乙兩項推斷，符合上文論述邏輯的選項是：

甲、傳播者的形象越好，謠言的可信度越高。

乙、傳播者的人數越多，謠言的說服力越低。

(A) 甲、乙皆正確　　(B) 甲、乙皆錯誤
(C) 甲錯誤，乙無法判斷　　(D) 甲無法判斷，乙錯誤

◎閱讀下文，回答13-14題。

山東人娶蒲州女，（蒲州女）多患癭，其妻母項癭甚大。成婚數月，婦家疑婿不慧。婦翁置酒，盛會親戚，欲以試之。問曰：「某郎在山東讀書，應識道理。鴻鶴能鳴，何意？」曰：「天使其然。」又曰：「松柏冬青，何意？」曰：「天使其然。」又曰：「道邊樹有骨骴，何意？」曰：「天使其然。」婦翁曰：「某郎全不識道理，何因浪住山東？」因以戲之，曰：「鴻鶴能鳴者，頸項長；松柏冬青者，心中強；道邊樹有骨骴者，車撥傷。豈是天使其然？」婿曰：「請以所聞見奉酬，不知許否？」曰：「可言之。」婿曰：「蝦蟆能鳴，豈是頸項長？竹亦冬青，豈是心中強？夫人項下癭如許大，豈是車撥傷？」婦翁羞愧，無以對之。（侯白《啓顏錄》）【注：1. 項癭：頸瘤。2. 骨骴：指樹瘤。】

13. 依據文意，選出敘述正確的選項：

(A) 岳父爲了彰顯蒲州人的聰明博學，故刻意安排即興問答

(B) 對岳父的問題，女婿皆以「天使其然」回應，故被嘲笑

(C) 女婿四處漂泊，暫時寄居山東，故有「浪住山東」之說

(D) 女婿舉出蝦蟆、竹子及新婚妻子爲證，反駁岳父的戲謔

14. 女婿面對岳父的戲謔，以岳父的思維模式回應，因而改變形勢。下列人物應答時使用的語言技巧，與文中女婿相同的選項：

(A) 馮諼曰：「責畢收，何市而反？」孟曰：「視吾家所寡有者。」

(B) 諸葛令、王丞相爭姓族先後，王曰：「何不言葛、王，而云王、葛？」令曰：「譬言驢、馬，不言馬、驢，驢寧勝馬？」

(C) 賈母問：「可扭了腰？叫丫頭們搥一搥。」劉姥姥道：「我那裡這麼嬌嫩？那天不跌兩下，都要搥起來，還了得！」

(D) 一個較有年紀的說：「該死的東西！到市上來，只這規紀亦就不懂？要做什麼生意？汝說幾斤幾兩，難道他的錢汝敢拿？」「難道我們的東西，該白送給他？」參不平地回答

◎閱讀下文，回答15-17題。

甲

今大道既隱，天下爲家，各親其親，各子其子，貨力爲己。大人世及以爲禮，城郭溝池以爲固，禮義以爲紀。以正君臣，以篤父子，以睦兄弟，以和夫婦，以設制度，以立田里，以賢勇知，以功爲己。故謀用是作，而兵由此起。禹、湯、文、武、成王、周公，由此其選也。此六君子者，未有不謹於禮者也。以著其義，以考其信，著有過，刑仁講讓，示民有常。如有不由此者，在勢者去，眾以爲殃。是謂小康。（《禮記・禮運》）

乙

柏拉圖設想的理想社會，是由通曉眞理的「哲學家皇帝」統治，人們以職類分工實踐公義。馬克思的理想社會則是提供豐富的技術和物質資源，讓人們可以各自發展。儒家「大同」社會的基礎不同於上述，它預設的不是最佳的外在條件，而是無私的關愛精神：人們不僅照顧家人，也照顧家庭外的其他人；資源開發共享；賢能者被選出來爲「共善」工作；不同年齡層的需求都得到滿足，矜寡孤獨廢疾者也獲得安養。這其中沒有禮或法——即使存在也無須執行。但「小康」時代，無私的關愛精神減弱了，______。不過，〈禮運〉並未將小康描述爲與大同相悖的滑落國度。小康的重要特徵在於禮，它不僅遏止不當行爲，也保持並促進大同的理想。清代《禮記》學者孫希旦曾極具洞見地指出：儘管小康的制度主要是照顧私利，但同時也會提高生產力，最終還是大眾獲益；儘管統治者的權力爲世襲，但仍須按規範行事，否則會被趕下台，結果還是才德兼備者爲公眾服務。就現實而言，大同已矣，小康並非通往大同的過渡階段，而是改採新做法來處理欠佳環境所面臨的問題。小康是保有大同精神的調節型理想，並部分實現了這個理想。（改寫自陳祖爲《儒家致善主義——現代的政治哲學重構》）

15. 下列「大同」與「小康」的關係，何者符合乙文的看法？
(A) 由小康進至大同，是社會演變的必然歷程
(B) 從大同淪爲小康，人性的美好已蕩然無存
(C) 小康固不及大同，仍維持安分有序的型態
(D) 大同與小康皆優，均以嚴謹外在制度爲本

16. 依據甲文，乙文________內關於「小康」的描述，何者不適合填入？
(A) 行事強調家人與他人親疏有別
(B) 以禮制儀則引導各種人際關係
(C) 視城郭爲彼此隔閡而亟欲拆除
(D) 爲維護利益而出現權術與爭鬥

17. 乙文認爲，「大同」的展現來自儒家的一個預設，亦即甲文的「大道」。下列《論語》文句，何者最能說明這個預設？
(A) 君子泰而不驕
(B) 克己復禮爲仁
(C) 名不正則言不順
(D) 博施於民而能濟眾

◎閱讀下文，回答 18-19 題。

甲

蘇堤橫亙白堤縱：
橫一長虹，縱一長虹。
跨虹橋畔月朦朧：
橋樣如弓，月樣如弓。
青山雙影落橋東：
南有高峰，北有高峰。
雙峰秋色去來中：
去也西風，來也西風。

（劉大白〈西湖秋泛〉）

乙

厚敦敦的軟玻璃裡，
倒映著碧澄澄的一片晴空：
一疊疊的浮雲，
一羽羽的飛鳥，
一彎彎的遠山，
都在晴空倒映中。
湖岸的，葉葉垂楊葉葉楓：
湖面的，葉葉扁舟葉葉篷：
掩映著一葉葉的斜陽，
搖曳著一葉葉的西風。

18. 下列關於本詩的敘述，錯誤的選項是：
(A) 新詩格律自由，未必押韻；本詩則明顯押韻
(B) 本詩深具文人雅士傷春悲秋、感時憂世的情懷
(C) 本詩善用疊字，句型亦多排比複沓，富節奏感與韻律感
(D) 本詩將蘇、白堤喻爲長虹，將湖水喻爲軟玻璃，視覺意象鮮明

19. 民國早期剛發展的新詩，曾出現多種不同寫作路線的嘗試。上引劉大白（西元 1880-1932）的詩作，最適合做爲何種寫作路線的例證？
(A) 文字樸素無華，重視反映社會現象
(B) 詩意朦朧恍惚、神秘幽晦，頗難理解
(C) 句式、押韻均近於詞曲，頗具古典氣息
(D) 題材、語言均受西洋文學影響，異於傳統

◎閱讀下文，回答 20-21 題。

甲、太祖皇帝一日閱遠方驛夫，見一小兒在其中，問之，兒對曰：「臣父當此役，近日死，臣代役耳。」上曰：「你幾歲？」兒對曰：「七歲。」上曰：「能作對麼？」兒對曰：「能。」上曰：「七歲孩兒當馬驛」，即應聲云：「______」。上大喜，蠲其役。（祝允明《前聞記》）

乙、太祖常微行，遇一監生，同飲於酒家，奈坐已滿，回觀惟有土神之几，太祖遂移神於地曰：「且讓我。」因對飲，問生曰：「何處人？」生曰：「重慶。」帝因出對曰：「千里爲重，重水重山重慶府」，生對：「一人成大，大邦大國大明君」。帝甚喜，散後，酒主復移土神上坐。是夜夢神曰：「皇帝命我不可上坐。」方疑之，則聞朝廷召昨日飲酒監生與官矣，然後知太祖焉。故今天下土地多坐於下。（郎瑛《七修類稿》）

20. 依據對聯原則與故事情境，甲文____內小兒所對的下聯應是：

(A) 萬年天子坐龍庭　　(B) 萬里長征人未還

(C) 萬頃江田一鷺飛　　(D) 萬古惟留楚客悲

21. 依據上文，下列敘述何者錯誤？

(A) 甲文小兒與乙文監生在應答時，均不知太祖的眞實身分

(B) 甲、乙二文的太祖，均因欣賞能對出佳聯者而施予恩典

(C) 乙文對聯巧妙運用合字（千＋里＝重，一＋人＝大）開展句意

(D) 乙文土神敬畏皇帝，故託夢給酒家主人，表示不敢復坐於原處

◎閱讀下文，回答 22-25 題。

從王羲之的書寫身分來看，他同時具有參與修褉賦詩與事後錄詩作序的雙重體驗。〈蘭亭序〉前半，先以作詩者角度，憶述行褉本事並推闡人生情境，意旨與《蘭亭詩》若合符節。文中次第標出時間、地點、人物，鋪敘時空交織下的物色光景，「流觴曲水」、「仰觀俯察」是對應此景的人爲活動，至於「暢敘幽情」、「遊目騁懷」之樂，則是「感物」後的「興情」。《蘭亭詩》由遊春出發，帶出玄心遠想，乃至齊彭殤、達至樂。〈蘭亭序〉同樣在暢情騁懷之後，以「因寄所託，放浪形骸之外」，揭示與會群賢逍遙山林、棄絕塵俗的集體意向，並用「欣於所遇，暫得於己」描述他們的自覺自足。最後更將此一天人合契的同情共感，由原本只是「是日」褉事之可樂，擴展成「不知老之將至」這足以「俯仰一世」的生命觀照。

序文後半，則換由事過境遷、讀者閱覽的角度發言，意旨與《蘭亭詩》對反。「及其所之既倦，情隨事遷」，感慨樂事難繼，僅能由徒留的字跡詩痕，緬懷當日齊契玄同的欣喜。然而，當「欣所遇」、「得於己」的快然自足不復存在，「不知老之將至」也就頓失依恃。在歡樂難駐的同時，羲之進一步體認到留歡之人本身亦是「終期於盡」的。因此，除了哀樂興感，不得不喟嘆「死生亦大」這生命現實的終極沉痛。

義之更將此種閱覽的感懷置放在＿＿＿＿＿中考察。由「若合一契」推證出「固知一死生為虛誕，齊彭殤為妄作」，再藉「後之視今猶今之視昔」前後閱覽經驗的同質性，推得「固知」的感慨是貫通古今的。而由「興感之由」、「所以興懷」又可知：臨文閱覽貴在能超越「世殊事異」的表象，探及古今「其致一也」的創作動機與議題。「時人所述」的《蘭亭詩》既書寫齊彭殤、混萬殊的至樂，是以「興感之由」就是緣於死滅焦慮所激發的長（永）生渴慕。

由作者到讀者，義之真切地體受生命中紛至沓來的悲喜。因此，〈蘭亭序〉否定了蘭亭詩人遊心玄同的方案，揭露人計較彭殤、在乎生死的常情本性。就在「達」與「不達」之間，我們看到了既不因一時陶然而從此忘我出世，亦不因現實悲涼而一味悵惘逃避，願意直接嚐受一切並加以回應的王義之。（改寫自鄭毓瑜〈由修禊事論蘭亭詩、蘭亭序「達」與「未達」的意義〉）

22. 依據上文，〈蘭亭序〉由「不知老之將至」的大樂，翻轉而為「死生亦大矣」的至痛，關鍵在於：

(A) 齊契玄同的欣喜，唯在逍遙山林、棄絕塵俗的豁達中方能獲致

(B) 言不盡意，蘭亭勝景與天人合契的同情共感，難以用文字重現

(C) 重覽當日詩作，賞心樂事已難蹤跡，故知種種美好終究難永存

(D) 欲以放浪形骸之外的任性灑脫，逃避死滅的束縛，而終不可得

23. 依據上文，關於《蘭亭詩》和〈蘭亭序〉的比較，最適當的敘述是：

	《蘭亭詩》	〈蘭亭序〉
(A)	表達對於長生久視的渴望	抒發不別死生的玄心遠想
(B)	抒發不別死生的玄心遠想	照見古今創作緣由的契合
(C)	照見古今創作緣由的契合	追述修禊當日的可賞可樂
(D)	追述修禊當日的可賞可樂	表達對於長生久視的渴望

24. 上文____內最適合填入的是：

(A) 空間之變　(B) 時間之流　(C) 仕隱選擇　(D) 因緣生滅

25. 上文認爲〈蘭亭序〉否定蘭亭詩人方案，所揭示的生命態度是：

(A) 正視悅生惡死的人性，直面悲欣交集的人生

(B) 死亡既難以迴避，何妨快意暢情，不虛此生

(C) 珍惜有限人生，以積極入世消解死亡的悲感

(D) 棲隱山林，放志逍遙，在大自然中找尋自我

◎閱讀下文，回答 26-27 題。

東坡在黃州與蜀客陳季常爲友，不過登山玩水、飲酒賦詩，軍務民情，秋毫無涉。光陰迅速，將及一載。時當重九之後，連日大風。一日風息，東坡兀坐書齋，忽想：「定惠院長老曾送我黃菊數種，栽於後園，今日何不去賞玩一番？」足猶未動，恰好陳季常相訪。東坡大喜，便拉陳慥同往後園看菊。到得菊花棚下，只見滿地鋪金，枝上全無一朵，唬得東坡目瞪口呆。陳慥問道：「子瞻見菊花落瓣，緣何如此驚詫？」東坡道：「季常有所不知。平常見此花只是焦乾枯爛，並不落瓣，去歲在王荊公府中，見他〈詠菊〉詩二句道：『西風昨夜過園林，吹落黃花滿地金。』小弟只道此老錯誤了，續詩二句道：『秋花不比春花落，說與詩人仔細吟。』卻不知黃州菊花果然落瓣！此老左遷小弟到黃州，原來使我看菊花也。」陳慥笑道：「古人說得好：廣知世事休開口，縱會人前只點頭。假若連頭俱不點，一生無惱亦無愁。」東坡道：「小弟初然被謫，只道荊公恨我摘其短處，公報私仇。誰知他倒不錯，我倒錯了。眞知灼見者，尚且有誤，何況其他！吾輩切記，不可輕易說人笑人，正所謂________耳。」（改寫自《警世通言・王安石三難蘇學士》）

26. 依據上文，關於東坡在黃州的情況，敘述正確的是：

(A) 時就陳慥共議軍務民情　(B) 季常贈菊數種以供賞玩

(C) 驚見定惠院中菊瓣遍地　(D) 領會荊公詠菊所言不虛

27. 依據上文，最適合填入______內的是：

(A) 經一失長一智　(B) 人不可以貌相

(C) 五十步笑百步　(D) 聰明被聰明誤

◎閱讀下列甲、乙二文，回答28-29題。

凡選本，往往能比所選各家的全集或選家自己的文集更流行，更有作用。冊數不多，而包羅諸作，固然也是一種原因，但還在近則由選者的名位，遠則憑古人之威靈，讀者想從一個有名的選家，窺見許多有名作家的作品。所以自漢至梁的作家的文集，並殘本也僅存十餘家，《昭明太子集》只剩一點輯本了，而《文選》卻在的。讀《古文辭類纂》者多，讀《惜抱軒全集》的卻少。凡是對於文術，自有主張的作家，他所賴以發表和流布自己的主張的手段，倒並不在作文心，文則，詩品，詩話，而在出選本。

選本可以借古人的文章，寓自己的意見。博覽群籍，采其合於自己意見的爲一集，一法也，如《文選》是。擇取一書，刪其不合於自己意見的爲一新書，又一法也，如《唐人萬首絕句選》是。如此，則讀者雖讀古人書，卻得了選者之意，意見也就逐漸和選者接近，終於「就範」了。

讀者的讀選本，自以爲是由此得了古人文筆的精華的，殊不知卻被選者縮小了眼界，即以《文選》爲例罷，沒有嵇康〈家誡〉，使讀者只覺得他是一個憤世嫉俗，好像無端活得不快活的怪人；不收陶潛〈閒情賦〉，掩去了他也是一個既取民間〈子夜歌〉意，而又拒以聖道的迂士。選本既經選者所濾過，就總只能吃他所給與的糟或醨。況且有時還加以批評，提醒了他之以爲然，而抹殺了他之以爲不然處。

評選的本子，影響於後來的文章的力量是不小的，恐怕還遠在名家的專集之上，我想，這許是研究中國文學史的人們也該留意的罷。（魯迅《選本》）

28. 依據上文，下列作品性質屬於選本的是：

甲《昭明太子集》　乙《古文辭類纂》　丙《唐人萬首絕句選》

丁《惜抱軒全集》　戊《昭明文選》

(A) 甲乙丁　(B) 甲丙丁　(C) 乙丙戊　(D) 乙丁戊

29. 依據上文，不屬於作者觀點的選項是：

(A) 選文易縮限讀者的閱讀視野

(B) 研究文學史應留意選本的影響力

(C) 作者藉由選本表達自我的文學主張

(D) 全集比選本更易流行也更具有影響力

◎閱讀下列甲文、乙表，回答 30-32 題。

甲

共享經濟是指擁有閒置資源的機構或個人有償讓渡資源使用權給他人，以減少資源浪費，並創造價值。

因爲科技的配合，共享經濟最近幾年大行其道。例如智慧型手機有助於建構相應的服務功能，又提供處處且時時上網的便捷，個體便可藉助第三方創建的媒合平臺，交換閒置資源，於是產生第一類型的共享經濟——個人閒置資源共享，例如個人可以透過 Airbnb（房間共享）、Uber（乘車共享）等媒合平臺，提供或選擇服務。

但由於提供資源或服務者的素質往往良莠不齊，導致許多意外，有些國家政府出面禁止，於是漸漸發展出第二類型的共享經濟——標準化的商業資源共享，由平臺對個人提供標準化的服務，例如 Airbnb 建立品牌公寓、Uber 提供更多交通服務。然而，服務越標準化，平臺就會越來越像傳統的飯店或租車公司，使共享與分享的精神逐漸消失。

因此，有人指出：第二類型的共享經濟只是讓少數公司打著「共享」大旗收割豐厚的「經濟」果實；而且平臺業者與資源提供者沒有勞雇關係，也可能讓資源提供者自行承擔損失風險。

乙

漢	（漢光武帝）後之長安，受《尚書》於中大夫盧江許子威。資用乏，與同舍生韓子合錢買驢，令從者僦，以給諸公費。《東觀漢記》僦：租賃。
唐	京兆府奏：兩京之間多有百姓僦驢，俗謂之驛驢，往來甚速，有同驛騎。犯罪之人因茲奔竄，臣請禁絕。從之。尋又不行。《冊府元龜》
宋	若凶事出殯，自上而下，凶肆各有體例。如方相、車轝、結絡、綵帛，皆有定價，不須勞力。尋常出街市幹事，稍似路遠倦行，逐坊巷橋市，自有假賃鞍馬者，不過百錢。《東京夢華錄》方相：逐疫驅鬼神靈，出喪時在行列前開道。

30. 依據甲文，關於「共享經濟」的敘述，最適當的是：
(A) 資源的「所有權」與「使用權」脫勾
(B) 資源提供者分享閒置資源，不宜收取報酬
(C) 第一類型與第二類型的區別，在於科技平臺素質的良莠
(D) 第二類型有違共享經濟初衷，但資源提供者有損失時，可獲平臺業者賠償

31. 依據乙表，關於「古代租賃」的敘述，最適當的是：
(A) 漢代從事租賃業的門檻頗高，貴族富豪方能參與
(B) 唐代驢子租賃市場活絡，因影響治安而遭長期禁絕
(C) 宋代喪葬業可按不同需求提供租賃服務，而鞍馬出租價格親民
(D) 歷代租賃業均只有個人對個人的模式，沒有商家對個人的模式

32. 綜合甲文、乙表，關於「共享經濟」與「古代租賃」的比較，敘述最適當的是：

	共享經濟	古代租賃
(A)	重視閒置資源的流通與再利用	重視私有財產的廉讓與公益化
(B)	供需市場大，獲取資源極容易	供需市場小，獲取資源費心力
(C)	品質精良、服務標準化為訴求	價格透明、產品多樣化為訴求
(D)	供需雙方可經由網路平臺媒合	租賃交易須透過實際接觸完成

◎閱讀下文，回答 33-34 題。

德國作家赫塞曾把孤獨比喻爲「荒野之狼」，文學家用來形容孤獨的意象無疑都非常有力，只可惜太個人化了，我想尋找更具普遍性的意象。

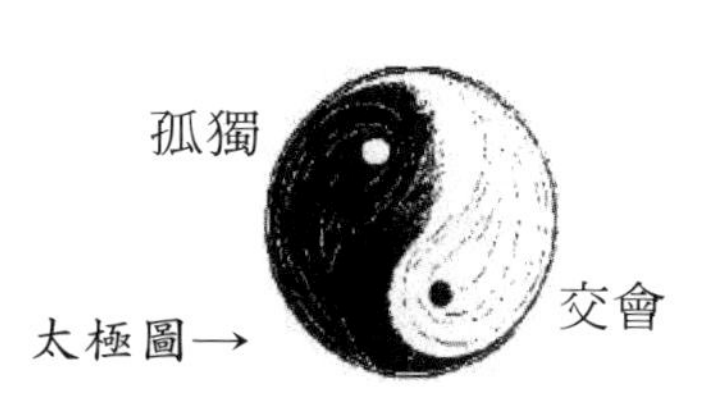

孤獨的面貌並非只有悲傷，它也可以是欣然而美好的；事實上，孤獨乃是人必然的存在狀態，也是一種回歸和自由，且常存於深刻的互動中。我在中國哲學裡找到一個簡潔有力的「太極圖」，很適合說明孤獨的特質。太極圖由陰陽（黑白）兩個對稱而對立的半部所組成。如果把陰比爲孤獨，把陽比爲交會的話，非常能說明孤獨和交會的關係。首先，陰陽兩個半部裡各自包含著對方顏色的若干細線，這反映出：沒有所謂純粹的孤獨，也沒有所謂純粹的交會。其次，兩個半部間有一灰色的中間地帶，這和兩者互爲對方底景的特質相似。最特別處是在陰的中央位置有個白點，在陽的中央位置有個黑點，這似乎意味著：在人我交會的極致中，人有可能會突然體驗到最深沉的孤獨，而在孤獨的極致中，人也可能會突然體驗到自我和天地、人際之間最深沉的交會。

用太極圖來象徵孤獨還有一個優點：它可反映出孤獨和群體生活二者對人同等重要，是體驗世界時不可偏廢的兩條路徑。（改寫自菲力浦・科克《孤獨》）

33. 下列敘述，符合上文文意的選項是：
(A) 文學家每爲孤獨所困，但描繪的內容都是個人化的經驗，難以引起讀者共鳴
(B) 孤獨和交會的關係就好比陰、陽，二者互滲於對方之中，不可能眞正的獨存
(C) 要完整體驗世界必須同時過著孤獨和群體生活，讓自己處於灰色的中間地帶
(D) 太極圖中的白點象徵在孤獨中能安慰我們的朋友，黑點象徵人心深處的黑暗面

34. 下列文字，最能表現上文畫底線處情況的選項是：
(A) 臘月既望，館人奔告：「玉山見矣！」時風靜無塵，四宇清澈
(B) 蘇子與客泛舟遊於赤壁之下。清風徐來，水波不興
(C) 明日拉顧君偕往，緣溪入，溪盡爲內北社，呼社人爲導
(D) 人知從太守遊而樂，而不知太守之樂其樂也。

二、多選題（占 32 分）

35. 下列各組文句，「」內字詞意義相同的選項是：
(A) 以「區區」之宋，猶有不欺人之臣／然秦以「區區」之地，致萬乘之權
(B) 傴僂「提攜」往來不絕者，滁人遊也／長者與之「提攜」，則兩手奉長者之手
(C) 一鼓作氣，「再」而衰，三而竭／季文子三思而後行。子聞之，曰：「再」，斯可矣
(D) 至於「斟酌」損益，進盡忠言，則攸之、禕、允之任也／過門更相呼，有酒「斟酌」之
(E) 日夜望將軍至，豈敢反乎？願伯具言臣之不敢「倍」德也／故事半古之人，功必「倍」之

36. 下列文句「」內的詞語，使用正確的選項是：
(A) 他們欺世盜名，同是「一丘之貉」，誰也好不到那裡去
(B) 這次演講比賽，參賽者個個「口無遮攔」，很難分出勝負
(C) 老李嘆道：我「人微言輕」，雖有建言，上級也不會重視
(D) 李廠長奉獻了畢生心力，他的豐功偉績，簡直是「擢髮難數」
(E) 老早就聽聞您才高學博，本公司正「虛位以待」，請您來任職

37. 杜甫〈客至〉：「盤飧市遠無兼味，樽酒家貧只舊醅。」前後二句都各自具有因果關係，下列文句也屬於這種句式的選項是：
(A) 謀閉而不興，盜竊亂賊而不作
(B) 讒邪進則眾賢退，群枉盛則正士消
(C) 君子易事而難說也，小人難事而易說也
(D) 質的張而弓矢至焉，林木茂而斧斤至焉
(E) 居廟堂之高則憂其民；處江湖之遠則憂其君

38. 下列詞作，藉歷史人物寄託作者情懷的選項是：
(A) 遙想公瑾當年，小喬初嫁了，雄姿英發。羽扇綸巾，談笑間，強虜灰飛煙滅
(B) 東風夜放花千樹。更吹落，星如雨。寶馬雕車香滿路。鳳簫聲動，玉壺光轉，一夜魚龍舞
(C) 試問夜如何？夜已三更，金波淡，玉繩低轉。但屈指西風幾時來，又不道，流年暗中偷換
(D) 將軍百戰身名裂。向河梁，回頭萬里，故人長絕。易水蕭蕭西風冷，滿座衣冠似雪。正壯士，悲歌未徹
(E) 元嘉草草，封狼居胥，贏得倉皇北顧。四十三年，望中猶記，烽火揚州路。可堪回首，佛狸祠下，一片神鴉社鼓。憑誰問，廉頗老矣，尚能飯否

39. 閱讀下文，選出敘述正確的選項：

余昔少年讀書，竊嘗怪顏子以簞食瓢飲，居於陋巷，人不堪其憂，顏子不改其樂。私以爲雖不欲仕，然抱關擊柝尚可自養，而不害於學，何至困辱貧窶自苦如此？及來筠州，勤勞鹽米之間，無一日之休，雖欲棄塵垢，解羈縶，自放於道德之場，而事每劫而留之。然後知顏子之所以甘心貧賤，不肯求斗升之祿以自給者，良以其害於學故也。（蘇轍〈東軒記〉）

(A) 作者來到筠州之後，生活和顏回一樣貧窮艱困
(B) 俗世塵垢使作者深受羈絆，因而渴望擺脫俗務干擾
(C) 作者年少時認爲：從事抱關擊柝的工作並不妨礙學習
(D) 由於親身經驗，作者終於明瞭顏回之所以不仕，是想全心致力爲學
(E) 作者從小對顏回「簞食瓢飲，居於陋巷」而「不改其樂」的生活，就頗爲欣賞

40. 下列二段文字論述曲的創作，選出敘述正確的選項：

甲、秋燈明翠幕，夜案覽芸編。今來古往，其間故事幾多般。少甚佳人才子，也有神仙幽怪，瑣碎不堪觀。正是不關風化體，縱好也徒然。論傳奇，樂人易，動人難。知音君子，這般另作眼兒看：休論插科打諢，也不尋宮數調，只看子孝共妻賢。正是驊騮方獨步，萬馬敢爭先？（高明《琵琶記》〈水調歌頭〉）

乙、何元朗，一言兒啓詞中寶藏。道欲度新聲休走樣。名爲樂府，須教合律依腔。寧使時人不鑑賞，無使人撓喉捩嗓。說不得才長。越有才，越當著意斟量。（沈璟〈二郎神・論曲〉）

(A) 甲文主張傳奇宜透過故事的演出，達到移易風俗的作用
(B) 乙文認爲作者越是有才華，越當以通俗爲標準斟酌文詞
(C) 甲文強調戲曲的趣味性與娛樂性，乙文強調作家的才情
(D) 甲文重視戲曲教化效果，乙文不太在意曲作是否受賞識
(E) 甲乙二文皆主張作曲應費心經營，務必使曲文協合音律

41. 曹丕〈典論論文〉中「常人貴遠賤近」的「貴」，是「以……爲貴」的意思。下列文句「」內的字，與「貴」字用法相同的選項是：

(A) 君子之學也以「美」其身

(B) 孟嘗君「怪」之，曰：此誰也

(C) 諸侯恐懼，會盟而謀「弱」秦

(D)「甘」其食，美其服，安其居，樂其俗

(E) 人知從太守遊而樂，而不知太守之「樂」其樂也

42. 陳列在〈玉山去來〉一文中形容玉山主峰頂上的煙雲變化：「好像交響樂在一段管弦齊鳴的昂揚章節後，轉爲沉穩，進入了主題豐繁的開展部」，以聽覺感受形容視覺感受。下列文句，將某一感官的感受以其他感官的感受表達的選項是：

(A) 俄而棋勢吃緊，兩人都站起來了，劍拔弩張，如鬥鵪鶉

(B) 我不會喝酒，一小杯我就醉，並且醉得很厲害，像害一場大病

(C) 就像一條繩子，蟬聲把我的心紮捆得緊緊地，突然在毫無警告的情況下鬆了綁，於是我的一顆心就毫無準備地散了開來

(D) 但不知啥緣故，在清晨四時多一點即醒來發愣。忽然間，好像是黑色翅膀的飛魚飄過我眼簾，剎那間我感到萬分的舒暢

(E) 那王小玉唱到極高的三、四疊後，陡然一落，又極力騁其千迴百折的精神，如一條飛蛇在黃山三十六峰半中腰裡盤旋穿插，頃刻之間，周匝數遍

（一）單選單題解析

單選解題說明表

題號	答案 出處	試題重點	解題說明
1	D／統 104	實行文字—前後讀音相同	(D) ㄇㄧㄠˇ／ㄇㄧㄠˇ。此前後讀音相同 (A) ㄌㄨˋ／ㄇㄧㄡˋ，(B) ㄋㄧㄝˋ／ㄓㄜˊ，(C) ㄑㄧㄝˋ／ㄒㄧˋ。以上前後讀音不相同
2	C／指 105	實行文字—字形正確	(A) 文過「飾」非（掩蓋過失。飾指掩飾，與擦拭的拭有別。此處文音ㄨㄣˋ，亦為掩飾之意，動詞），(B) 漸趨「式」微（衰落、衰微。式此處為無義的發語詞，與局勢的勢有別），(D)「誓」死不渝（發誓到死都不會改變。誓指發誓，與視死如歸的視有別）。以上原字形錯誤
3	C／指 103	實行詞語—恰當詞語	空格一：因為強調「聲浪」，所以「乾號」比「幽鳴」更能表現蛙聲的喧鬧吵雜 空格二：因為「一點螢火忽明」，所以「星」比「片」更能表現螢火蟲的微光 空格三：因為「不像飛行」，所以「漂浮」比「逡巡」（反覆徘徊）更能表現螢光的飄忽感 根據以上說明，可判斷 (C) 較恰當

題號	答案 出處	試題重點	解題說明
4	D／指 101	實行詞語—句子重組	此段寫靜心的重要性。作者藉水爲喻，先寫如果盤水平靜，則上清下濁，能照見人臉的細微處；再寫如盤水攪動，則清濁相混，連人臉都看不清楚 根據以上說明，可判斷 (D) 較符合文意 「危微之幾，惟明君子而後能知之」：指事情隱藏的幽微變化，只有靜心明察的君子才能洞悉，所以應靜心明察如同平靜的盤水
5	D／指 105	文化知識—推論文化	傳注解釋包含前人傳授的古訓、自己對經文的理解，可判斷 (D) 較正確 (A)《尚書》有傳注 (B)〈倉頡篇〉爲識字書 (C)《左傳》屬編年體
6	C／統 103	解釋因果	因爲鏡子照映外物，沒有悲喜，坦然無憂，所以能大睡一覺
7	C／學 102	摘要主旨	本文強調人際相處貴能彼此留白，才能讓大家安心生活
8	D／指 104	舉例概念—句子重點	題幹重點：執政者施政原則——著眼全民大利，而非個人小惠 (D) 是孟子對子產以公務車助民過河的評論，他認爲子產應造橋讓全體居民受益，不應只以公務車渡河討好部分居民。此較符合題幹句子重點

題號	答案 出處	試題重點	解題說明
9	C／學 104	推論看法	薛寶釵看法：王夫人不需要對金釧兒的死有罪惡感 薛寶釵理由 1 金釧兒死在井裡是她自己不小心，與王夫人無關 2 金釧兒如果是賭氣而投井自殺，則只是一個衝動的糊塗人
10	A／統 107	文化知識一再認文化（情境型）	甲、出現「子路、子貢、子夏、子張、顏淵」等孔門弟子，又出現「君子、小人、仁、禮」，可知應爲《論語》 乙、出現「晉、鄭、楚」等國名，又出現「伐」、「盟」等外交詞語，可知應爲《左傳》 根據以上說明，可判斷 (A) 較正確

（二）單選題組題解析

題組一閱讀理解密碼表

試題 11-12	內容
核心概念	作者對謠言傳播的看法
作者看法	1. 謠言價值 (1) 謠言因爲揭露秘密，所以珍貴異常 (2) 謠言一旦失去可信度，就喪失傳播價值 2. 傳播過程 (1) 傳播者並非刻意傳播謠言，只是激發接受者的好奇心 (2) 謠言的傳播者愈多，說服力就會愈強，傳播力也就會增強 (3) 傳播者會投入自己的想像和幻覺，所以謠言會離事實更加遙遠
難句句意	「謠言必須儘快使用，趁它尚有價值之際，從中獲取利益」此句主要說明謠言繼續傳播的原因，並非說明傳播者的意圖

題組一解題說明表

題號	答案 出處	試題重點	解題說明
11	C／學 105	推論看法	根據作者看法 2-(1) 的說明，可判斷 (C) 較正確
12	D／學 10	推論看法	文章並未談及傳播者形象與可信度的關係，可知甲無法判斷 根據作者看法 2-(2) 的說明，可知乙錯誤 根據以上說明，可判斷 (D) 較正確

題組二閱讀理解密碼表

試題 13-14	內容
核心概念	警惕世人不要自以爲是的嘲弄他人，以免自取其辱
重點細節	1. 事件順序 岳父考驗女婿→女婿皆回答「天使其然」→岳父嘲弄女婿→女婿依岳父之理反駁→岳父羞愧 2. 岳父嘲弄：鴻、鶴因脖子長而能鳴叫、松柏樹因心堅硬而能常青、路樹因被車撞傷而長瘤，並非「天使其然」 3. 女婿反駁：舉例蝦蟆脖子短也能鳴叫、竹子中空也能常青、岳母沒有被車撞傷也長瘤，判斷岳父理由不正確
難句句意	1.「（蒲州女）多患癭」：指蒲州一帶的女子常生頸瘤 2.「何因浪住山東」：枉費你住在山東。女婿是山東人，而山東爲孔子家鄉，孔子有博學之稱，所以岳父藉此嘲笑女婿孤陋寡聞 3.「夫人項下癭如許大」：此句強調岳母有這麼大的頸瘤，不是被車撞傷造成的

題組二解題說明表

題號	答案 出處	試題重點	解題說明
13	B／學 105	區辨內容	根據重點細節 1 的說明，可判斷 (B) 較正確
14	B／學 105	教材聯結－舉例概念	題幹重點：以對方的思維模式來做回應，且改變形勢 (B) 王丞相試圖以「王、葛」的順序，證明姓王的優於姓葛的，諸葛令就以「驢、馬」的順序，證明驢不比馬好。此符合題幹重點

題組三閱讀理解密碼表

試題 15-17	甲文	乙文
核心概念	說明小康的特色	比較大同與小康的特色
作者看法	1. 核心：家天下，國君需守禮 2. 家天下缺失 (1) 各親其親，各子其子，貨力爲己 (2) 謀用是作，而兵由此起 3. 小康典範：禹、湯、文、武、成王、周公 (1) 君王用禮義自我約束：君王謹於禮：以著其義……示民有常 (2) 誅殺不守禮之君爲民除害：如有不由此者，在埶者去，衆以爲殃	1. 大同 (1) 核心：國君具無私的關愛精神，追求公利 (2) 公利（公天下） a. 賢能爲大家服務 b. 資源共享 2. 小康核心：國君按禮行事，追求私利 3. 小康與大同的關係：小康不是理想滑落，而是以新做法，實現部分的大同理想

題組三解題說明表

題號	答案 出處	試題重點	解題說明
15	C／統 107	推論看法	根據乙文作者看法 3 的說明，可判斷 (C) 較正確
16	C／統 107	推論看法－適切詞句	小康的關愛精神減弱，而 (C) 強調關愛精神，可判斷 (C) 較不適合
17	D／統 107	推論看法	根據乙文作者看法 1 的說明，可判斷 (D) 較正確

題組四閱讀理解密碼表

試題 18-19	內容
核心概念	描寫西湖美景
重點細節	1. 湖上建築：蘇堤與白堤→跨虹橋→橋東二山 2. 湖中倒影：天空的倒影→湖岸與湖面的倒影
寫作手法	1. 形式 (1) 押韻：二詩皆押韻 (2) 結構：多疊字，多排比，營造節奏感與韻律感 2. 技巧 (1) 點題：以「西風」點出題目的「秋」，以「葉葉扁舟葉葉篷」點出題目的「泛」 (2) 譬喻：將蘇堤、白堤比喻爲彩虹，將跨虹橋、月亮比喻爲弓，將湖水比喻爲軟玻璃，視覺意象鮮明 (3) 量詞：根據事物特性選擇相應的特殊量詞，強化視覺意象，例如用羽作爲飛鳥的量詞，強化飛鳥自在翺翔的輕柔；用葉作爲斜陽的量詞，強化葉縫中夕陽閃爍的畫面感

題組四解題說明表

題號	答案 出處	試題重點	解題說明
18	B／學 98	區辨內容	根據核心概念、寫作手法的說明，可判斷 (B) 較不正確
19	C／學 98	推論看法	根據寫作手法的說明 (A)(B)(D) 不正確，可判斷 (C) 較正確

題組五閱讀理解密碼表

試題 20-21	甲文	乙文
核心概念	太祖免除七歲小孩勞役	太祖賜偶遇監生官職
重點細節	1. 事件順序 太祖視察驛站→太祖作上聯考驗孩童→孩童完美對出下聯→太祖免除小孩家勞役 2. 對聯格律 (1)「七歲孩兒當馬驛」：七歲孩兒，形＋名，當，動詞，馬驛，形＋名。 (2)「萬年天子坐龍庭」：萬年天子，形＋名，坐，動詞，龍庭，形＋名。 3. 太祖「閱」：正式視察，小兒知其身分	1. 事件順序 太祖微服出巡→太祖作上聯考驗監生→監生完美對出下聯→監生被召見授官 2. 對聯技巧：千＋里＝重，一＋人＝大 3. 太祖「微行」：非正式視察，監生不知其身分
事件原因		土地神像置於地上的由來 1. 太祖因爲酒店客滿，所以搬動土地神像，請土地神讓坐，好挪出位子 2. 土地神因爲是被皇帝放到地上，所以不敢抗旨恢復坐原位

題組五解題說明表

題號	答案 出處	試題重點	解題說明
20	A / 統 107	推論看法－適切詞句	根據甲文重點細節 2 的說明，可判斷 (A) 較適合
21	A / 統 107	比較異同	根據重點細節、事件原因的說明，可判斷 (A) 較不正確

題組六閱讀理解密碼表

項目	序文前半段	序文後半段
感物興情一	脩禊事的美好景色與賦詩活動，引發逍遙山林、棄絕塵俗，不知老之將至之樂	閱讀詩作，悟樂事難在，生命難在，引發死生之悲
感物興情二		讀古人作品感受死滅焦慮，體悟死滅焦慮爲昔、今、後的共同創作議題，樂生畏死爲人之常情
生命境界		不因生活之樂而忘記生命有限（達→不達） 不因生滅焦慮而忘記享受生命（不達→達）
書寫身分	蘭亭詩的作者	蘭亭詩的讀者
序、詩關係	序文等於蘭亭詩	序文翻轉蘭亭詩

題組六解題說明表

題號	答案 出處	試題重點	解題說明
22	C／指 107	解釋因果	根據序文後半段感物興情一的說明，可判斷 (C) 較正確
23	B／指 107	比較異同	根據序文前半段感物興情一及後半段感物興情二的說明，可判斷 (B) 較正確
24	B／指 107	推論看法—適切詞句	根據序文後半段感物興情二的說明，昔、今、後皆聚焦於時間，可判斷 (B) 較適合
25	A／指 107	推論看法	根據序文後半段生命境界的說明，可判斷 (A) 較正確

題組七閱讀理解密碼表

試題 26-27	內容
核心概念	勸勉世人不要任意嘲諷他人
重點細節	1. 東坡在黃州的生活 (1) 日常生活：只能與陳季常遊山玩水，飲酒賦詩，而無法參與政事 (2) 隔年九月某日：賞定惠院老贈送菊花→發現落瓣滿地→體悟過去嘲諷王安石〈詠菊〉錯誤
難句句意	1.「秋花不比春花落，說與詩人仔細吟」：指菊花不像春花會落瓣，詩人作詩應當仔細觀察。此句嘲諷王安石「吹落黃花滿地金」的觀察錯誤 2.「此老左遷小弟到黃州，原來使我看菊花也」：指王安石把自己貶到黃州，是為了讓自己親眼見證菊花花瓣會掉落 3.「廣知世事休開口……，一生無惱亦無愁」：指即使見多識廣，也不需要賣弄。如果能做到大智若愚，就不會遭人嫉妒，一生無憂。此句勸人保持低調的處世原則 4.「眞知灼見者，尙且有誤，何況其他」：指我雖具備豐富的菊花知識，但仍有地域的限制（不知他處菊花會落瓣），所以在其他知識上，可能有更多的不足

題組七解題說明表

題號	答案 出處	試題重點	解題說明
26	D／學 107	區辨內容	根據重點細節的說明，可判斷 (D) 較正確
27	A／學 107	推論看法一適切詞句	東坡在親眼見證菊花落瓣後，體悟到自己的錯誤，可判斷 (A) 較佳

題組八閱讀理解密碼表

試題 28-29	內容
核心概念	中國文學史的研究者要留意選本的影響力
作者看法	1. 選本流行原因：包羅衆多作品，選者有名且爲古人，易受信任 2. 常見選本：《昭明文選》、《唐人萬首絕句選》、《古文辭類纂》 3. 選本對編者的意義：編者常藉由選本發表及推廣自己的文學主張 4. 選本對讀者的影響：只讀選本無法了解古人文筆的精華，甚至會縮小讀者眼界

題組八解題說明表

題號	答案 出處	試題重點	解題說明
28	C／改自學參 107	推論看法	根據作者看法 2 的說明，可判斷 (C) 較正確
29	D／改自學參 107	推論看法	根據核心概念、作者看法的說明，可判斷 (D) 較不正確

題組九閱讀理解密碼表

試題 30-32	甲文	乙文
核心概念	說明共享經濟的變化	記載古代租賃的事例
重點細節	1. 特徵：所有者有償出租閒置資源的使用權 2. 類型 (1) 第一型：個人閒置資源共享，利用第三方平臺交換資源 (2) 第二型：標準化的商業資源共享，由平臺對個人提供標準化的服務 3. 缺點 (1) 第一型：資源提供者的品質好壞參差 (2) 第二型：喪失共享精神	1. 漢代：漢光武帝窮困時，曾透過出租驢子的方式來賺取學費 2. 唐代：民間驢子租賃業發達，淪爲犯罪者逃亡的工具，所以曾遭短暫禁絕，但後來又復興 3. 宋代 (1) 喪葬業者提供各種服務，費用透明 (2) 鞍馬租賃業者衆多，租金便宜

「共享經濟」與「古代租賃」比較表

項目	共享經濟	古代租賃
事業目的	減少閒置資源的浪費	提供服務以獲取利益
市場規模	供需市場大，獲取資源極容易	供需市場大（唐代），獲取資源極容易（宋代）
服務品質	第一型品質好壞參差 第二型品質精良、服務標準化	價格透明、產品多樣化（宋代）
交易方式	供需雙方可經由網路平臺媒合	租賃交易須透過實際接觸完成

題組九解題說明表

題號	答案 出處	試題重點	解題說明
30	A／指 107	區辨內容	根據甲文的重點細節的說明，可判斷 (A) 較正確
31	C／指 107	區辨內容	根據乙文的重點細節的說明，可判斷 (C) 較正確
32	D／指 107	比較異同	根據「共享經濟」與「古代租賃」比較表，可判斷 (D) 較正確

題組十閱讀理解密碼表

試題 33-34	內容
核心概念	太極圖很適合說明孤獨的意象
看法理由	1. 因為太極圖比文學家的「荒野之狼」更具有普遍性 2. 因為太極圖符合於孤獨的意涵與特質（其實太極圖較符合說明人類生活情境——孤獨與交會並存） (1) 太極圖黑面、白面的形狀，能說明孤獨（黑）與交會（白）的關係 (2) 太極圖的黑中白點與白中黑點，能說明孤獨中的交會與交會中的孤獨 (3) 太極圖的黑白兼具，能反映孤獨和群體生活是人生中俱存的二種面向

題組十解題說明表

題號	答案 出處	試題重點	解題說明
33	B／學 106	區辨內容	根據看法理由 2 的說明，可判斷 (B) 較正確
34	D／學 106	教材聯結一舉例概念	題幹重點：在人我交會的極致中，人有可能會突然體驗到最深沉的孤獨 (D) 太守與民眾一同遊玩，即是人我互動情境，太守快樂的原因不被民眾了解，即是太守體驗深沉孤獨。此符合題幹重點

（三）多選單題解析

多選解題說明表

題號	答案 出處	試題重點	解題說明
35	AC／指101	詮釋涵義－前後詞義相同	(A) 微小／微小，(C) 第二次／第二次。以上前後詞義相同 (B) 借指孩童，爲「提攜」引申義／由人扶持帶領而行，爲「提攜」本義，(D) 考慮取捨，爲「斟酌」引申義／倒酒並飲酒，可借指飲酒，爲「斟酌」本義，(E) 背叛／加倍。以上前後詞義不相同
36	ACE／指102	實行詞語－正確詞語	(A)「一丘之貉」指同一山丘上的貉。比喻同樣低劣，沒有差異，(C)「人微言輕」指因爲地位低微，所以言論主張不受重視，(E)「虛位以待」指留著位子等候有才能的人。以上成語使用正確 (B)「口無遮攔」指說話沒有顧忌，想到什麼就說什麼，多用於貶義。此處形容演講參賽者口才很好，不宜使用；可使用「口若懸河」、「舌粲蓮花」，(D)「擢髮難數」指拔光頭髮，也難以數盡，形容多得難以計數，多用於貶義。此處形容豐功偉績，不宜使用；可使用「不勝枚舉」。以上成語使用錯誤

題號	答案 出處	試題重點	解題說明
37	BD／指103	舉例概念─語法	題幹重點：前後二句各自具有因果關係 (B) 因爲讒邪進，所以衆賢退；因爲群枉盛，所以正士消。(D) 因爲質的張而弓矢至焉；因爲林木茂，所以斧斤至焉。 以上前後二句各自具有因果關係
38	ADE／指102	舉例概念─句子重點	題幹重點：藉歷史人物寄託作者情懷 (A) 作者藉由三國周瑜愛情、事業兩得意（周瑜字公瑾，娶得小喬，赤壁之戰又打敗曹操），寄託自己無法一展長才的感慨 (D) 作者藉東漢將軍李陵不得以投降匈奴、戰國荊軻刺秦前死別（荊軻於易水出發刺秦），寄託自己壯志未酬的悲憤 (E) 作者藉南朝宋文帝草率北伐失敗（元嘉是南朝宋文帝年號），寄託自己對國事的憂心。藉戰國老將廉頗還能被君王詢問身體情況可否堪用，寄託自己願意爲國作戰的豪情 以上合於藉歷史人物寄託作者情懷重點

題號	答案 出處	試題重點	解題說明
39	BCD／學101	區辨內容	作者對顏回作爲的體悟 1. 質疑顏回：年輕讀書時，因爲認爲從事抱關擊柝（小官）的工作，可以解決生活溫飽，又不妨礙讀書修養，所以質疑顏回不應該甘心於貧賤 2. 理解顏回：到筠州後，因爲自己每天忙於工作，導致無暇讀書修養，所以終於了解顏回甘心於貧賤，即是因爲即使是當小官，也會妨礙讀書修養 根據以上說明，可判斷 (B)、(C)、(D) 較正確
40	A D／指106	比較異同	核心概念：甲文認爲曲作主題要能移風易俗／乙文認爲曲作寧可不被賞識，也要能協合音律 根據以上說明，可判斷 (A)、(D) 較正確
41	BDE／指105	舉例概念—語法	題幹重點：動詞是「以＋受詞＋爲＋動詞」的用法 (B)「怪之」是「以之爲怪」，(D)「甘其食」是「以其食爲甘」。後面的「美」、「安」、「樂」也是相同用法，(E)「樂其樂」是「以其樂爲樂」。以上符合「以＋受詞＋爲＋動詞」的用法
42	C E／指106	舉例概念—寫作手法	題幹重點：用其他感官表達某一感官的感受，即移覺 (C) 用「繩子綁緊又鬆開」的觸覺表達「蟬聲」的聽覺感受，(E) 用「一條飛蛇在山峰間盤旋」的視覺表達「王小玉說書」的聽覺感受。以上使用移覺手法

三、試題架構分析

（一）類別、指標與題數

試題架構分析表

試題類別	評量指標	單題題號	題組題號	總題數
文化知識	1 再認文學	10		1
	2 推論文化	5		1
語文表達	3 實行文字	1、2		2
	4 實行詞語	3、36		2
	5 實行句子	4		1
	6 實行格式			0
閱讀了解	7 詮釋涵義	35		1
	8 舉例概念	8、37、38、41、42	14、34	7
	9 摘要主旨	7		1
	10 推論看法	9	11、12、15、16、17、19、20、24、25、27、28、29	13
	11 比較異同	40	21、23、32	4
	12 解釋因果	6	22	2
閱讀分析	13 區辨內容	39	13、18、26、30、31、33	7
	14 歸因意涵			
總題數		18	24	42

（二）素養型閱讀的類別與題數

素養型閱讀分析表

類別	題號	組數	題數
聯結型	13-14（翁婿互譴） 22-25（蘭亭集序） 33-34（孤獨意象）	3	8
比較型	15-17（大同小康） 30-32（共享經濟）	2	6

試題二

一、單選題（占 68 分）

1-8 爲單題

1. 下列各組「」內的字，何者讀音不同？

(A) 諮「諏」善道／渡大海，入荒「陬」

(B)「傴」僂提攜／「嘔」啞嘲哳難爲聽

(C)「跫」音不響／秋蟬兒噪罷寒「蛩」兒叫

(D) 形容枯「槁」／阿「縞」之衣，錦繡之飾

2. 下列文句「」內詞語的運用，最適當的選項是：

(A) 領導者必須「目光如炬」，通觀全局，洞察先機

(B) 李爺爺的身體硬朗，如「松柏後凋」，老而彌堅

(C) 父母要子女專精一種才藝，常落得「梧鼠技窮」

(D) 兒童科學營活動，學員「群賢畢至」，齊聚一堂

3. 對下引二詩的解說，正確的選項是：

甲、莫恨雕籠翠羽殘，江南地暖隴西寒。勸君不用分明語，語得分明出轉難。（羅隱〈鸚鵡〉）【注：1. 隴西：唐人認爲鸚鵡產自隴山以西。】

乙、百囀千聲隨意移，山花紅紫樹高低。始知鎖向金籠聽，不及林間自在啼。（歐陽脩〈畫眉鳥〉）

(A) 二詩均因鳥的叫聲，而興感抒懷

(B) 二詩均對鳥難以放聲高鳴表示惋惜

(C) 甲詩中「君」指鸚鵡，也暗指逢迎諂媚者

(D) 乙詩以「樹」與「林」比喻無常的仕宦際遇

4. 閱讀下文，推斷其中「導演」、「臨時演員」可能各指何人？

簾幕尚未拉開，我蹲在黑暗的後台，等待上場。這是我第一次挑大樑演出。我在後台聽到外頭觀眾們引頸期盼的擾嚷，不由得緊張起來。導演也感染我的情緒，焦躁地冒著汗，安撫我不要緊張。我閉著眼，捏緊拳頭，反覆背誦唯一的台詞。觀眾們已經在觀賞席坐定，屏息等待我的演出。螢光燈燃亮了整個舞台，我聽到觀眾們興奮的呼吸聲。簾幕緩緩拉開，光線直射我的眼睛，我還來不及反應，粗魯的臨時演員便扯著我的頭，把我從後台拖了出來。我張開嘴巴，用力地吐出那句演練已久的台詞：「哇……」「恭喜你，是個健康的男寶寶。」臨時演員說。導演欣慰地流下了淚。（夏霏〈粉墨登場〉）

(A) 導演：醫師／臨時演員：母親
(B) 導演：母親／臨時演員：醫師
(C) 導演：嬰兒／臨時演員：醫師
(D) 導演：父親／臨時演員：母親

5. 閱讀下文，選出依序最適合填入□內的選項：

甲、我緩緩睜開眼，茫然站在騎樓下，眼裡藏著□□的淚水。世上所有的車子都停了下來，人潮湧向馬路中央。（渡也〈永遠的蝴蝶〉）

乙、如果鏡子是無心的相機，所以□□，那麼相機就是多情的鏡子，所以留影。這世界，對鏡子只是過眼雲煙，但是對相機卻是過目不忘。（余光中〈誰能叫世界停止三秒〉）

丙、時時想著吃，吃罷上頓盼下頓。肚裡老是□□，那可真是飢火如焚；老是咕咕叫，那可真是飢腸轆轆；不管飯菜好壞都想吃，那可真是飢不擇食。（周同賓〈飢餓中的事情〉）

(A) 滾燙／縹渺／匱乏　　(B) 滾燙／健忘／發燒
(C) 濟濟／縹渺／發燒　　(D) 濟濟／健忘／匱乏

6. 下列是一首現代詩，請依詩意選出排列順序最恰當的選項：

怕遺忘的心事／怕被偷窺到的文件／怕無端受損的紀念品／好好收藏起來／放到隱秘／不容易翻到的地方／安心地／

甲、也把它遺忘　　乙、甚麼文件或紀念品

丙、把隱藏的這件心事本身　　丁、連帶忘了有過心事這回事

都沒有存在過似的／完美的收藏／在封閉的記憶門外／由他人／任意去陳列／在紛爭的歷史中（李魁賢〈收藏〉）

(A) 乙甲丁丙　(B) 乙丙甲丁

(C) 丙甲乙丁　(D) 丙甲丁乙

7. 閱讀下文，選出敘述正確的選項：

楚莊王欲伐晉，使豚尹觀焉。反曰：「不可伐也。其憂在上，其樂在下；且賢臣在焉，曰沈駒。」明年，又使豚尹觀，反曰：「可矣。初之賢人死矣，諂諛多在君之廬者。其君好樂而無禮；其下危處以怨上。上下離心，與師伐之，其民必反。」莊王從之，果如其言矣。（《說苑．奉使》）

(A) 豚尹反對楚莊王攻打晉國，表現出他憂以天下、樂以天下的博愛襟懷

(B) 豚尹與沈駒分別爲晉國與楚國賢臣，豚尹受到重用，沈駒則含冤而死

(C) 晉君由憂國轉而好樂，晉民由安樂轉而怨上，遂使晉國陷入崩解危機

(D) 晉國在沈駒死後，晉民因晉君不守禮法而造反，楚國遂趁機攻打晉國

8. 關於下列甲、乙二人的陳述，敘述正確的選項是：

甲

每患遷、固以來，文字繁多，自布衣之士，讀之不遍，況於人主，日有萬機，何暇周覽！臣常不自揆，欲刪削冗長，舉撮機要，專取關國家盛衰，繫生民休戚，善可爲法，惡可爲戒者，爲編年一書，……上起戰國，下終五代，凡一千三百六十二年，修成二百九十四卷。

予在京師，因借館閣諸公家藏數本，參校之，蓋十正其六七，……其要皆主於利言之，合從連横，變詐百出。然自春秋之後，以迄于秦，二百餘年興亡成敗之跡，粗見於是矣！雖非義理之所存，而辯麗横肆，亦文辭之最，學者所不宜廢也。

乙

(A)「甲」強調該書的政治功能；「乙」肯定該書的言辭效益

(B)「甲」和「乙」的陳述，皆爲呈給皇帝的上書，勸諫治國應以歷代興亡爲鑑

(C)《史記》、《漢書》是「甲」用以成書的主要材料，也是「乙」用以成書的主要憑藉

(D)〈燭之武退秦師〉可在「甲」所修之書中檢得；〈馮諼客孟嘗君〉可在「乙」所校之書中讀到

9-34 爲題組

◎閱讀下文，回答 9-11 題。

甲

古之學者必有師。師者，所以傳道、受業、解惑也。人非生而知之者，孰能無惑？惑而不從師，其爲惑也終不解矣！生乎吾前，其聞道也，固先乎吾，吾從而師之；生乎吾後，其聞道也，亦先乎吾，吾從而師之。吾師道也，夫庸知其年之先後生於吾乎？是故無貴、無賤、無長、無少，道之所存，師之所存也。（韓愈〈師說〉）

乙

聖人無常師：孔子師郯子、萇弘、師襄、老聃。郯子之徒，其賢不及孔子。孔子曰：

「三人行，則必有我師」。是故弟子不必不如師，師不必賢於弟子。聞道有先後，術業有專攻，如是而已。（韓愈〈師說〉）

9. 依據上文，下列闡釋正確的是：

(A)「人非生而知之者，孰能無惑」，謂人皆有惑，須從師解惑

(B)「吾師道也，夫庸知其年之先後生於吾」，謂無論少長均應學習師道

(C)「聖人無常師」，謂聖人的教育方法異於一般教師，因此能啓迪後進

(D)「郯子之徒，其賢不及孔子」，謂郯子等人的學生不如孔子弟子優秀

10. 依據上文，最符合韓愈對「學習」看法的是：

(A) 只要有心一定能聞道，學習永遠不嫌遲

(B) 智愚之別會影響學習，故聞道有先有後

(C) 學無止境，自少至長都應該精進地學習

(D) 尊重專業，擇師學習不需計較身分年齡

11. 下列文句，與「惑而不從師，其爲惑也終不解矣」同樣強調運用資源以追求成長的是：
(A) 君子生非異也，善假於物也
(B) 梓匠輪輿，能與人規矩，不能使人巧
(C) 君子博學而日參省乎己，則知明而行無過
(D) 日知其所亡，月無忘其所能，可謂好學也已矣

◎閱讀下文，回答 12-13 題。

南唐彭利用對家人奴隸言，必據書史以代常談，俗謂之掉書袋，因自謂彭書袋。其僕有過，利用責之曰：「始予以爲紀綱之僕，人百其身，賴爾同心同德，左之右之。今乃中道而廢，侮慢自賢。若而今而後，過而弗改，當撻之市朝，任汝自西自東，以遨以游而已。」鄰家火災，利用望之曰：「煌煌然，赫赫然，不可向邇，自鑽燧以降，未有若斯之盛，其可撲滅乎！」（獨逸窩退士《笑笑錄》）【注：1. 人百其身：出自《詩經》，指自身願死百次以換回死者的生命，在此處指願竭盡心力爲對方付出。2. 同心同德：出自《書經》。3. 中道而廢：出自《禮記》。4. 以遨以游：出自《詩經》。】

12. 下列文意解釋，最適當的是：
(A)「賴爾同心同德，左之右之」，指僕人要賴失德，三心二意
(B)「今乃中道而廢，侮慢自賢」，指因僕人半途辭職，有損主人的賢名
(C)「任汝自西自東，以遨以游而已」，指將僕役逐出家門
(D)「自鑽燧以降，未有若斯之盛，其可撲滅乎！」指彭利用讚嘆火勢盛大，阻止鄰人將其撲滅

13. 依據上文，最符合彭利用說話方式的是：
(A) 自負博學，盛氣凌人
(B) 廢話連篇，誇大不實
(C) 曲解經典，胡吹亂謅
(D) 賣弄學問，滿口典故

◎閱讀下文，回答14-15題。

越甲至齊，雍門子狄請死之。齊王曰：「鼓鐸之聲未聞，矢石未交，長兵未接，子何務死之？爲人臣之禮邪？」雍門子狄對曰：「臣聞之：昔者王田於囿，左轂鳴，車右請死之，而王曰：『子何爲死？』車右對曰：『爲其鳴吾君也。』王曰：『左轂鳴者，工師之罪也，子何事之有焉？』車右曰：『臣不見工師之乘，而見其鳴吾君也。』遂刎頸而死。知有之乎？」齊王曰：「有之。」雍門子狄曰：「今越甲至，其鳴吾君也，豈左轂之下哉？車右可以死左轂，而臣獨不可以死越甲也？」遂刎頸而死。是日，越人引甲而退七十里，曰：「齊王有臣鈞如雍門子狄，擬使越社稷不血食。」遂引甲而歸。（《說苑・立節》）【注：1. 越甲：越國軍隊。車右：駕者右邊的武士。2. 鈞：同「均」。3. 血食：殺牲取血以祭天地祖先。保有政權方能血食祭祀。】

14. 依據上文，敘述正確的選項是：
 (A) 齊王指責雍門子狄臨陣脫逃，未善盡人臣之責
 (B) 雍門子狄認爲使君王陷於危殆，實爲臣子之罪
 (C) 齊王對於雍門子狄有所誤解，致使他自刎明志
 (D) 車右爲無力督導工匠製車而自責，故刎頸而死

15. 關於越人「引甲而歸」的原因，敘述正確的選項是：
 (A) 見齊國兵車衆多、軍容盛大，自忖無法與之爲敵
 (B) 車右預知越甲將至，以死勸告齊王務必提前戒備
 (C) 認爲齊人忠君愛國，若執意攻伐將招致亡國之禍
 (D) 敬佩雍門子狄敢爲死士，畏懼其不惜犧牲的氣勢

◎閱讀下文，回答16-18題。

一月底，跟隨無線電訊號來到溪邊的山腰，大約傍晚6點，濃密枝叢中傳來的「嗚呼……」透露令人驚喜的秘密——原來，我們追蹤的母黃魚鴞是有夫之婦！在人們準備迎接農曆新年的同時，黃魚鴞夫婦也爲了新生命而忙碌。

全世界逐水而居的魚鴞只有7種，其中4種住在亞洲。黃魚鴞雖是臺灣體型最大的貓頭鷹，但比起亞洲魚鴞的大哥大——毛腳魚鴞仍矮上一個頭。一個黃魚鴞家庭所需的溪段長達5～8公里，且周邊要有廣大的原始林方能維生。藏身隱祕加上分佈密度低，無怪乎牠們是臺灣目前最晚被發現的留鳥。

黃魚鴞________。低沉的「嗚呼……」是最常聽到的叫聲，由公鳥先鳴，母鳥隨即附和。另一種常聽到的叫聲則在巢樹邊。完成配對的母鳥約在二月底產卵，入夜後的低溫使母鳥必須寸步不離的孵卵，甚至長達40個小時窩在巢中，以確保辛苦誕育的小生命不致失溫死亡。因此，當公鳥在巢位附近「嗚呼……」，母鳥便發出音頻2000～6000Hz的長哨音「咻……」，似乎在告訴公鳥「餓啊！」那一年，是我們首次完整觀察黃魚鴞的育雛過程，許多夜裡按牠們的習性日入而作，守在巢樹附近熄燈聽著猶如沖天炮的「咻……」，偷偷記錄牠們的一點一滴。

黃魚鴞位在溪流食物鏈的頂層，故能反映棲地環境的健康與否。日本北海道的毛腳魚鴞被阿依努族奉爲守護神，其實，臺灣的黃魚鴞也一直在每年春節施放沖天炮，默默爲我們的生態環境祈福。（改寫自汪辰寧〈黃魚鴞的新年祈福〉；孫元勳、吳幸如《暗夜謎禽黃魚鴞》）

16. 依據上文，下列關於黃魚鴞的敘述，何者正確？

(A) 是亞洲最大型的貓頭鷹　　(B) 每年冬季飛至臺灣棲息

(C) 公鳥與母鳥會輪流孵雛　　(D) 以溪流爲主要獵食場所

17. 若依上文與下圖，敘寫＿＿＿＿＿內的文字，何者最為貼切？

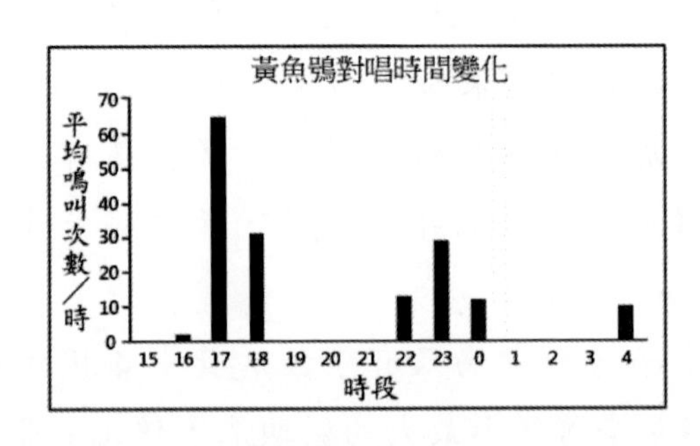

(A) 夜晚活動，日出後以頻繁的鳴唱準備進入夢鄉
(B) 夜晚安眠，日出時以頻繁的鳴唱揭開活動序幕
(C) 白天活動，半夜後以頻繁的鳴唱準備進入夢鄉
(D) 白天安眠，黃昏時以頻繁的鳴唱揭開活動序幕

18. 生態寫作中，作者有時會「運用想像，將個人的情感投射於動物身上，讓動物也彷彿對自然環境有所關懷」。在上文中，何者最符合這樣的表現手法？
(A) 黃魚鴞在每年春節施放沖天炮為生態祈福
(B) 黃魚鴞家庭需要 5～8 公里的溪段維持生活
(C) 母黃魚鴞的「嗚呼⋯⋯」透露牠是有夫之婦
(D) 母黃魚鴞的「咻⋯⋯」意在告訴公鳥「餓啊」

◎閱讀下文，回答 19-21 題。

荷蘭第一大企業飛利浦集團在 2011 年推出「Pay per Lux」的創新服務，不賣燈泡而賣照明時數。荷蘭最大的史基浦機場和飛利浦簽了一份 15 年的合約，機場裡 3700 個 LED 燈具的管理和維修全由飛利浦包辦，機場只需要每月支付定額服務費。

「當產品所有權回到廠商身上，很多行為會跟著改變」，協助設計這項服務的歐洲循環經濟先驅勞爾（Thomas Rau）指出，因為服務費是固定的，飛利浦便會希望維修或汰換次數愈少愈好。為了達到這個目的，飛利浦重新設計了LED燈泡，把容易故障的驅動器移到燈泡外側，壞了，只要更換驅動器，不必丟掉整個燈泡。此外也對廢品回收更爲積極，因爲回收再利用可以降低成本。機場方面，則因爲有飛利浦代爲維護照明設備，電力消耗只有過去的一半，既省錢又減少碳排放。

不同於以往「開採原物料→加工製成產品→使用後丟棄」的「搖籃到墳墓」線性經濟，循環經濟透過資源再生，讓整個系統盡可能不產生廢棄物，實踐「搖籃到搖籃」(Cradle to Cradle) 的理念。例如台積電的清洗製程，一年會產生6.2萬噸的廢硫酸，但與另一道製程產生的含氨氮廢水一起處理，便產生硫酸銨，再送到化工廠製成工業用氨水，供應給需要的業者。未來，台積電希望將廢硫酸全部純化，回收到晶圓廠製程使用。（改寫自辜樹仁〈不賣燈泡，改賣「那道光」〉、〈荷蘭奇蹟，循環經濟〉）

19. 依據上文，何者是飛利浦與台積電實踐循環經濟的共同點？
(A) 以互補或互利方式達成產業合作
(B) 選用生物可分解的原料製成產品
(C) 推動「不賣產品，改賣服務」的新模式
(D) 縮短產品的壽命以利盡速回歸生態循環

20. 依據上文，何者符合「搖籃到搖籃」的核心理念？
(A) 家庭所需的智慧科技　(B) 物慾最低的生活開銷
(C) 零廢棄物的產業模式　(D) 無垃圾桶的街道景觀

21. 下列文句，何者顯現古人對資源循環利用的重視？
(A) 善畜養者，必有愛重之心；有愛重之心，必無慢易之意
(B) 爲農者，必儲糞朽以糞之，則地力常新壯，而收穫不減
(C) 泰山不讓土壤，故能成其大；河海不擇細流，故能就其深
(D) 惟江上之清風，與山間之明月，耳得之而爲聲，目遇之而成色，取之無禁，用之不竭

◎閱讀下文，回答22-24題。

「江户壽司」是澳洲布里斯本的一家平價日本餐廳，產品有自取的迴轉壽司、服務人員提供的生魚片、手捲、麵類等。老闆Johnny是韓國人，在沒有財團的支持下，四年內開了六家店。

Johnny開店前曾到雪梨走訪幾家迴轉壽司，除了掌握市場走向，也學習餐廳的軟硬體規劃。Johnny明白，要讓日本料理展現傳統風味，必須靠道地的食材。但道地食材在澳洲取得不易，若從日本進口則成本太高；加上澳洲是一個民族大熔爐，單是英國人與澳洲人就有不同喜好；而亞洲人如日本、韓國、越南、中國人等，口味也不同。爲了迎合大眾，他選擇在地化，例如將當地盛產的酪梨放進壽司，也調整日本握壽司中含有芥末的作法，因爲澳洲人大多怕芥末的味道。此外，菜單上也看得到越南春捲，或義式油漬番茄壽司。

Johnny也根據餐廳所在地來調整菜單內容，例如黑鮪魚壽司雖然深得亞洲人喜愛，卻不受白人青睞，因此多屬白人消費的北區分店便不販售。又當主廚推日式串燒雞肉，北區分店便改供應炸物，以迎合顧客喜歡酥脆食物的口味。同樣的，拉麵也只出現在亞洲人較多的南區分店菜單中。

雖然有許多人捧著鈔票想尋求加盟，但Johnny說，他喜歡走進「自己的」餐廳，而非「自己品牌的」餐廳，因此目前只允許一家加盟。（改寫自《料理．臺灣》第31期）

22. 依據上文，「江戶壽司」廣受歡迎的主要原因爲何？
(A) 以在地人爲目標客群　(B) 平價卻能自助吃到飽
(C) 忠於異國料理的原味　(D) 隨季節推出當令菜色

23. 依據上文，「江戶壽司」若擬推出「炸豬排花壽司套餐」、「味噌烏龍湯麵」兩樣新菜色，最能兼顧消費者口味與經營效益的供餐方式爲何？

	炸豬排花壽司套餐		味噌烏龍湯麵	
	南區店供應	北區店供應	南區店供應	北區店供應
(A)	V		V	
(B)		V		V
(C)	V	V	V	
(D)	V		V	V

24. 上文作者的寫作目的，應是爲了探討哪個議題？
(A) 跨國餐飲事業如何尋地集資
(B) 傳統餐飲如何時尚化年輕化
(C) 餐飲業者如何吸引合作加盟
(D) 海外餐飲市場如何開拓客源

◎閱讀下列甲、乙二詩，回答 25-26 題。

甲、菡萏香銷翠葉殘，西風愁起綠波間。還與韶光共憔悴，不堪看。細雨夢回鷄塞遠，小樓吹徹玉笙寒。簌簌淚珠多少恨，倚闌干。（李璟〈攤破浣溪沙〉）【注：1. 菡萏：荷花】

乙、一曲新詞酒一杯，去年天氣舊亭臺，夕陽西下幾時回。無可奈何花落去，似曾相識燕歸來，小園香徑獨徘徊。（晏殊〈浣溪沙〉）

25. 下列「」內文句意涵的敘述，正確的選項是：
(A)「西風愁起綠波間」意指秋天荷花凋殘，並寄寓愁緒
(B)「不堪看」意謂不勝看，指眼前所見，令人目不暇給
(C)「去年天氣舊亭臺」意謂受到去年天氣影響，亭臺老舊斑駁
(D)「小園香徑獨徘徊」描寫歸燕在庭園小路上，孤獨穿梭往來

26. 下列關於主題、題材的分析，正確的選項是：
(A) 甲乙皆描寫迷離的夢中世界，以呈顯惆悵思緒
(B) 甲乙皆以悲秋爲主題，表現出強烈的哀傷情感
(C) 甲藉荷花形味的消散，感歎眼前歡樂即將結束
(D) 乙藉花落燕歸的景象，表達對時光流逝的感思

◎閱讀下文，回答27-29題。

明嘉靖中，一樵人朝行，失足墮虎穴，見兩虎子臥穴內，深數丈，不得出，徬徨待死。日將晡，虎來，銜一生麋，飼其子既，復以餕予樵，樵懼甚，自度必不免。迨昧爽，虎躍去，暮歸飼子，復以餕與樵。如是月餘，漸與虎狎。一日，虎負子出，樵夫號曰：「大王救我！」須臾，虎復入，俛首就樵，樵遂騎而騰上，置叢箐中。樵復跪告曰：「蒙大王活我，今相失，懼不免他患，幸導我通衢，死不忘報。」虎又引之前至大道旁。樵泣拜曰：「蒙大王厚恩無以報，歸當畜一豚，縣西郭外郵亭下，以候大王，某日日中當至，無忘也。」虎頷之。至日，虎先期至，不見樵，遂入郭，居民噪逐，生致之，告縣。樵聞之，奔詣縣廳，抱虎痛哭曰：「大王以赴約來耶？」虎點頭。樵曰：「我爲大王請命，不得，願以死從大王。」語罷，虎淚下如雨。觀者數千人，莫不歎息。知縣，萊陽人某也，急趣釋之，驅至亭下，投以豚，大嚼，顧樵再三而去。（王士禎《池北偶談》）【注：1. 餕：剩餘的食物。2.「縣」西郭：通「懸」。】

27. 依據上文，下列敘述何者正確？

(A) 樵夫因逐虎而墮虎穴　(B) 樵夫畜豬俟老虎索食

(C) 老虎報樵夫飼子之恩　(D) 老虎欲救樵夫而遭擒

28. 依據上文，老虎「入郭」的原因爲何？

(A) 爲報樵夫恩情　(B) 獵取城中牲畜

(C) 錯失約定之日　(D) 欲尋樵夫履約

29. 依據上文，下列「」內的解釋，何者正確？

(A) 樵懼甚，「自度必不免」：暗想終將餓死虎穴

(B) 樵遂騎而騰上，「置叢箐中」：躲避在草叢裡

(C) 今相失，「懼不免他患」：恐迷途山中或遭噬

(D)「急趣釋之」，驅至亭下：識趣的將老虎放生

◎下文是一則記者對林懷民演講內容的報導，閱讀後回答30-31題。

林懷民回憶，當初回國到雲門才開始學編舞，一開始就遇到最大的挑戰「如何跳自己的舞。」歐美舞者手一伸、腳一跳，你就能立刻認出背後的文化符號；跳舞和藝術一樣，從來不是中性的，需要歷史和文化長久的涵養。

「就像巴黎的印象畫，陽光是透明的。南臺灣的陽光卻是炙熱的，把萬物都曬到模糊；我們卻從來只認得義大利的文化復興、法國的印象派、安迪沃荷的瑪麗蓮夢露。」

林懷民指著畫家廖繼春作品「有香蕉樹的院子」，畫中展現南臺灣獨有的陽光、溫度。「就像侯孝賢的悲情城市，空鏡頭裡都是濕氣，把海島國家才有的面貌呈現。」他說，這是技法在服務畫作和生活，「這才是屬於臺灣的藝術。」（鄭語謙〈肉身解嚴〉）

30. 依據上文來看，最切合林懷民創作觀點的選項是：

(A) 藝術無國界

(B) 美感素養影響美感體驗

(C) 藝術創作要與土地結合以呈現特有風貌

(D) 歷史文化長久的涵養才能孕育藝術創作

31. 這則報導內容包括四個重點，按其文中呈現的次序，排列最適當的選項是：

甲、期許自我創作的獨特　　乙、反省藝術教育的限制

丙、連結其他藝術的創作　　丁、確立藝術發展的方向

(A) 甲乙丙丁　(B) 乙甲丁丙　(C) 丙丁甲乙　(D) 丁丙乙甲

◎閱讀下列甲圖、乙文，回答 32-34 題。

甲

乙

宓子賤治單父，彈鳴琴，身不下堂而單父治。巫馬期亦治單父，以星出，以星入，日夜不處，以身親之，而單父亦治。巫馬期問其故於宓子賤，宓子賤曰：「我之謂任人，子之謂任力。任力者固勞，任人者固佚。」（劉向《說苑．政理》）

32. 依據甲圖、乙文，下列敘述何者正確？

(A) 宓子賤因治理單父頗有窒礙，遂向陽晝請益

(B) 宓子賤得陽晝建議，先往陽橋學習釣魚之道

(C) 巫馬期樂於以自身的經驗，傳授宓子賤治理訣竅

(D) 就發生時間而言，乙文的對話應晚於甲圖的對話

33. 乙文所述宓子賤的「任人」，最可能是甲圖的何者？

(A) 陽晝　　(B) 陽橋

(C) 冠蓋迎之者　　(D) 耆老尊賢者

34. 下列文句，何者最接近宓子賤治理單父的方式？

(A) 居廟堂之高，則憂其民；處江湖之遠，則憂其君

(B) 不懈於內，忘身於外，夙夜憂勤，報之於陛下，恐託付不效

(C) 不以謫爲患，自放山水之間，蓬戶甕牖無所不快，窮耳目之勝以自適

(D) 簡能而任之，擇善而從之，文武爭馳，君臣無事，可以盡豫遊之樂，可以養松喬之壽

二、多選題（占 32 分）

35-40 爲單題

35. 下列文句，完全沒有錯別字的選項是：

(A) 慶祝建國百年，我們應緬懷先人篳路藍縷，才能開創新局

(B) 現代社會中，富人住豪宅，開名車，窮人卻貧無立錐之地

(C) 百無聊賴時，喝上一口酸酸甜甜的檸檬汁，眞是沁人心脾

(D) 陳家製作油飯的技術一脈相成，每天光顧的食客川流不息

(E) 林小姐經營日本料理店，因爲手藝好，名聲自然不脛而走

36. 寫作時提到某一事物，常運用與該事物密切相關的物件來代替，以求行文的生動變化。如蘇軾〈前赤壁賦〉：「方其破荊州，下江陵，順流而東也，舳艫千里，旌旗蔽空」，以船尾「舳」和船首「艫」代替「船」。下列詩文也運用此種表現方式的選項是：

(A) 歲寒，然後知松柏之後凋也

(B) 明眸皓齒今何在？血污遊魂歸不得

(C) 沙鷗翔集，錦鱗游泳；岸芷汀蘭，郁郁青青

(D) 黃巾爲害，萍浮南北，復歸邦鄉。入此歲來，已七十矣

(E) 遙想公瑾當年，小喬初嫁了，雄姿英發，羽扇綸巾，談笑間，強虜灰飛煙滅

37. 閱讀下列各詩，選出敘述正確的選項：

甲、讓我把你潮濕的憂傷，一點，一滴，收藏（宇文正〈除濕機〉）

乙、其實一切都可以重來，那些曾經錯誤的，就用微笑掩蓋（心誼〈立可白〉）

丙、火山的灰燼，擁抱後的溫柔碎片——人類偉大的暫存技術（何亭慧〈暖暖包〉）

丁、守護著你每一個腳步，一路讓你出氣宣洩，最後拱你登上巔峰（路寒袖〈登山鞋〉）

(A) 上列四首詩皆爲以人擬物的詠物詩
(B)「一點，一滴，收藏」雙重呼應除濕功能以及眼淚滴落的情狀
(C)「那些曾經錯誤的，就用微笑掩蓋」展現正面積極的生活態度
(D)「人類偉大的暫存技術」是指暖暖包發熱後帶給人溫暖的功能
(E)「最後拱你登上巔峰」是指人踩著登山鞋最後得以登上最高峰

38. 下列各組「」內的文字，前後意義相同的選項是：

(A) 至丹以荊卿爲計，始「速」禍焉／況乎視之以至疎之勢，重之以疲敝之餘，吏之戕摩剝削以「速」其疾者亦甚矣
(B) 尺寸千里，攢蹙累積，莫得遯隱；縈青繚白，外與天「際」，四望如一／海外獨身遊，風雲「際」會秋。我傳靈德去，仗劍鬼神愁
(C) 臣竊矯君命，以責賜諸民，因燒其券，民稱萬歲，「乃」臣所以爲君市義也／公辨其聲，而目不可開，「乃」奮臂以指撥眥，目光如炬
(D)「比」及三年，可使有勇，且知方也／介而馳，初不甚疾，「比」行百里，始奮迅，自午至酉，猶可二百里，褫鞍甲而不息不汗，若無事然
(E) 有顏回者好學，不遷怒，不貳過。不幸短命死矣，今也則「亡」／家人習奢已久，不能頓儉，必致失所。豈若吾居位、去位、身存、身「亡」，常如一日乎

39. 關於下圖，敘述正確的選項是：

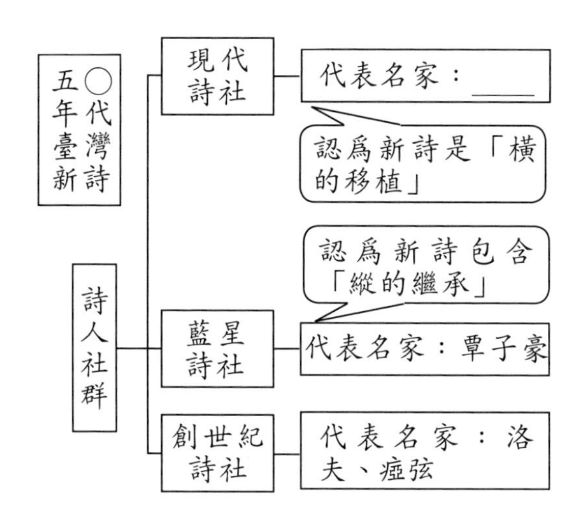

(A) ______內應塡：紀弦

(B) 由「縱」與「繼承」可大略推知，藍星詩社認爲新詩應吸收古典傳統

(C) 相對於「縱」的時間概念，「橫的移植」應是指學習外國的詩學思潮

(D) 余光中〈橄欖核舟〉：「擊空明，泝流光，無論怎樣／那夜的月色是永不褪色的了」甚具「橫的移植」風格

(E)「橫的移植」和「縱的繼承」雖然觀點互異，但皆對新詩的風格有所反思，影響日後臺灣新詩的發展

40. 下列詩句中，藉由江水表達「物是人非」之慨嘆的選項是：

(A) 移舟泊煙渚，日暮客愁新。野曠天低樹，江清月近人

(B) 餘霞散成綺，澄江靜如練。喧鳥覆春洲，雜英滿芳甸

(C) 閣中帝子今何在，檻外長江空自流

(D) 東船西舫悄無言，唯見江心秋月白

(E) 江上幾回今夜月，鏡中無復少年時

41-42 爲題組

◎閱讀下列甲、乙二文，回答41-42題。

甲

鬥草是古代的一種遊戲，又稱「鬥百草」。據南朝文獻記載，民眾通常在五月五日鬥百草，這大概與古人的藥草觀念有關。唐代以後鬥草的方式大概有兩種：一種是「武鬥」，比試草莖的韌性，方法是草莖相交結，兩人各持己端向後拉扯，以斷者爲輸；另一種則是「文鬥」，就採摘花草的種類數量或殊異一較高下。從明代〈秦淮鬥草篇〉「蘭皋藉作爭衡地，蕙畹翻爲角敵場。分行花隊逐，對壘葉旗張。花花非一色，葉葉兩相當」、「君有合歡枝，妾有相思子」中，可以看出「文鬥」除了採摘花草，還加入了「花草名對仗」的要求。從唐宋人的詩句：李白「禁庭春晝，鶯羽披新繡，百草巧求花下鬥，只賭珠璣滿斗」、王建「水中芹葉土中花，拾得還將避眾家。總待別人般數盡，袖中拈出鬱金芽」、白居易「弄塵復鬥草，盡日樂嬉嬉」、柳永「春困厭厭，拋擲鬥草工夫，冷落踏青心緒」、范成大「青枝滿地花狼藉，知是兒孫鬥草來」，均可見鬥草在唐宋十分盛行，白、范二詩或許就是當時「武鬥」的有趣畫面。而《紅樓夢》第62回則是現代人認識文鬥規則的寶貴材料，其中記載香菱與眾姐妹採摘花草後，準備鬥草，某人擺出「觀音柳」時，另一人則擺出「羅漢松」，其靈感可能得源於〈秦淮鬥草篇〉。到了現代，由於社會型態不同，人與自然的關係變得疏遠，鬥草就逐漸式微了。

乙

紫芝道：「這鬥草之戲，雖是我們閨閣一件韻事，但今日姐妹如許之多，必須脫了舊套，另出新奇鬥法，才覺有趣。」竇耕烟道：「能脫舊套，那敢妙了。何不就請姐姐發個號令？」紫芝道：「若依妹子鬥法，不在草之多募，並且也不折草。況此地藥苗都是數千里外移來的，甚至還有外國之種，若一齊亂折，亦甚可惜。莫若大家隨便說一花草名或果木名，依著字面對去，倒覺生動。」畢全貞道：「不知怎樣對法？請姐姐說個樣子。」紫芝道：「古人有一對句對的最好：『風吹不響鈴兒草，雨打無聲鼓子花。』假如耕烟姐姐說了『鈴兒草』，有人對了『鼓子花』，字面合式，並無牽強。接著再說一個，或寫出亦可。如此對去，比舊日鬥草豈不好玩？」鄴芳春道：「雖覺好玩，但眼前俗名字面易對的甚少。即如當歸一名『文無』，芍藥一名『將離』，諸如此類，可准借用麼？」……紫芝道：「即如鈴兒草原名沙參，鼓子花本名旋花，何嘗不是借用。……只要見之於書，就可用得，何必定要俗名。」（《鏡花緣》第76～77回）

41. 依據甲文，關於「鬥草」的敘述，適當的是：
(A) 唐代玩此遊戲，有時會以物品當賭注
(B) 透過此遊戲，有機會可以認識各種藥草名稱
(C) 王建詩中所述，應以持有花草與眾不同者勝出
(D) 此遊戲源自端午習俗，歷來只在過節當日進行
(E) 武鬥致勝關鍵，在於熟記植物名稱與玩家力氣大小

42. 依據甲、乙二文，關於「文鬥」的敘述，適當的是：
(A) 甲文所述《紅樓夢》的玩法，即乙文所謂的舊套
(B) 決定勝負的條件，由辨識植物種類擴及語文素養
(C) 因花草珍貴，故紫芝提議的新玩法可以自創植物名
(D) 依據花草名對仗的要求，「鼠姑心」能對「龍鬚柏」
(E) 兩部小說的相關記載，提供古代婦女詞采展現與人際交流資訊

（一）單選單題解析

單選解題說明表

題號	答案 出處	試題重點	解題說明
1	B／統 103	實行文字—前後讀音不同	(B) ㄩ ˇ／此處音ㄡ。前後讀音不同 (A) ㄗㄡ／ㄗㄡ，(C) ㄑㄩㄥ ˊ／ㄑㄩㄥ ˊ，(D) ㄍㄠ ˇ／ㄍㄠ ˇ。前後讀音相同
2	A／指 101	實行詞語—正確詞語	(A)「目光如炬」可比喻見事透徹，識見遠大。此成語使用正確 (B)「松柏後凋」比喻君子處亂世或逆境時，仍能不變其節操。此處形容老年人強健，不宜使用；可使用「童顏鶴髮」、「精神矍鑠」，(C)「梧鼠技窮」比喻技能雖多而不精。此處指出「專精一種才藝」，不宜使用，(D)「群賢畢至」指眾多賢能者聚集在一起。此處指出是「兒童科學營的學員」，不宜使用。以上成語使用錯誤
3	A／指 103	比較異同	1. 核心概念：甲詩因鳥聲而抒發憂讒畏譏的悲慨／乙詩因鳥聲抒發擺脫官場羈絆的渴望 2. 意象意涵：甲詩君指鸚鵡，也暗指詩人自己／乙詩樹林暗指離開官場的自由空間 根據以上說明，可判斷 (A) 較正確

題號	答案 出處	試題重點	解題說明
4	B／統 103	推論看法	1. 事件順序：嬰兒等待出生→母親協助嬰兒出生→醫生接生嬰兒 2. 文中角色：「我」指嬰兒，「觀眾」指家屬，「導演」指母親，「臨時演員」指醫生
5	B／指 106	實行詞語—恰當詞語	空格一：因爲是「眼裡藏著淚水」，所以「滾燙」比「濟濟」更合適 空格二：因爲「這世界對鏡子只是過眼雲煙」，所以「健忘」比「縹渺」更具體 空格三：因爲「飢火如焚」，所以「發燒」比「匱乏」更具體 根據以上說明，可判斷 (B) 較佳
6	D／指 104	實行句子—重組	此段寫生活中因收藏而遺忘的過程。首先，因爲珍貴而收藏，接著逐漸遺忘收藏之事，最後連珍藏的心意與紀念品也遺忘 根據以上說明，可判斷 (D) 較正確。也可先判斷乙、丙何者較適合做爲首句，再從與丙相關的 (C)、(D) 中選擇較合適的順序
7	C／指 104	區辨內容	晉國賢臣沈駒死後，君王無禮，百姓怨上，晉國因此遭到楚國攻擊，可判斷 (C) 較正確

題號	答案 出處	試題重點	解題說明
8	A／學 103	文化知識—推論文化	甲、編修目的是利於君王治國，體例爲編年體，時間從戰國到五代。此書應爲《資治通鑑》 乙、校訂目的是文辭肆麗，可供學者觀摩，內容以策士言論、謀略爲主，時間從春秋至秦代。此書應爲《戰國策》 (C)《戰國策》成書先於《史記》、《漢書》 (D)〈燭之武退秦師〉見於《左傳》，爲春秋史事，無法在「上起戰國」的《資治通鑑》檢得 根據以上說明，可判斷 (A) 較正確

（二）單選題組題解析

題組一閱讀理解密碼表

試題 9-11	內容
核心概念	韓愈對學習的看法
作者看法	1. 學習目的：解惑 2. 學習方法：擇師從之 3. 學習對象：具備專業，不需計較身分、年齡
難句句意	1.「人非生而知之者，孰能無惑」：指人皆不免有惑，故須從師以解惑 2.「吾師道也，夫庸知其年之先後生於吾」：指選擇學習對象不需計較對方年齡 3.「聖人無常師」：指聖人的學習對象多元 4.「郯子之徒，其賢不及孔子」：指郯子、萇弘、師襄、老聃等人不如孔子

題組一解題說明表

題號	答案 出處	試題重點	解題說明
9	A／學 107	詮釋涵義－句義	根據難句句意的說明，可判斷 (A) 較正確
10	D／學 107	推論看法	根據學習對象的說明，可判斷 (D) 較正確
11	A／學 107	教材聯結－舉例概念	題幹重點：運用資源（從師）以追求成長（解惑） (A)「善假於物」強調善用資源。此符合題幹重點

題組二閱讀理解密碼表

試題 12-13	內容
核心概念	譏笑說話喜歡掉書袋者
重點細節	1. 人物特質：彭利用說話時，喜歡使用經典文句來替代日常用語 2. 特質實例：責罵犯錯的僕人，感嘆鄰居家失火
難句句意	1.「賴爾同心同德，左之右之」：期望僕人忠心耿耿，完成各項交辦事務 2.「今乃中道而廢，侮慢自賢」：責罵僕人做事虎頭蛇尾，怠忽職責 3.「而今而後，過而弗改，當撻之市朝，任汝自西自東，以遨以游而已」：警告僕人如果再犯，不但會被當眾處罰，還會被開除 4.「煌煌然，赫赫然，不可向邇，自鑽燧以降，未有若斯之盛，其可撲滅乎」：擔心火勢太大，難以撲滅

題組二解題說明表

題號	答案 出處	試題重點	解題說明
12	C／指 107	詮釋涵義－句義	根據難句句意的說明，可判 (C) 較正確
13	D／指 107	推論看法	根據人物特質的說明，可判斷 (D) 較正確

題組三閱讀理解密碼表

試題 14-15	內容
核心概念	讚美雍門子爲國殉死，解決越國入侵危機
看法理由	1. 車右殉死原因：因爲自己身爲衛士，卻未能事先檢查車子的安全性，使得君王受到驚嚇，所以引咎自殺 2. 雍門子狄殉死原因：因爲自己身爲臣子，卻未能避免戰爭發生，使君王陷入險境，所以應該以死謝罪 3. 越國退兵原因：因爲擔心齊臣都具有爲國犧牲的決心，攻齊不僅很難勝利，還可能被齊所滅，所以退兵

題組三解題說明表

題號	答案 出處	試題重點	解題說明
14	B／指 105	區辨內容	根據看法理由 2 的說明，可判斷 (B) 較正確
15	C／指 105	解釋因果	根據看法理由 3 的說明，可判斷 (C) 較正確

題組四閱讀理解密碼表

試題 16-18	內容
核心概念	介紹黃角鴞
重點細節	1. 體型：臺灣最大的貓頭鷹 2. 棲地：位於溪流食物鏈裡的頂層，需要有廣大的原始林，一個黃角鴞家庭需要 5-8 公里的溪段 3. 習性：夜晚活動，二月產卵。母鳥待在巢中，避免雛鳥失溫。公母鳥會以叫聲聯絡

題組四解題說明表

題號	答案 出處	試題重點	解題說明
16	D／統 107	區辨內容	根據重點細節的說明，可判斷 (D) 較正確
17	D／統 107	推論看法—適切詞句	根據統計圖，黃昏是黃角鴞鳴叫最頻繁時段，可判斷 (D) 較恰當
18	A／統 107	舉例概念—寫作手法	題幹重點：將個人情感投射於動物，讓動物也關懷自然環境 (A) 母鳥「咻…… 」的鳴叫聲，宛若「施放沖天炮」，所以作者聯想是「爲臺灣生態祈福」，此選項符合題幹重點

題組五閱讀理解密碼表

試題 19-21	內容
核心概念	介紹循環經濟
重點細節	1. 產業範例：飛利浦與台積電 2. 共同特質：產業合作，減少成本
難句句意	1. 搖籃到墳墓：資源無法回收 2. 搖籃到搖籃：資源再生，零廢棄物

題組五解題說明表

題號	答案 出處	試題重點	解題說明
19	A／統 107	推論看法	根據共同特質的說明，可判斷 (A) 較正確
20	C／統 107	推論看法	根據難句句意的說明，可判斷 (C) 較正確
21	B／統 107	教材聯結—舉例概念	題幹重點：資源循環利用 (B) 農家善用人畜糞便、植物廢料作爲農田肥料。此選項符合題幹重點

題組六閱讀理解密碼表

試題 22-24	內容
核心概念	說明澳洲日本餐廳「江戶壽司」的拓店秘訣
重點細節	1. 拓店秘訣：尊重在地客人的口味 (1) 食材在地化：如使用酪梨、不使用芥末 (2) 菜單區域化：北區多為白人喜歡炸物，南區多為亞洲人喜歡麵食 2. 發展方向：因為想開的是自己的餐廳，所以目前只允許一家加盟店

題組六解題說明表

題號	答案 出處	試題重點	解題說明
22	A／統 106	解釋原因	根據拓店秘訣 (1) 的說明，可判斷 (A) 較正確
23	C／統 106	推論看法	根據拓店秘訣 (2) 的說明，可判斷 (C) 較正確
24	D／統 106	歸因意涵－寫作目的	根據核心概念的說明，可判斷 (D) 較正確

題組七閱讀理解密碼表

試題 25-26	甲詩	乙詩
核心概念	藉秋景抒發思婦懷人之情	藉由春景抒發時光流逝之慨
重點細節	感傷荷花枯萎→夢中恍至邊塞→聽聞嗚咽笛聲→倚欄思念哭泣	春日飲酒聽曲→回想去年此時→感慨時光流逝→園中獨自徘徊
意象意涵	1.「菡萏香銷翠葉殘，西風愁起綠波間」：荷花凋殘，形味消散，顯示秋天又至，引人愁思 2.「還與韶光共憔悴，不堪看」：因爲自己與景色一同憔悴，所以不忍心看這滿眼蕭瑟的殘景	1.「去年天氣舊亭臺，夕陽西下幾時回」：回想去年此時，也是同樣的天氣和樓臺，但時間已經又過一年 2.「無可奈何花落去，似曾相識燕歸來」：花雖落去，但燕會歸來，暗示生活中有無奈也有美好 3.「小園香徑獨徘徊」：作者在園中小徑，體會生活中有無奈也有美好

題組七解題說明表

題號	答案 出處	試題重點	解題說明
25	A／指 103	歸因意涵－意象意涵	根據意象意涵的說明，可判斷 (A) 較正確
26	D／指 103	比較異同	根據核心概念，重點細節的說明，可判斷 (D) 較正確

題組八閱讀理解密碼表

試題 27-29	內容
核心概念	讚美樵夫與老虎信守承諾的友情
重點細節	樵夫失足掉入虎穴→老虎餵養樵夫→老虎帶樵夫離開洞穴→樵夫承諾養豬待虎以報恩→老虎依約前來被居民活捉→樵夫爲老虎求情→縣官放走老虎並扔豬給牠→老虎吃掉豬並多次回望樵夫後離去
難句句意	1.「虎來，銜一生麋，飼其子既，復以餕予樵，樵懼甚，自度必不免」：老虎帶了麋鹿回來，餵養虎子之後，就把剩餘的鹿肉給了樵夫；樵夫非常害怕，認爲自己之後一定會被老虎吃掉 2.「虎復入，俛首就樵，樵遂騎而騰上，置叢箐中」：老虎背出虎子後又回到洞穴，低頭靠近樵夫，樵夫就騎著老虎離開洞穴，被放置在竹林中 3.「蒙大王活我，今相失，懼不免他患，幸導我通衢，死不忘報」：雖然大王您救了我，但您走後我擔心又迷路或被其他動物吃掉，所以請您再帶我到大路上，那我永遠都不會忘記您的恩情 4.「知縣，萊陽人某也，急趣釋之，驅至亭下，投以豚」：知縣聽說了樵夫與老虎的事情，立刻趕去放了老虎，將牠驅趕到郵亭下，並扔豬給牠。此句中的「趣」通「趨」，爲前往之意

題組八解題說明表

題號	答案 出處	試題重點	解題說明
27	B／統 106	區辨內容	根據重點細節的說明，可判斷 (B) 較正確
28	D／統 106	解釋原因	根據重點細節的說明，可判斷 (D) 較正確
29	C／統 106	詮釋涵義—句義	根據難句句意的說明，可判斷 (C) 較正確

試題 30-31	內容
核心概念	說明林懷民的創作觀點
重點細節	自我期許→反思限制→汲取臺灣藝術精華→確立方向
人物看法	藝術要運用技法呈現臺灣風貌

題組九解題說明表

題號	答案 出處	試題重點	解題說明
30	C／學 101	推論看法	根據人物看法的說明，可判斷 (C) 較正確
31	A／學 101	區辨內容	根據重點細節的說明，可判斷 (A) 較正確

題組十閱讀理解密碼表

試題 32-34	甲圖	乙文
核心概念	宓子賤由陽晝的釣魚經驗領悟識別人才的方法	巫馬期向宓子賤請教輕鬆治理單父的方法
重點細節	宓子賤將任單父宰→陽晝說明釣魚經驗→宓子賤前往單父→宓子賤重用耆老尊賢者（冠蓋迎之者如自動上鉤的陽橋，耆老尊賢者如若即若離的魴魚）	宓子賤治理單父時很輕鬆→巫馬期治理單父時很辛苦→巫馬期向宓子賤請教方法→宓子賤比較任人（交付賢者）與任力（事必躬親）的差異

題組十解題說明表

題號	答案 出處	試題重點	解題說明
32	D／統 107	綜合區辨內容	宓子賤先聽釣魚法，才能加以實踐，可判斷 (D) 較正確
33	D／統 107	綜合推論看法	根據甲圖重點細節的說明，可判斷 (D) 較正確
34	D／統 107	教材聯結—舉例概念	題幹重點：宓子賤的治理方式——重用賢能人才，適當分配職權，自己只需控管大方向，便能輕鬆治理 (D)「簡能而任之，擇善而從之」，即是重用賢能人才，適當分配職權，「可以盡豫遊之樂，可以養松喬之壽」，即是輕鬆治理的結果。此選項符合題幹重點

（三）多選單題解析

多選解題說明表

題號	答案 出處	試題重點	解題說明
35	ABCE／指 101	實行文字—字形正確	(D) 一脈相「承」（承指繼續、傳承之意，與相輔相成的「相成」有別）。原字形錯誤
36	BCD／指 103	舉例概念—寫作手法	題幹重點：用關係密切的物件來代稱某一事物，即借代 (B)「明眸皓齒今何在」，以美女的眼睛（眸）、牙齒來代稱美女，(C)「錦鱗游泳」，以魚的鱗片來代稱魚，(D)「黃巾爲害」，以黃巾賊的頭巾來代稱黃巾賊。以上使用借代手法
37	BCDE／指 101	歸因意涵—意象意涵	(A) 四首皆爲以物擬人
38	BD／學 102	詮釋涵義—前後詞義相同	(B) 交接、會合，動詞／交接、會合，動詞，(D) 及、等到，音ㄅㄧˋ／及、等到，音ㄅㄧˋ。以上前後詞義相同 (A) 招致，動詞／加速、加快，動詞，(C) 是／然後、於是，(E) 沒有，同「無」，音ㄨˊ／死亡，音ㄨㄤˊ。以上前後詞義不相同
39	ABCE／指 105	文化知識—再認文化（情境型）	(D)「擊空明，泝流光」化用宋代蘇軾〈赤壁賦〉「擊空明兮泝流光」之語，應屬於「縱的繼承」

題號	答案 出處	試題重點	解題說明
40	CE／指101	舉例概念—句子重點	題幹重點：藉由江水表達物是人非的感慨 (C)「閣中帝子今何在，檻外長江空自流」，爲長江恆存而帝子已逝的對比，(E)「江上幾回今夜月，鏡中無復少年時」，爲江面月影不變而鏡中容貌已老的對比。以上合於藉由江水表達物是人非感慨的重點

（四）多選題組解析

題組十一閱讀理解密碼表

試題 41-42	甲文	乙文
核心概念	介紹「鬥草」遊戲	鬥草遊戲的創新玩法
重點細節	1. 遊戲方式 (1) 武鬥：比較採摘草莖的韌性，雙方拉扯交結的草莖 (2) 文鬥 a比較採摘花草的種類、數量（生活經驗） b加入花草名稱的對仗，下家要拿出能與上家名稱相對的花草（文化素養）	1. 遊戲方式 (1) 不必拿出花草，只需口說或手寫（文化素養） (2) 講求花草名的對仗，可使用別名（文化素養）

試題 41-42	甲文	乙文
重點細節	2. 實例解讀 (1)「只賭珠璣滿斗」可看出鬥草有時會以物品（珠璣）當賭注 (2)「總待別人般數盡，袖中拈出鬱金芽」可看出持有花草與眾不同者勝出 (3)「弄塵復鬥草」「青枝滿地花狼藉」描寫武鬥畫面 (4)「君有合歡枝，妾有相思子」花草名稱要合乎對仗要求 (5)「羅漢松」對「觀音柳」花草名稱要合乎對仗要求	

題組十一解題說明表

題號	答案 出處	試題重點	解題說明
41	ABC／指107	區辨內容	根據甲文重點細節 1-(2)、2-(1)、2-(2) 的說明，可判斷 (A)、(B)、(C) 較正確
42	ABE／指107	綜合區辨內容	根據甲、乙文遊戲方式的說明及花草名對仗可展現婦女的詞采，鬥草場景是人際互動情況，可判斷 (A)、(B)、(E) 較正確 (D)「鼠姑」與「龍鬚」、「心」與「柏」皆不相對

三、試題架構分析

（一）類別、指標與題數

試題架構分析表

試題類別	評量指標	單題題號	題組題號	總題數
文化知識	1 再認文學	39		1
	2 推論文化	8		1
語文表達	3 實行文字	1、35		2
	4 實行詞語	2、5		2
	5 實行句子	6		1
	6 實行格式			0
閱讀了解	7 詮釋涵義	38	9、12、29	4
	8 舉例概念	36、40	11、18、21、34	6
	9 摘要主旨			0
	10 推論看法	4	10、13、17、19、20、23、30、33	9
	11 比較異同	3	26	2
	12 解釋因果		15、22、28	3
閱讀分析	13 區辨內容	7	14、16、31、32、41、42	7
	14 歸因意涵	37	24、25、27	4
總題數		14	28	42

（二）素養型閱讀的類別與題數

素養型閱讀分析表

類型	題號	組數	題數
聯結型	9-11（師說） 19-21（循環經濟） 32-34（宓子賤）	3	6
比較型	32-34（宓子賤） 41-42（鬥草）	2	5

現在我學會了

- □ 分析國文考科的試題重點及評量指標
- □ 分析、比較國文考科的試題架構
- □ 分析、比較國文考科的試題難易度
- □ 提升閱讀的詮釋、舉例、摘要能力
- □ 提升閱讀的推論、比較、解釋、區辨、歸因能力
- □ 提升閱讀的綜合能力——各類短文
- □ 提升閱讀的綜合能力——韻文、小說
- □ 提升閱讀的深層素養
- □ 提升語文應用能力
- □ 提升文化知識的再認能力與深層素養
- □ 成為國文考科的得分高手

國家圖書館出版品預行編目資料

大考國文誰不怕／鄭圓鈴編著. －－ 初版.
－－ 臺北市：五南, 2018.12
面； 公分
ISBN 978-957-763-123-7（平裝）
1.國文科 2.中等教育
524.31 107019059

4X09

大考國文誰不怕

編 著 者 — 鄭圓鈴（383.7）
發 行 人 — 楊榮川
總 經 理 — 楊士清
副總編輯 — 黃文瓊
責任編輯 — 吳雨潔
封面設計 — 姚孝慈
內頁版型 — 吳佳臻
出 版 者 — 五南圖書出版股份有限公司
地　　址：106台北市大安區和平東路二段339號4樓
電　　話：(02)2705-5066　　傳　　真：(02)2706-6100
網　　址：http://www.wunan.com.tw
電子郵件：wunan@wunan.com.tw
劃撥帳號：01068953
戶　　名：五南圖書出版股份有限公司

法律顧問　林勝安律師事務所 林勝安律師

出版日期　2018年12月初版一刷
　　　　　2019年 1 月初版二刷
定　　價　新臺幣420元